投资银行风险管理理论与中国的实践

Touzi Yinhang Fengxian Guanli Lilun

Yu Zhongguo De Shijian

陈野华 王玉峰 著

西南财经大学出版社

Southwestern University of Finance & Economics Press

中国·成都

图书在版编目(CIP)数据

投资银行风险管理理论与中国的实践/陈野华,王玉峰著. —成都:西南财经大学出版社,2016.7
ISBN 978 - 7 - 5504 - 2516 - 3

Ⅰ.①投… Ⅱ.①陈…②王… Ⅲ.①投资银行—风险管理—研究—中国 Ⅳ.①F832.33

中国版本图书馆 CIP 数据核字(2016)第 156514 号

投资银行风险管理理论与中国的实践
陈野华 王玉峰 著

责任编辑:高 玲
封面设计:张姗姗
责任印制:封俊川

出版发行	西南财经大学出版社(四川省成都市光华村街55号)
网　　址	http://www.bookcj.com
电子邮件	bookcj@foxmail.com
邮政编码	610074
电　　话	028 - 87353785　87352368
照　　排	四川胜翔数码印务设计有限公司
印　　刷	四川五洲彩印有限责任公司
成品尺寸	170mm×240mm
印　　张	15.25
字　　数	315 千字
版　　次	2016 年 7 月第 1 版
印　　次	2016 年 7 月第 1 次印刷
书　　号	ISBN 978 - 7 - 5504 - 2516 - 3
定　　价	88.00 元

前　言

一

广义的金融风险管理，从主体的角度可以分为三个层面：金融机构自身的内部风险管理、行业的自律管理和外部（政府与市场）监管。十余年前，应我国证券业协会发展的需要，我承担了一个关于"证券业自律管理理论与中国的实践"的研究课题①。立项的原因是证券市场管理大都侧重于外部监管研究，而对自律管理的研究甚少。考察证券市场外部监管是否有效，不可回避的问题是市场自身是否存在有效的管理约束机制。时过境迁，十年后的今天，次贷危机的爆发导致了"独立投行终结论"，投行危机所引起的连锁反应颠覆了传统危机救助理论中关于投资银行没有或者具有较小外部性的传统观点。危机爆发后，曾被我国投资银行业奉为风险管理《圣经》的美国五大投行的风险防范能力受到广泛质疑。我们亟须重新审视现代投资银行激进的风险文化，如何重构现代投资银行的内部风险管理成为非常重要的研究课题。本项目从投资银行自身的角度，研究如何构建投资银行的内部风险管理理论体系，并探讨其在我国的应用。为了描述上的方便，后文提及投资银行风险管理均指狭义的投资银行内部风险管理。

我国投资银行起步较晚，目前的内部风险管理更偏重于合规管理。从 2008 年开始，证监会先后发布了《证券公司风险控制指标管理办法（修订）》(2008)、《证券公司分类监管规定》(2009)、《完善证券公司风控指标体系总体思路（征求意见稿）》(2012) 等文件，将证券公司划分为 A～E 五类，并结合风险控制指标的标准分类实施净资本监管。那么，分类监管以来，我国投资银行的经营行为和风险表现如何？分类监管的效果如何？作为投资银行的内外两道风险防线，内部风险管理和净资本监管的风险防范能力和彼此之间的协调程度又怎样？如何建立与净资本监管相协调的投资银行内部风险管理体系？要回答上述问题，便形成了"投资银行风险管理理论与中国的实践"这一研究主题。

---

① 教育部人文社会科学重点研究基地重大项目"证券业自律管理理论与中国的实践"，项目批准号：01JAZJD790019。

二

对于投资银行内部风险管理体系的构建，我们在大量文献检索的基础上，沿着"投资银行的经营特征决定其风险特征，而风险特征需要适应风险管理技术"这一思路展开工作。研究认为，投资银行的经营特征主要表现为：特殊的资产负债结构，逐日盯市的会计制度安排，混业制度安排下的表内高杠杆特征，衍生品交易业务的表外高杠杆特征。因此，相比较于商业银行，投资银行具有更强的顺周期性和更高的道德风险或更激进的风险文化。在表内外高杠杆与逐日盯市制度下，投资银行更易产生流动性风险，也同样存在较大的负外部性。因此，投资银行的资本也非常重要，是其抵御风险的最后防线。

为了更清楚地认识我国投资银行资本管理现状，我们对净资本监管与投资银行风险行为进行了理论和实证研究。研究发现：一方面，样本投资银行按照"风险—资本"相匹配的原则开展经营活动，净资本监管成为投资银行经营活动的紧约束；另一方面，净资本监管总量性指标对投资银行风险管理起到了正面的引导作用，但结构性指标却与政策预期相反，资本不足的投行也可能通过承担较大的风险以获取较高收益的形式来增加资本，净资本监管要求存在过高的可能。因此，优化净资本监管指标体系，使得净资本计算、指标种类、指标标准更为科学，尤其是要避免各个业务监管指标的不一致性引起的制度性套利风险，需要一个资本标准的评价尺度。

资本管理技术发展方面，经济资本作为金融机构风险管理的新理念、新手段，被用于度量金融机构为吸纳非预期损失所必须要拥有的最低资本金。其最初产生于1978年美国信孚银行的风险管理实践，并被国外以商业银行、保险公司为主的金融机构广泛应用。中国建设银行（2002年）、中国银行（2004年）、中国农业银行（2005年）、中国工商银行（2005年）① 等大银行也陆续引入经济资本作为内部风险管理的重要手段。我们注意到，巴塞尔委员会（2004年）在《巴塞尔协议Ⅱ》中明确要求内部评级法下金融机构② 的资本要求需要覆盖非预期损失。国际证监会组织的市场风险资本计算就体现了经济资本的思想。欧盟在2010年的《资本金要求指示》修正案中将投资银行的监管

---

① 中国农业银行于2005年3月发布了《中国农业银行经济资本管理办法》，有关中国建设银行、中国银行、中国工商银行的经济资本管理实施时间可见夏小东发表于《金融论坛》2007年第7期的《中国银行业经济资本管理的实施路径——从巴塞尔新资本协议获得的启示》一文。但是，郭树清认为中国建设银行的经济资本管理实施时间是2004年（王智，刘畅. 规范现代银行制度，提升综合竞争实力——访中国建设银行董事长郭树清 [N]. 经济日报，2010-10-15.）。

② 与巴塞尔协议针对的主要对象——商业银行相比，投资银行在经营模式方面有着显著区别，商业银行属于负债经营，而投资银行的经营活动更多地集中在资产方。正是由于这种差别，目前巳被广泛应用于商业银行管理的经济资本监管是否适用于我国投资银行就成了一个值得研究的问题。

资本直接等同于经济资本，但现有文献对该问题的研究还只是处于概念引入和简单的移植性介绍阶段。针对具有特殊的资产负债结构、逐日盯市的会计制度安排和复杂表外衍生品业务的现代投资银行，经济资本管理对其是否适应？如果是，又如何构建投资银行经济资本配置体系，并处理好、体现出净资本的监管约束？经济资本管理成为本课题研究的重中之重。

三

沿着上述思路，本课题研究内容划分为五个部分，共十章：第一部分是文献综述和投资银行风险管理体系的构建，这是整个课题研究的逻辑起点（第一章、第二章）；第二部分是投资银行经济资本管理研究，这是投资银行风险管理的战略重点，也是本课题研究的最大特色（第三章、第四章、第五章）；第三部分是投资银行对冲研究，这是投资银行风险管理的战术环节（第六章、第七章、第八章）；第四部分是投资银行内部控制研究，这是投资银行风险管理的基础保证（第九章）；第五部分是我国投资银行风险管理体系重构研究，这是项目研究的落脚点（第十章）。其逻辑结构见图1。

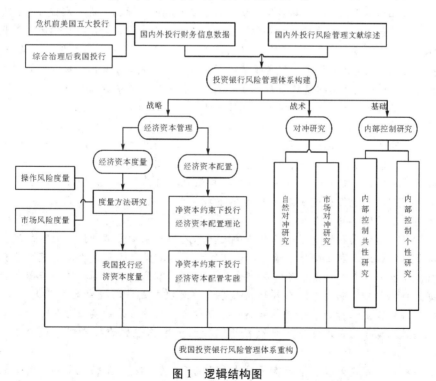

图 1　逻辑结构图

第一章对国内外有关投资银行风险管理理论的研究文献和实务进展进行了

梳理。

第二章从投资银行的经营特征与风险出发，运用三阶段最小二乘法（3SLS）实证研究我国净资本监管效率，从内部和外部两个视角论证投资银行经济资本管理的适用性，构建包括经济资本管理、对冲和内部控制为一体的投资银行内部风险管理体系。

第三章论证投资银行经济资本管理体系，分析经济资本配置在投资银行资产配置和资本结构优化中应用的理论基础，提出基于净资本与经济资本双重约束下的投资银行资本配置原则。然后，考虑到经济资本配置的前提是经济资本的计算，本章从风险形态视角，重点研究了投资银行操作风险与市场风险的经济资本度量方法。

第四章首先考察我国 94 家投资银行的资产配置及其风险现状，建立净资本与经济资本双重约束下的投资银行资产配置模型，并利用我国上市投资银行的自营资产配置数据进行实证研究，得到自营部分的净资本要求大于经济资本要求、会计利润大于经济利润、基于 GARCH-CVaR 模型的配置方法比 GARCH-VaR 模型更为有效等结论。这验证了理论分析得出的经济资本配置可以在一定程度上抑制投资银行激进的风险文化的结论。

第五章运用面板数据对我国投资银行资本结构的影响因素进行实证分析，并论证投资银行资本结构优化的必要性；然后从理论上探讨投资银行如何运用期权方法建立基于经济资本的资本结构优化模型；最后运用我国券商数据进行实证。研究发现，投资银行资产规模与投资银行的杠杆倍数成正比。但投资银行的盈利能力、净资本情况与投资银行杠杆倍数成反比。这间接表明我国投资银行的杠杆受到严格监管，同时实证分析也证明了案例投资银行的杠杆率偏低。

第六章首先建立投资银行风险对冲的理论框架，认为，广义的投资银行风险对冲除了包括利用衍生品的市场对冲，还包括表内的自然对冲，即针对投资银行特有的一些风险可在资产负债表上寻找可互相抵消的项目，以此控制相应的风险。因此，投资银行风险对冲理论框架包括自然对冲和市场对冲两种基本形式。为此，我们构建了基于 Copula 的投资银行业务风险整合模型，并对市场对冲理论做了简单分析。

第七章考虑到投资银行各个业务之间的复杂联系，尝试利用第六章的连接函数（Copula）方法整合投资银行业务风险。本章提出从业务角度研究投资银行风险整合的基本框架、研究模型和分析步骤。本章还以我国投资银行财务数据为数据基础，采用二元 Copula 连接投资银行服务业务与投资业务两大风险，整合得到投资银行的风险。本章还进行业务自然对冲效果的实证分析，试图从业务风险整合的角度回答为什么投资银行业务结构会影响投资银行风险这一问题。

第八章就美国投资银行市场对冲涉及的产品结构、风险情况、对盈利模式的影响以及对我国的启示等问题进行探讨。由于无法获得我国投资银行的衍生品对冲时序数据，对冲研究子课题仅对上市投行年报所披露的相关信息做描述性分析，而且无法精确判断我国投行股指期货的套期保值效果和非套期保值投资收益情况。基于目前我国市场可以用于对冲的产品极其有限的现状，本章对我国投资银行市场对冲的研究也只能是初步的。

第九章在回顾投资银行内部控制制度发展历程的基础上，对投资银行内部控制的内涵及其与风险管理的关系进行系统分析，探讨投资银行内部控制的目标、原则和总体框架。由于内部控制制度涉及内容较多，我们仅从风险管理的角度就与经济资本管理密切相关的投资银行内部会计控制和绩效考核进行分析。

第十章延续前面理论研究的结论，认为重构我国投资银行风险管理体系，重点在如何引入经济资本管理、提高对冲和内部控制的有效性，探讨重构的环境、基本原则和主要内容。

四

关于投资银行的风险管理，原广发证券董事长陈云贤博士曾提出"风险—收益对应论"，以区别于商业银行的资本充足率管理。风险收益对应体现了投资银行特殊的资产负债结构、逐日盯市的会计制度安排以及复杂的表外衍生品业务等特点，应该说是对投资银行风险管理理论的一大突破。但落实到具体的管理过程，高杠杆率的投资银行如何把握其收益与风险对应，关键就在于对各业务单元所面对的风险如何度量。解决了风险的度量问题，解决了经济资本在投资银行各业务单元的分配问题，在此基础上取得的收益不就是与风险对应的收益了吗？从这个意义上讲，本课题的研究应该是对"风险—收益对应论"的一种深化。遗憾的是，由于数据可得性的原因，本项目原本以业务单元计量风险的设想没能实现，不得不改为按风险形态来度量，这就在一定程度上削弱了本项目研究的学术价值。但本项目研究的结论与方法无疑是对投资银行风险管理理论的有益补充。其创新主要体现在以下几个方面：

（1）从国内外投资银行风险特征和外部净资本监管有效性评价两个视角出发，构建基于净资本监管和经济资本双重约束下的投资银行经济资本管理体系，这是本研究的重中之重与最大特色。研究为我国投资银行风险管理从被动合规向主动管理提供了理论依据，为净资本监管的合意水平提供了政策参考，阐释并深化了IOSCO、欧盟在投资银行净资本监管指引方面所暗含的经济资本思想。

（2）从理论上构建了基于净资本监管和经济资本双重约束下的投资银行经济资本配置体系，分析了在不同约束条件下投资银行的资本配置原则和应用领域（资产配置、资本结构优化和绩效评估）。本项目一方面建立了双重约束下投资银行资产配置模型，并实证发现自营资产的净资本要求大于经济资本要求、会计利润大于经济利润等，验证了经济资本管理可以防范投资银行道德风险的结论；另一方面，利用期权模型，建立了投资银行资本结构优化模型并进行实证，结论表明案例投行的总体净资本要求过高、杠杆倍数偏低，这侧面证明了经济资本可以用于投资银行建立合意的财务杠杆水平并作为总体净资本监管宽松评价标准。

（3）研究投行主要的两种风险形态——操作风险和市场风险所需的经济资本度量方法。项目研究了损失分布法框架下用 POT 模型来度量操作风险、用变点理论对阈值位置进行精确定位、用贝叶斯法来度量操作风险经济资本，并分别探讨基于 CVaR 模型的自下而上度量和基于期权模型的自上而下度量市场风险经济资本的方法。

（4）通过构建证券公司收入结构与风险的关系模型并进行实证，为投行业务对冲策略提供决策依据。

五

书稿即将脱稿之际，恰逢 2015 年以来我国股票市场大幅波动，为进一步观察此轮波动中我国投资银行风险特征及防范能力，我们推迟了交付出版的时间。时至定稿之时，此轮股票市场大幅波动仍在持续，业界、政界和学界就此展开了系列讨论，大多将此轮波动归因于杠杆资金、程序化交易、监管制度、投资者结构等。这涉及交易制度设计、宏观监管等内容，显然超过了本课题的研究范围。但这也恰恰印证了开篇我们所强调的，一个完善的风险管理体系应该包括金融机构自身的内部风险管理、行业的自律管理和外部（政府与市场）监管，缺一不可。值得注意的是，此轮波动中个别券商的风险表现，一定程度上提示我国投资银行除了加强包括技术风险在内的操作风险管理、内控制度建设外，还应管理好资本市场转型发展过程中的法律风险。

本书是我主持的教育部人文社会科学重点研究基地重大项目"投资银行风险管理理论与中国的实践"的研究成果。项目批准号：2009JJD790037。项目组成员：王玉峰、李松、宋坤、赵伟、黎洁、夏磊、刘天伦。课题立项后，我经历了人生中一段非常艰难的岁月。课题组的同志们给了我最大的支持，没有他们的努力，本研究是无法完成的。尤其是四川农业大学的王玉峰副教授，协助我完成课题研究方案的总体设计，并负责初稿的总纂与最后的定稿。课题初稿分工如下：李松执笔第一章；王玉峰执笔第二章、第三章第一节与第三节、第四章、第五章、第十章；宋坤执笔第三章第二节；第六章、第七章、第八章中，自然对冲部分由赵伟执笔，其余部分由李松执笔；第九章由黎洁执笔；夏磊、刘天伦参与了资料收集与课题讨论。值此课题结稿之时，我向他们表示深深的谢意！研究中，错误和疏漏在所难免，我对此承担全部的责任，也欢迎广大读者提出宝贵的意见。

西南财经大学中国金融研究中心　　陈野华
2015 年 9 月于光华村

目　录

第一章 文献综述

对于企业而言，风险是指其遭受财务损失的可能性，良好的风险管理能够显著降低企业所面临的各类风险，保证企业持续经营。作为现代金融市场的重要参与者，投资银行早就摆脱了最初单一的发行者角色，广泛涉足于金融市场的各个环节。他们不但担任了发行者，还扮演了做市商、交易中间人、套利者、投机客等角色。广泛开展的业务拓展了投资银行的盈利渠道，同时也将它们置于多种风险之中。现代投资银行不仅需要面对传统发行业务所对应的风险，还需要面对更为复杂的市场风险、信用风险和操作风险等。直接参与金融市场使得投资银行需要面对越来越复杂的市场风险，信用相关产品以及场外市场的发展使得投资银行不得不考虑信用风险（包括参考风险和对手风险），衍生品的巨大杠杆作用使得操作风险显得前所未有的重要。

随着金融市场的发展，投资银行所面临的金融风险环境也发生了极大的变化，金融市场的大幅度波动越来越频繁，各类高杠杆衍生工具放大了损失规模，投资银行稍有不慎就有可能遭受巨大损失乃至灭顶之灾。在这样复杂多变的风险环境中，如果没有一个良好的风险管理体系，投资银行可谓寸步难行。近年来常有耳闻的投行巨亏事件（例如雷曼兄弟公司破产、J. P. 摩根大通信用衍生品巨亏、骑士资本程序故障巨亏、光大证券乌龙指数等）无不昭示了风险管理的重要性。可以毫不夸张地说，风险管理是现代投资银行的心脏，支撑起了整个投资银行的业务运行。

目前已经有包括监管层、实业界和学术界相当多的研究从不同角度考察了投资银行风险管理。本章中我们试图对这些研究结合投资银行现行的风险管理状况进行梳理。本章的组织结构如下：第一部分回顾了国外投资银行的风险管理理论与实务进展；第二部分总结了我国投资银行风险管理相关研究；第三部分是文献评述及对本研究的启示。

第一节 国外投资银行风险管理相关研究

良好的风险管理包括风险识别、风险测量、风险处理以及内部控制四个部分。在风险识别阶段，投资银行需要判断自己所面对的风险的具体来源；在风险测量阶段则针对风险的不同来源与分布特征测量所面对的风险程度；然后根据设定的风险目标选择不同的方式（例如对冲、分散化、准备金等）对风险进行处理。"风险识别—风险测量—风险处理"一同构成了投资银行风险管理的完整结构，而支撑这样一个风险管理机构的就是内部控制系统。

一、投资银行的风险识别

和商业银行一样，投资银行所面临的风险根据其来源可以划分为市场风险、信用风险、流动性风险和操作风险。但投资银行每种风险的具体结构、风险分布以及管理方法都与传统商业银行有所区别。

市场风险是指由市场价格或者收益率相关的非预期变化造成的损失，包括股权风险、利率风险、汇率风险等。随着交易活动越来越频繁，衍生品数量迅速增长，市场波动性越来越大，市场风险日益成为投资银行风险管理的头号问题。

广义的信用风险包括所有与信用事件（包括信用评价变化、信用溢价波动以及违约等）相关的风险。[1] 狭义的信用风险仅指违约风险，即合约对手没有履行合约义务而带来损失的可能性。狭义的信用风险同样可以分为两类，即参考风险（Reference Risk）和对手风险（Counterpart Risk）。参考风险是指合约双方没有违约风险，但是由于合约涉及第三方，由第三方违约带来的风险，其典型例子是信用违约互换（CDS）。对手风险是指合约双方中的某一方没有履行合约义务的风险。广义的信用风险的相当部分以及狭义的信用风险中的参考风险与市场风险重叠，在实际风险管理中，各投资银行所报告的信用风险均指对手的信用风险[2]。投行的信用风险主要来自于场外衍生品交易，以及与客户和其他金融机构的借款和借款承诺等合约。

投资银行和传统商业银行在流动性风险特征上有着重要区别。巴塞尔银行监管委员会（BCBS）直到 2010 年通过《巴塞尔协议Ⅲ》才将流动性风险与市场风险、信用风险和操作风险并列。但投资银行们早就深受流动性风险之苦。[3] 著名投行高盛公司在其报告中指出[4]："大部分金融机构的失败在很大程度上是由于流动性不足。"尽管投资银行和商业银行都有非常高的资产负债率，但是投资银行的负债期限远比商业银行更低和更不稳定，因此也遭受了更为严重的流动性风险。传统商业银行主要融资来源是企业和居民存款，而投资银行不能吸收公众存款，融资严重依赖于拆借、回购或者证券化资产。拆借和

---

① 在这个意义上，信用风险应当看作市场风险的一部分（Duffie，Singleton，2002）。但由于许多信用敏感工具流动性较小、期限较长而且缺乏深度足够的二级市场，很难可靠计算其市场价值，因而信用风险很难简单按照管理市场风险的方法来处理。

② 例如，高盛在 2013 年度报告中把信用风险描述为"交易对手或者（例如 OTC 衍生品交易对手或者借款人）所持有证券的发行者违约引起的可能损失"；摩根士丹利的 2013 年度报告则将信用风险定义为"当借款人、交易对手或发行人不履行其财政义务而产生损失的风险"。

③ 例如揭开次贷危机大幕的著名投行贝尔斯登就是因为深陷流动性不足的泥潭，最终被迫以低价卖给 J. P. 摩根。

④ 资料来源于高盛公司 2013 年年度报告。

回购这样的超短期融资方式通常成本更低，但容易受到市场波动的影响，稳定性相对于居民存款更差，更容易陷入流动性麻烦。

巴塞尔委员会于 2001 年将操作风险定义为：因内部控制不足或者失效、人员、系统以及外部事件引发损失的风险。我国监管机构[①]对操作风险的定义与 BCBS 一致，即操作风险是指由不完善或有问题的内部程序、员工和信息科技系统，以及外部事件造成损失的风险。尽管巴塞尔委员会的定义主要针对银行，但大多数投资银行（例如高盛、摩根士丹利、J. P. 摩根等）的操作风险管理也遵循了这样的定义或者以此为基础。

根据定义，BCBS 于 2002 年将操作风险分为了以下七类[②]：①内部欺诈风险；②外部欺诈风险；③雇佣活动以及工作场所中的安全性风险；④客户、产品和商业活动风险；⑤物理资产破坏风险；⑥业务中断以及系统故障风险；⑦交易的执行、交割和过程管理风险。根据不同操作风险的发生机制，操作风险可以划分为内部风险和外部风险。前者指金融机构可以控制的那部分操作风险，例如内部欺诈、雇佣活动或者系统选择等；后者指外部事件引发的风险，例如外部欺诈等。

二、投资银行的风险测量

风险测量已经有很长的历史，金融机构采取了各种方法试图准确描述风险，即损失的分布。早期的金融机构往往采用风险因素缺口监测、敏感性分析或者情景分析、压力测试这样的方式来对风险做出判断，这些方法在现在依然在投资银行等金融机构的风险管理中发挥着重要作用[③]。然而，缺口检测、敏感性分析和情境分析等方法只能够提供一个比较粗略的风险估计，而且很难考虑到不同风险因素之间的相关性。随着市场风险越来越复杂，这些传统方法逐渐不能满足市场风险管理要求，金融机构需要更加精确的市场风险测量框架。

均值—方差分析方法是最早发展出来的统一风险测量框架。该方法源于资产组合理论（Markowitz, 1952）。它假定损失服从正态分布，只要获知了分布的均值和方差就能够精确地得到分布函数。由于风险管理关注的是资产价值的左端不确定性（即损失可能性以及损失规模），得到损失的分布函数就能够计算出不同分位点的资产状况，精确描述资产的风险状况。均值—方差框架下的风险测量只需要资产回报率的均值和方差两个参数，而这两个参数又有明确的经济意义，前者代表了资产预期回报率，后者代表了回报率的波动情况——即不确定程度。在损失服从正态分布的假定下，均值—方差分析框架很好地测量了企业的市场风险状况。然而这一前提假定在很多时候并不适用于投资银行。因为金融资产的收益率往往具有尖峰厚尾的分布特性，并不满足正态分布，而

---

① 见中国银行业监督管理委员会 2007 年发布的《商业银行操作风险管理指引》。

② 一些投资银行（例如高盛）采用了 BCBS 的分类方式，另外一些投资银行（比如 J. P. 摩根）则在此基础上做了扩展，将监管风险也包括了进来。

③ 例如摩根士丹利和高盛等投资银行的 2013 年度报告中依然强调了这些方法。

且投资银行持有的资产种类相比银行或者保险公司等总是有限的，不满足大数定律的要求，资产组合的收益率可能会严重偏离正态分布。这种条件下，如果运用均值—方差方法测量风险就不再可靠，甚至可能带来非常严重的误判。

由于均值—方差分析方法的局限性，更加现实的风险管理需要对一般分布也可行的分析框架，在险价值（VaR）方法正是这样的一个框架①。具体而言，VaR是指在给定时间期限内，由于市场价格变化引起的风险资产头寸在给定概率水平下的最大损失。VaR方法迅速流行是由几点原因造成的。首先，VaR方法提供了一个全面的风险估计方法，能够把不同风险因素整合为一个全局风险度量，而且可以考虑到不同风险因素之间的相关性。这使得金融机构高管可以根据VaR来制定全局风险目标，同时各业务部门也能够根据全局目标分解出可控的部门风险目标。其次，VaR方法具有一般性，所需要的只是损失的分布，因而能够用于信用风险甚至操作风险层面。最后，VaR方法表述（以多大的概率损失多少钱）简单而且容易理解，很容易成为通行的风险表述方式，方便与利益相关群体进行信息交流。总之，VaR方法为不同类型的风险管理提供了一个"一致、全面的方法，从而有利于从总体上更好地管理风险"（Dowd，2005）。

尽管VaR方法依然是目前最为广泛采用的标准市场风险管理方法，但并非没有缺陷。这种方法在技术层面的缺陷主要集中在了两个方面。第一方面是VaR方法对尾部风险的忽略。VaR只是损失函数的分位数，并没有完全描述损失函数左端（分位数以外）的分布，可能造成一定的误导。VaR方法的第二方面缺陷是其不具有次可加性。次可加性是指两种风险资产（组合）叠加构成的组合风险不应当大于两者的风险之和，这一性质意味着分散化至少不会增加风险。VaR不具有次可加性意味着分散化是一种坏的策略，因为可能产生多余的额外风险，这一缺陷不但在理论上存在问题而且在应用中也会引起混乱。通常，投资银行可以采用多种风险资产共用风险准备金（包括保证金）的方式来节约成本，但VaR不具有次可加性则要求投行对各个风险资产分散计提风险准备金或保证金，提高了资金成本。此外，如果风险不具有次可加性，那么总体资产组合得到的VaR将会低估各个分散资产加总构成的风险，给投行风险管理带来误导。

Artzner等人（1999）提出了一组规范性条件，满足这些条件的风险度量方法被称为一致风险度量（Coherent Risk Measure）。一致风险度量克服了VaR的缺陷，能够更好地度量投行所面对的金融风险。一致风险度量的规范性条件包括：①单调性，如果风险资产（组合）A在任何情况下的收益都低于风险资产（组合）B，那么A的风险度量一定比B大；②平移不变性（Invariance with Respect to Drift），某个组合A中加入数量c的现金构成的新组合的风险度量应该为A的风险度量减去现金数量c；③正齐次性（Homogeneity），即风险

---

① 关于VaR框架以及具体方法更加详细的介绍可以参考Duffie和Pan（1997），Gourieroux和Jasiak（2010）等的研究综述或者Dowd（2005），Jorion（2006）的相关论述。

度量具有规模不变性，例如 $\lambda \geq 0$ 倍风险资产（组合）A 的风险度量应该是 A 风险度量的 λ 倍；④次可加性，由风险资产（组合）叠加构成的组合风险度量不应当大于各个子组合的风险度量之和。

后续的研究提出了许多符合规范条件的一致风险度量方法，例如预期尾部亏损（ES）一族（Acerbi, Tasche, 2002 a，b）的众多估计量（含尾部条件预期 TCE、CVaR 等）、谱风险测度（Acerbi, 2002）等。然而，尽管这些一致风险度量方法性质更加良好，但由于 VaR 的简单易用性和直观性，VaR 方法依然是现在投资银行等金融机构最为普遍采用的标准市场风险度量方式。

三、投资银行的风险处理

通常，投资银行等金融机构往往由风险委员会设定边际要求（取决于公司的风险目标），以保证金融机构在遭受灾难性事件以后依然能够维持正常运转，具体业务部门再根据风险边际要求和资产价格分布特性进行配置。

分散化、对冲和风险准备金构成了投资银行市场风险和信用风险的主要控制方式。

分散化的基础是资产组合理论，通过多元化资产之间的相关性抵消掉单个资产的个体风险。然而，不管如何分散，金融机构仍然不能完全消除系统性风险。银行和保险公司这样资产期限比较长的金融机构可以用未来的繁荣抵消当前的风险，通过穿越经济周期熨平系统性风险。投资银行的资产期限和融资期限往往都较短，难以通过不同时期的风险相关性抵消系统性风险，因而它们的风险管理相对更加依赖于对冲方式。比起分散化策略来，衍生品对冲能够完全消除特定风险（甚至包括系统性风险），因此衍生品对冲已经成为国外大型投资银行管理市场风险的常规策略。

投资银行会还采取各种方式来缓解自己所面临的信用风险。对每一笔信用相关的交易，投资银行会根据交易对手一切可得的因素来估计交易对手的履约能力与意愿，利用信用评价模型形成对交易对手信用质量的评价，以此为基础决定信用相关交易政策（包括是否交易、抵押要求①等）。在场外衍生品市场中，投资银行往往同时充当了交易者和做市商的角色，其交易对手主要是银行和保险公司等金融机构。正是由于投资银行在场外衍生品市场上的这种双重角色，随着场外衍生品市场的迅猛发展，信用风险已经成了投资银行风险的重要来源。信用风险管理在投行风险管理中的重要性不亚于市场风险管理，像高盛和摩根士丹利这样的投资银行都设置了专门的信用风险控制部门来衡量、监督和控制信用风险。投资银行会采取一系列信用加固的方式来缓解场外衍生品的对手风险，这些方式包括净值结算、保证金与抵押、信用触发器和提前终止协

---

① 与银行等其他金融机构一样，抵押要求也是投资银行在借款相关活动中经常使用的信用风险管理方法。

议①等。

投资银行有效的流动性管理的目标是确保企业的核心业务不会因为流动性不足而不能持续。这些核心业务包括②：支持客户需求，穿越周期或者考虑市场受压情况下依然能够满足企业的偿付义务（包括或有偿付），维持使公司能够优化其融资结构和流动性来源、同时最大限度地降低成本的信用评级等。

投行的流动性管理通常由三部分组成。第一部分是维持充分的流动性资产。投行需要维持大量过剩的流动性，以满足广泛存在的潜在现金流出及市场受压环境中抵押品的需求变化。《巴塞尔协议 III》引入了两个流动性风险要求，即流动性覆盖比率（Liquidity Coverage Ratio，LCR）要求和净稳定资金比率（Net Stable Funding Ratio，NSFR）要求。其中，流动性覆盖比率 = $\dfrac{高质量流动资产储备}{后 30 天内总净现金流出} \geq 100\%$，净稳定资金比率 = $\dfrac{可得的总稳定资金}{必需的总稳定资金} \geq 100\%$，并且都要求分子与分母必须考虑到市场受压的情况。第二部分是资产负债的流动性匹配。投行通过对融资和资产的流动性期限和风险安排，使得两者能够匹配。流动性匹配中非常重要的一点是需要保持融资和资产的分散性，避免对某种单一资产、市场、融资工具的依赖。第三部分是应急融资计划（Contingency Funding Plan，CFP）。即投行要对企业因为突发性的危机或市场恶化情况下的融资方式做出安排。

投资银行的操作风险主要通过内部控制系统、风险准备金以及保险进行管理。

相比市场风险、信用风险和流动性风险，信用风险的发生机制有着鲜明的特点，人的因素在操作风险管理中占据更加重要的地位，其风险管理也更加依赖于内控体系。国际证监会组织（IOSCO）在其《证券公司及其监管当局风险管理与控制指引》中指出，操作风险通过正确的管理程序得到控制，它们包括完整的账簿和交易记录、基本的内部会计控制、强有力的内部审计部门（独立于交易和收益产生部门），清晰地认识限制和风险管理以及控制政策。

《巴塞尔协议 II》建议了三种操作风险测量方法，以及相应的风险资本要求。BCBS 建议的第一种是基本指标法（Basic Indicator Approach），要求金融机构按照过去三年中毛收入为正的年份的毛收入的平均值的一定因子（15%）作为操作风险准备。基本指标法事实上就是金融机构操作风险的比较粗略的一种经验性度量方式。第二种方法是标准法（The Standardised Approach）。该方法将金融机构业务划分为八个不同的类别，每个类别分别采用基本法（与基本指标法只有一个 15% 的权重因子不同，标准法对不同类别的业务设置了从最低 12% 到最高 18% 不等的权重因子）计量其操作风险准备金，然后加总求和得到整体操作风险资本金。标准法实际上是按业务对基本指标法的细化，但依

---

① Hull（2012）的著作第 17 章对这些信用加固方式有更加详细的说明。
② 资料来源于 J. P. Morgan 和 Chase 的 2013 年年度报告。

然还是属于经验性的粗略估计。第三种方法是高级计量法（Advanced Measurement Approaches，AMA），允许符合要求的金融机构采取自己的模型来测量操作风险（以及相应的风险资本）。BCBS（2011）对高级计量法的分布假设、内部数据、外部数据等作了进一步说明，宋坤（2013）以及本书后续章节（第三章）对常用的操作风险计量模型进行了更加详细的描述。

最后，保险也是投资银行操作风险的控制工具之一，一些投资银行（例如 J. P. 摩根和高盛）也利用保险缓解因为政策变化引起的操作风险。

四、投资银行的内部控制

会计和审计将内部控制定义为确保组织目标得以实现的过程，包括正确记录与报告保证交易记录、有效实施企业的经营策略、保证相关法律和政策得以遵守等。内部控制涉及风险管理的每一个环节，是投资银行风险管理得以有效实施的基础和保障。

投资银行的内部控制变革往往是由对各种风控失败事件的反思以及监管规则变化推动的。1992 年 9 月，美国反虚假财务报告委员会下属的发起人委员会（The Committee of Sponsoring Organizations of the Treadway Commission，COSO）发布了《内部控制整合框架》（以下简称《框架》），被全世界许多公司所采用。2013 年 5 月，COSO 再一次发布了更新的《内部控制整合框架》（简称《新框架》），延续了原有《框架》关于内控的核心概念、五大要素以及有效性的评价标准。《框架》强调内部控制目标是合理确保经营的效果和效率、财务报告的可靠性和经营的合规性；内部控制包括控制环境、风险评估、控制活动、信息和交流、自我评估和内部监督五个要素。《框架》还提出如果组织内部控制体系的五大核心要素存在并有效运行，并且其组成的内部控制系统能够为三大目标的实现提供合理保证，那么可以认为内部控制是有效的。

IOSCO 的技术委员会于 1998 年发布了《证券公司及其监管者的风险管理和控制指南》（以下简称《指南》），从控制环境、控制的性质和范围、实施、核查和报告五个方面讨论了构成有效内部控制的要素，已成为各国投资银行制定内部控制的参考标准。

投资银行的内部控制不但包括其组织结构、流程设计，还包括对其营运中代理问题的解决。传统观点认为强董事会（更能代表股东利益）有助于缓解金融机构的代理问题，降低风险，《萨班斯法案》就秉承了这样的观点。但实证研究却显示情况并非如此。实证研究（Pathan，2009；Laeven，Levine，2009）发现董事会更能代表股东利益，股东控制力越强的金融机构有更强的风险偏好，而首席执行官（CEO）的权力越大（操纵董事会的能力越强）的金融机构在风险态度上反而更加保守。

投资银行的内部控制旨在激励业务单元采取正确的收益—风险行为。薪酬结构也在其中起了重要的作用。高管薪酬一直以来都是极具争议的话题，尤其是 2007—2008 年的信贷危机更让这种争论充斥着公众媒体和学术研究，很多经济学家和观察者[1]认为金融高管薪酬设计不当是引发这场危机的深层根源之一。实证研究（Cheng, Hong, Scheinkman, 2009；Erkens, et al., 2009）也表明薪酬与金融机构风险行为之间的联系，即短期激励成分（例如现金和股票期权）占薪酬比重越大的银行在2007—2008年的金融危机前采取了更多冒险行为，这些银行在危机中遭受了更大的损失。

这两类研究（股东权利和薪酬激励）表明股东意志是驱动投资银行等金融机构冒险行为的重要推动力量，股东通过董事会或者薪酬结构鼓励金融机构冒险，良好的内部控制设计还应当考虑到股东的这种冒险冲动。

第二节　国内证券公司风险管理研究与实务进展

一、现行证券公司风险管理方法与局限

1998年12月，我国全国人民代表大会通过了《中华人民共和国证券法》（以下简称《证券法》），之后又于2004年8月、2005年10月和2013年6月对法规做出了三次修订。但是，《证券法》只是对证券公司业务范围、内控等做了非常初步的限制，缺少具体可执行的方法。2001年12月，中国证券监督管理委员发布了《证券公司管理办法》，对证券公司净资本/负责的比率提出了要求。2006年7月，证监会发布了《证券公司风险控制指标管理办法》（以下简称《办法》），并于2008年6月进行了修改。《办法》要求证券公司必须持续符合下列风险控制指标标准：①净资本与各项风险资本准备之和的比例不得低于100%；②净资本与净资产的比例不得低于40%；③净资本与负债的比例不得低于8%；④净资产与负债的比例不得低于20%。此外，《办法》还对自营和融资融券各业务单独规定了对应的净资本比率。《办法》建立起了以净资本为核心的风险管理框架，并延续至今，各大证券公司也按照净资本要求进行风险管理。

总体来说，现行以净资本为核心的证券公司监管体系和风险管理方法在很大程度上借鉴了商业银行的监管框架，并没有反映出券商和商业银行的区别。一两年前，我国券商普遍负债周期较长而且杠杆率不高、流动性风险较低，业务结构偏重于发行和佣金收入，所面对的主要风险是操作风险[2][3]和政策风险（监管当局对股票发行规模的外生控制），这种监管结构符合我国券商当时的

---

[1]　Alen Blinder 在《华尔街日报》上的文章 *Crazy Compensation and The Crisis* 是这种观点的代表。

[2]　唐宪（2007）统计了2002—2006年被中国证监会实施撤销、关闭、托管等风险处置措施的共25家左右的证券公司，发现除两例客户透支行为以外其余所有被处置的行为均属于操作风险。

[3]　刘增学等人（2004）统计的2001年12月至2004年6月期间证券公司的风险问题均属操作风险。

风险管理需求。

　　近年来，发行市场竞争愈发激烈而总发行额度反而有所降低，同时佣金收入也由于激烈的市场竞争而下降，业务重心开始逐渐向融资融券、资产管理和自营业务转移（见本书后续章节的统计）。同时，我国货币市场尤其是同业拆借市场和回购市场（见图1.1、图1.2、图1.3）迅速发展，其融资额度甚至远远超过了同时期的A股交易额。货币市场的迅猛发展为证券公司提供了低成本而且高流动性的融资途径，诱使证券公司（尤其是其自营和资管业务）融资短期化，证券公司事实上已经成了我国回购市场上的主要买入者。尽管明面上依然由于监管要求而保持了较低的杠杆率，但是证券公司的资管和自营部门也可能通过代持、养券①等隐形回购方式推高自己的杠杆，同时还极大地增加了自己的信用风险、流动性风险和操作风险。此外，伴随着近年来固定收益市场的迅猛发展，各大证券公司自营和资管资产中债权类资产占据了不小的比重，这些债权类产品也让投资银行暴露在了违约风险中。② 最后，投资银行还积极参与了同业拆借市场的投资活动，而拆借市场的利率近两年来的波动逐渐加剧，表明这一市场的信用风险也在逐渐积聚。例如，我国2013年6月银行间市场拆借利率大幅飙升的"钱荒"事件最初就源自对同业拆借违约的担心③，这一事件表明我国场外交易市场（OTC）的参与者已经对对手风险有了警惕。

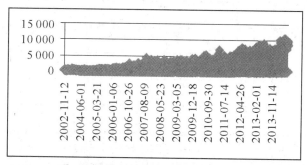

图1.1　我国回购市场日成交规模变化（单位：亿元）
来源：国泰安中国银行间交易数据库（图1.2、图1.3同）

---

　　① "代持养券"灰幕揭开 固定收益圈风声鹤唳［N］.上海证券报，2013-04-19. 代持养券惊爆债市灰色利益链［N］.中国经营报，2013-04-22.
　　② 超日债风波引发的债市蜕变［N］.上海证券报，2014-03-25.
　　③ 中国式影子银行的灰色生存［N］.上海证券报，2014-08-22.

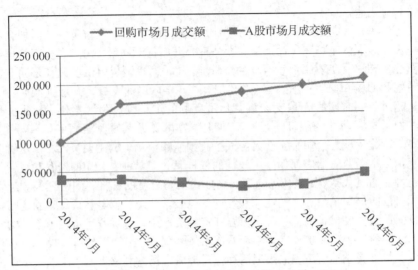

图 1.2　回购市场与 A 股市场规模对比（单位：亿元）

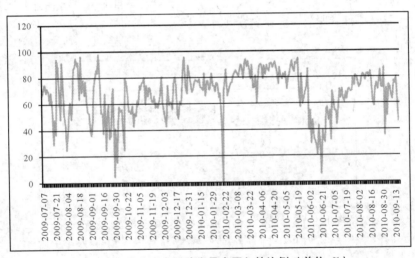

图 1.3　证券公司占回购交易中买入的比例（单位:%）

　　种种因素表明，我国证券公司的业务结构和资产负债结构正在向西方券商靠拢，相应的风险管理框架也亟须做出调整，以适应证券公司越来越复杂的风险结构。

二、我国证券公司风险来源识别

　　在风险来源方面，由于所面对的市场环境和监管标准不同，我国证券公司的风险成因与国外投资银行有所区别（尽管近年来两者有所趋同）。彭中明（2000）提出政策不确定性是我国证券公司系统性风险的根本原因，法治建设相对滞后以及行业同质化竞争造成了证券公司普遍违法经营，带来了相应的操作风险。杨晓平（2004）认为融资渠道不畅，是形成证券公司风险的重要体制性原因之一。

当然，我国证券公司在风险产生的具体来源上也在相当程度上与国外投行一致。宫龙云（2000）借鉴国外的研究，将投资银行的风险按风险的来源性质分为市场风险、信用风险、操作风险和法律风险等，按业务类型分为证券承销风险、重组并购风险、自营业务风险、经纪业务风险、业务创新风险、管理风险和人才流失风险。

这些研究显示，我国证券公司的风险来源可以区分为制度环境和业务因素。制度环境包括业务划分、融资途径、监管要求等因素，这些因素结合证券公司糟糕的内控环境又使证券公司采取了诸多高风险行为。制度环境对证券公司风险的影响具体表现为我国证券公司诸多风险中操作风险尤其突出。业务因素是指各项业务中蕴含的市场风险、信用风险、流动性风险和操作风险。由于金融行业的特殊性，投资银行只要开展业务就会伴随着风险。但是我国资本市场尚不发达，缺少足够的风险管理工具，对业务因素引致的风险很难对冲。

三、我国证券公司风险识别、测量与控制相关研究

陈云贤（1997，1998，1999）系统性提出了投资银行的"风险收益对应论"以及投资银行风险管理的四大原则，包括：①资本结构与流动性最大化对应；②组合投资与风险分散化对应；③经济周期波动与投资决策科学化对应；④风险收益对应管理与投资银行组织体系合理化对应。但是，"风险收益对应论"相关的研究缺乏后续跟进，没有能够形成具有操作性的内容，只能算是一个指导性的意见。

更多的国内研究则借鉴了国外的风险管理方法体系，试图将国外（包括证监会国际组织推荐的管理框架、国外投资银行的实际运用）的风险管理体系移植到国内。国外证券公司风险管理和控制的基本研究思路包括了三个部分，分别是：①风险控制组织（首席风险管理执行官或者各个层级的风险委员会）针对公司整体、业务单元和具体风险类别三个层面设定风险目标（比如 VaR 值）；②建立完整的风险测量系统，运用模型工具（通常是 VaR 方法）进行定量分析和实时监控；③业务单元通过风险资本准备、分散化或者对冲等方式，在满足企业风险目标的前提下通过经营活动提升收益率。这三个部分共同构成了"识别—度量—控制"三位一体的风险管理和控制框架，其核心是风险的量化识别。

国内早期的研究（南方证券课题组[1]，2002；海通证券课题组，2002；毕秋香，何荣天，2002；）采用了 IOSCO 或者 BCBS 的风险分类体系，尝试借鉴西方投资银行的量化风险管理技术，试图建立量化的风险指标体系，以风险指标和风险准备金结合实现证券公司的全面风险管理。但是这些研究往往基于国

---

[1] 讽刺的是，南方证券仅仅一年多以后就因为挪用客户保证金和自营交易巨亏而被迫清算。

外现成的方法和具体分布，而且指标选择比较主观，也没有能够考虑到国内证券公司的经营范围和市场环境以及面对风险的动态变化，所以，这些预警指标体系还缺乏相应的实证支持，很难判定其具体效率。

后续的研究虽然依然采用了国外的风险管理框架，但具体方法上开始考虑到中国证券公司所面对的具体风险分布特征。黄晓坤（2009）将外部宏观风险纳入到证券公司的风险预警系统中来，并与内部微观风险相结合，从整体角度构建风险预警系统应用模型，试图解决传统预警系统的预警信号不全面、准确性不足及滞后性的问题。姚德全和鲁志军（2013）在考量中国证券公司风险特征基础上，构建中国证券公司市场风险预警指标体系。他们运用主成分方法改进 Logistic 概率判别模型建立市场风险预警模型，以 61 家证券公司的年报数据为样本，对该模型的预警效果进行实证检验。结果表明：该模型风险预警准确率达 80%，安全预警准确率达 90%，总体准确率达 88.57%。预警误差在预测判别方法可接受范围之内。两位作者据此认为他们的模型具有一定的应用价值，能比较有效地预测证券公司所面临的市场风险。

肖新华（2010）应用 FAHP 方法，在考虑证券自营业务风险形成原因的基础上，对证券公司自营业务风险进行了识别。实证表明：各个风险因素对证券公司自营业务风险的权重大小依次是投资者信心风险、制度政策风险、操作风险、宏观经济环境风险等。他还选取东方证券公司自营股票投资为研究对象进行了自营业务风险测量方法筛选。研究发现：证券自营业务使用 Copula 理论中的 Gaussian Copula 函数及多元函数 t-Copula 来拟合投资组合中各股票的相依结构，结合 Gaussian Copula 函数及多元函数 t-Copula 与时间序列模型，借用蒙特卡罗模拟法，就可以很方便地计算证券自营投资组合的 VaR，通过对比，选择 VaR 最小的自营投资组合，就能有效地规避投资风险。鲁志军（2014）同样尝试了将 Copula 函数引入 VaR 模型，构建 Coplua-VaR 模型来尝试度量证券公司自营业务的市场风险。文章以财富证券公司的自营业务投资组合为研究对象，基于 Copula-VaR 方法进行实证研究。研究结果表明，Copula-VaR 结果比传统的 VaR 值更能精确地度量自营业务市场风险。

四、我国证券公司内部控制研究

证监会国际组织技术委员会在 1998 年 5 月颁布的《证券商及其监管者风险管理和控制指南》（以下称为《指南》）中区分了内部控制和风险管理及控制系统。《指南》认为：内部控制是指能够保证交易正确记录和确认、职责适当分离的系统；风险管理及控制系统是指市场风险、信用风险、法律风险、操作风险和流动风险的管理系统。中国证监会于 2001 年颁布了《证券公司内部控制指引》（以下简称《指引》），并于 2003 年 12 月做出了修订，首次较系统地以法规的形式指导证券公司进行内部控制建设。《指引》将证券公司内部控制定义为："证券公司为实现经营目标，根据经营环境变化，对证券公司经营与管理过程中的风险进行识别、评价和管理的制度安排、组织体系和控制措施。"这个意义上的内控实际上包括了部分风险管理和控制系统的功能,与姜洋（2000）①所提出的内控观点一致。

以 2007 年 8 月结束的券商综合治理为界,我国证券公司内部控制实务和相关研究大致可以分为两个阶段,我们将综合治理完成以前的时期称为前综合治理阶段,其后称为后综合治理阶段。

在前综合治理阶段,我国大部分证券公司尚没有建立起健全、完善的内控制度,各类违规乃至违法的事件屡屡发生,券商操作风险极为突出。即使《指引》发布以后,我国证券公司的内控制度建设大多只是简单依照法律条文（陈共炎,2004）,为了应对监管准则而设置,缺少可操作性和控制力度,因而内控往往失效。2004 年 8 月,证监会召开专题性的全国证券监管工作座谈会,在证券监管系统内全面部署和启动了综合治理工作。综合治理初期,证券公司全行业内控处于一个非常糟糕的地步。全行业客户交易结算资金缺口为 640 亿元,违规资产管理有 1 853 亿元,挪用经纪客户债券 134 亿元,股东占款为 195 亿元;超比例持股99 只,账外经营 1 050 亿元;84 家公司存在 1 648 亿元流动性缺口,其中 34 家公司的资金链随时可能断裂,证券公司的风险集中爆发酝酿了一次行业性危机。姜洋（2000）很好地总结了当时证券公司内控乏力几个比较突出的表现,包括:①在公司治理结构上,多数证券公司存在严重的"内部人控制"问题,高级管理人员的行为得不到股东的有效制约;②在具体经营决策上,多数证券公司缺乏科学的高级管理人员、一般管理人员以及操作人员相互制约的机制,具体操作人员权力过大;③在对下属机构的管理上,一些证券公司的总部对分支机构缺乏有效的管理手段,部分分支机构已经失控。

前综合治理时期,我国证券公司内控严重失效有着其外部和内部根源。外部根源指证券公司面临的市场和监管环境,主要包括:①融资渠道狭窄（杨晓平,2004）;②行业政策变动太大（彭中明,2000）;③行业同质化严重而且竞争激烈（姜洋,2000;宗明,余颖,2004）;④监管制度缺失而且交易制度存在缺陷（唐宗明,余颖,2004）;⑤政府行政干预过多（黄运成,李畅,2004）。内部根源指企业本身导致内控不足的原因,主要包括:①股权过于集中而国有大股东本身对企业风险和绩效不够敏感（范小雯,2003;黄运成,李畅,2004）;②股权流动性不足（黄运成,李畅,2004）。③专业知识和经验方面的欠缺使董事无法很好地行使董事职责（李苏,2007）;④内部会计控制制度不完整,控制力度弱化（孟焰,孙丽虹,2004）;⑤激励和约束制度不完善（熊鹏,2006）。

通过综合治理,结合《证券公司监督管理条例》《证券公司风险控制指标管理办法》等配套法规的推出,我国的证券公司逐步建立起了比较规范的内

---

① 姜洋提出,证券商建立内控制度的目的是为了防范和控制因内部管理不善而带来的风险,并且认为内部控制制度是风险管理的一种手段,主要对应于操作风险,但其涵盖的范围又超越了风险管理的范围。

控体系①，操作风险爆发的频率与损失较之综合治理前都大幅下降，之后的研究逐渐转向了具体治理机制的效果。

一些研究考察了证券公司风险管理组织的独立性。冯玉明和刘娟娟（2006）比较了美国投行和我国证券公司的风险管理组织架构，认为我国证券公司尚存在风险管理组织独立性不够、协调性不强、缺少专业委员会指导等缺陷。

股权结构与内控之间的关系也引起了大量的关注，这些研究集中在两个方面。第一个方面是股权性质（国有还是民营）对企业风险管理的影响。一些研究（陈共炎，2004；黄运成，李畅，2004）认为国有股权由于"最终所有者缺位"导致证券公司对风险不敏感，引起证券公司风险控制不足。朱科敏（2006）通过简单的统计对比，发现民营券商占出现风险问题券商的比例（约三分之一）高于民营券商在所有券商中的占比（约六分之一），据此认为股权性质并非证券公司风险管理的关键因素。一些研究（牛建波，2004）认为股权过度集中不利于证券公司的风险控制；另外一些研究（朱科敏，2006；陈曼娜，林伟涛，2013）则显示股权集中度与证券公司风险承担存在负相关关系，股权越集中证券公司反而越重视风险管理。事实上，现有的实证研究（朱科敏，2006；陈曼娜，林伟涛，2013）的样本容量都比较小，而且方法比较简单，存在一定程度的内生性问题。因此，总体来说，关于股权结构（包括性质与分部）与企业风险控制之间的关系并没有一个统一认可的结论。

信息相关制度（包括内部制度隔离和外部信息披露）是另外一个研究内容。胡付云与姚松涛（2008）通过案例分析发现，证券公司内部隔离机制存在严重缺陷，研究人员公正性、独立性与客观性不足，引起了利益输送等违规行为，造成了证券公司的操作风险。张琦（2012）则通过对年我国上市证券公司信息披露情况的分析，认为尽管我国证券公司内控制度在近几年取得了长足进步，但是公司内部控制缺陷信息披露依然非常不足。

后综合治理时代的研究显示，尽管我国证券公司已经建立起了比较规范的内控体系，但在具体的机制方面还存在缺陷。

第三节　文献评述与研究启示

一、文献评述

现有国内外研究对探究适合我国证券公司的风险管理做出了贡献，提供了兼具操作性和学术性的深刻见解。但现有研究也普遍存在以下几点不足：

第一，大量研究几乎存在样本容量不足的问题。例如黄晓坤（2009）以及姚德全和鲁志军（2013）的研究分别只有 19 家和 35 家样本公司；肖新华

---

① 《中国资本市场发展报告（2008）》指出，我国证券公司外部治理依然不足。

（2010）选择了海通证券自营的20只股票的日交易数据，但未对这一样本选择做出足够的说明；鲁志军（2014）也有同样的问题。这种现象产生的原因可能是数据可得性问题，外部研究者往往很难得到证券公司资产结构相关的数据，即使上市公司也只是披露其资产组合的大致情况，而风险度量需要有准确的资产配置状况来验证其准确性。

第二，很多研究（例如：黄晓坤，2009；姚德全，鲁志军，2013；等）都是基于企业的财务指标，以度量证券公司陷入财务危机可能性的方式来标识证券公司的风险。但是这种研究实际上是基于外部（监管者或交易者对手）视角，而不是基于证券公司本身有效风险管理的角度，对企业内部的风险管理贡献有限。

第三，现有研究几乎都集中在市场风险测量方面，缺少对操作风险和信用风险[①]的关注。区别于商业银行的主要风险是信用风险，投资银行的主要风险则主要是市场风险和操作风险。一方面，随着我国股指期货、国债期货等金融衍生工具的陆续上市或重启，投资银行的市场风险环境、管理手段出现新的变化，需要跟踪研究；另一方面，不同于商业银行以资金占用型业务为主，投资银行的经纪业务、投资咨询业务、资产管理业务、承销业务（代销方式）等服务收费业务仍为其主要盈利模式，而服务类业务的操作风险更为突出，但现有文献几乎没有相关研究。

第四，大多数研究都是针对风险的识别与度量，而风险控制方法的定量研究比较缺乏。这一现象是由中国金融市场的发展阶段决定的，因为我国衍生品市场还相当缺乏，证券公司很难通过衍生品对各类风险进行对冲，只能通过分散化或者风险资本准备这样的被动方式来缓解风险。

第五，现有关于投资银行内部控制的研究往往集中于理论论述，而对内部控制具体机制的实证研究相对较少，即使为数不多的实证研究往往也存在样本容量较小、缺少明确的因果证据等问题。这种不足主要是数据缺乏引起的。我国的上市证券公司为数不多，到目前为止也仅有19家（其中差不多一半都是在2009年以后上市的），而非上市券商的数据很难获得，如此小的样本容量的确难以获得有足够说服力的经验证据。

二、研究启示

风险管理是金融机构的核心，对于证券公司这样业务范围广泛、风险构成复杂的金融机构尤其如此。近年来，我国证券公司的业务重心逐渐由传统的发行和交易中介转向了自营、资管等业务，券商经营的转型同时还伴随着我国资本市场（尤其是债务工具）的迅速发展，两者结合将券商置于了一个更加充满不确定性的环境。尽管从证券公司综合治理以来，我国券商已经逐步建立起

---

① 不同于商业银行，信用风险不是投资银行的主要风险。尽管已经有了不少针对商业银行信用风险度量和管理的研究（例如：阎庆明，2004；白保中，宋逢明，朱世武，2009；郭英见，吴冲，2009），但也要注意到，投资银行信用风险来源和风险特征都与商业银行有着很大的区别。

了比较完备的风险管理控制系统，但并不意味着我国证券公司的风险管理水平已经能够适应多变的市场环境。光大证券乌龙事件、固定收益市场稽查风暴中暴露出来的券商种种违规行为表明我国券商的风险管理水平依然还有待提高。我国现行的证券公司风险监管以净资本为核心，其基本思想是让证券公司通过足够的风险准备以应对可能发生的损失，各大证券公司为了满足监管当局的要求也实施了对应的净资本风险管理方式。随着近年来金融市场的发展和竞争加剧，发行和交易佣金等传统业务日趋艰难，证券公司亟须拓展自己的业务。以净资本为核心的风险管理方式在很大程度上限制了证券公司风险管理的主动性和业务创新能力，整个行业需要更加高效的风险监管和管理方法。

风险管理往往包括了"风险识别—风险度量—风险处理"三个阶段，而有效的风险管理体系除了这三个阶段以外还必须包括良好的内部控制。目前我国已有不少的文献从这几个方面对证券公司风险管理做出了研究，这些研究为我国证券公司更加有效进行风险管理提供了许多深刻的见解和有用的方法，但也有着诸多不足。既有的研究往往存在样本容量（以及相应的置信度）不足、研究存在偏重（偏重市场风险而对操作风险研究不够，偏重风险测量技术而对风险管理的整个体系研究不足）等问题。更为重要的是，现有研究往往针对过往的证券公司样本进行分析，所采用的模型多为简约模型，对行业变迁缺乏前瞻性。除此以外，尽管学者们针对我国券商内部控制有一定的研究，但并没有将内部控制纳入到投资银行内部风险管理体系整体框架下去审视和开展研究，也没有区别投资银行内部控制的一般性和特殊性，进而导致研究结论难以与内部风险管理的其他方法有效衔接，难以形成真正的投行全面风险管理体系。

再从实践来看，2008年美国次贷危机引发的全球金融危机将投资银行业推上了风口浪尖，美国五大投资银行或倒闭或转型，以至于"投资银行终结论"的出现。时至今日，美国加强投资银行监管的举措也陆续出台：新金融机构监管方案明确美联储将对投资银行进行监管，出台加强监管信用评级机构的草案等。诚然，加强监管是投资银行风险管理的重要环节。但是历史的经验告诉我们，监管和创新永远是矛盾的双方，要么矫枉过正从而抑制创新，要么诱致型创新从而逃避监管甚至产生制度套利风险。因此，我们还必须着眼于构建完善的投资银行内部风险管理体系，以期从根本上提高投资银行的风险管理水平。同时，发达资本市场国家的投资银行业危机表明，构建完善的投资银行内部风险管理体系并没有现成的模式可照搬，这是一项新而复杂的系统工程。一方面，我们需要借鉴学术界在风险管理领域的研究成果和包括银行、对冲基金等其他金融机构在内的先进的风险管理理念和方法，构建出符合投资银行的业务及其风险特征的投资银行内部风险管理理论；另一方面，还需要在前述基础上结合我国投资银行的风险特征、市场条件等，探讨如何构建我国投资银行的内部风险管理体系这一实践问题，以此促进投资银行乃至国家的金融安全。这些就是本课题的研究目标。

第二章　投资银行风险管理体系的构建

2008 年次贷危机爆发后，曾被我国投资银行业奉为风险管理"圣经"的美国五大投行的风险防范能力受到广泛质疑，亟须重新审视具有激进风险文化的现代投资银行风险管理理论。结合我国投资银行和美国投资银行的发展情况，本章从投资银行经营特征与风险、净资本监管与投资银行风险行为内部和外部两个视角，论证投资银行经济资本管理的适用性，并在理论上构建投资银行风险管理体系。

第一节　现代投资银行的经营特征与风险

一、投资银行的界定及其风险

不同的国家对投资银行有不同的称法，中国和日本称投资银行为证券公司，美国则习惯用投资银行（Investment Bank）[①]，本书沿用投资银行这个概念[②]。随着经济和金融的不断发展，投资银行经营的业务范围在不断扩大，罗伯特·库恩（Robert Kuhun）根据投资银行的业务发展趋势给出了四种比较完整的定义，见表 2.1。本书研究的投资银行为除定义 1 之外的独立投资银行，不包括兼营投资银行业务的金融集团。

表 2.1　　　　　　　　　　　投资银行的 4 种定义

层次	概念	业务范围	说明
定义 1	任何经营华尔街金融业务的银行	证券、国际海上保险以及不动产投资等几乎全部金融活动	—

[①]　从文献上看，投资银行的英文译法常常在 Investment Bank 和 Investment Banking 两者间混淆。实际上，Banking 一词主要指银行业务，故 Investment Banking 被称为投资银行业务（多指承销业务）更适宜。

[②]　投资银行作为直接金融的中介，与作为间接金融服务中介的商业银行相对应。按照金融功能观的理解，投资银行和商业银行的最为重要、基本的功能就是在时间、风险两个维度下提供资源有效配置的手段，因此投资银行的本源业务是承销业务。相应地，为了体现这点，本书采用投资银行这一称谓。

表2.1(续)

层次	概念	业务范围	说明
定义2	经营全部资本市场业务的金融机构	证券承销与经纪、企业融资、兼并收购、咨询服务、资产管理、风险资本等	与定义1相比,不包括不动产经纪、保险和抵押业务
定义3	经营部分资本市场业务的金融机构	证券承销与经纪、企业融资、兼并收购等	与定义2相比,不包括风险资本、基金管理和风险管理工具等创新业务
定义4	经营部分资本市场业务的金融机构	从事一级市场证券承销和资本筹措、二级市场证券交易和经纪业务的金融机构	—

按业务来划分,投资银行的风险可以分为经纪业务风险、承销业务风险、资产管理业务风险、自营业务风险等。按业务部门划分风险,有助于公司管理层在整体层面对各部门的风险分布有个全面的认识,从而促进各个业务部门的资产或业务的优化;同时,也有助于公司管理层对每个部门的员工进行量身定做的考核,使激励更为有针对性。但是,该种划分存在以下不足:①业务部门不是一成不变的,有时会有创新型业务的出现;②机构层面的职能部门的服务对象为各个业务部门,如财务部门,这样该部门的风险往往不能单独看待;③按部门来划分风险,也只是找到了风险的承担主体,但划分风险的目的还在于进一步度量、认识风险,因此还需要进一步理解该部门内的风险成因,即还有待于按成因对风险进行分类。

1998年,国际证监会组织①将投资银行所面对的风险划分为市场风险(Market Risk)、信用风险(Credit Risk)、流动性风险(Liquidity Risk)、操作风险(Operational Risk)、法律风险(Law Risk)、系统风险(Systern Risk)六大类型。本书认为,流动性风险和系统风险与市场风险、操作风险、信用风险不属于同一层级的风险概念,不宜混淆在一起。流动性风险本身不属于"原生"性风险,而是"次生"风险,不宜作为与市场风险、信用风险等同一层级的风险形态存在;而系统风险是从风险是否可分散的角度来划分的,是相对于非系统风险而言的。因此,从原生角度讲,投资银行的风险形态主要包括市场风险、操作风险、信用风险等。

---

① 具体可见IOSCO下属技术委员会提交的一份题为《证券公司及其监管者的风险管理和控制指南》(Risk Management and Control Guidance for Securities Firms and Their Supervisors) 的研究报告。

二、投资银行经营特征与风险的一般分析

(一) 核心功能观视角下的投资银行业务

投资银行的业务范围随着金融服务技术、社会需求、制度环境等的改变而不断变化，但其核心功能是提供风险资源配置服务①。下面从投资银行作为风险资源配置的金融中介角度，将投资银行业务归为如下三个层次：

(1) 一级市场的证券承销业务——本源业务

该业务在于实现风险资源的初次分配。证券承销作为投资银行的本源业务，在一级市场上媒介了资金供需双方的资金调剂，实现了风险资源跨时空的初次配置，使得社会资源向优势企业聚集、风险向意愿承担者转移，提高了风险资源的配置效率。同时，投资银行通过承担代销（或包销）存在的主要风险——操作风险（或市场风险），获得佣金（或价差）收入。

(2) 二级市场的服务型业务及自营业务——传统业务②

该业务在于实现风险资源的动态配置。投资银行通过经纪业务、资产管理服务等业务活动，帮助投资者在二级市场上进行风险资源的动态转移。这类活动符合了金融资产风险暴露不断变化、需要进行动态配置以保证金融效率（并以此促进实体经济效率提高）这一实际需求。此外，投资银行常常还以买方身份在二级市场进行自营交易来承担风险资源。相应地，投资银行通过此传统业务获得佣金或投资收益。

(3) 场内或场外创造金融衍生品——创新业务

该业务在于实现原生风险与风险资源的"形体"分离。投资银行通过创造出金融衍生工具，使得投资者能够在继续保有风险资源的条件下转移原生风险。具体表现在其可以提供期货、期权等衍生金融产品以及相应的利用衍生品的套期保值服务。相比于自营业务，投资银行通过衍生品创新实现了盈利方式从买方业务向卖方业务的角色转变，即通过向市场主动供给产品来获得回报。

为了表述的方便，我们将经营本源业务和传统业务的投资银行称为传统投资银行，而将同时经营衍生品创新业务的投资银行称为现代投资银行。③

(二) 现代投资银行的经营特征：基于与商业银行的比较视角

相对于商业银行以资产负债转化业务为主，上述现代投资银行的业务及其风险配置特点决定了其与商业银行在经营特征上存在以下几个方面的差异。

---

① 兹维·博迪和罗伯特·C.莫顿的金融功能观认为，金融系统的基本功能包括：提供跨时间、跨区域的资源配置途径，提供可以用于管理各种风险的办法，提供客户交易结算的便利方式，提供进行所有权分割的制度，向相关者提供信息，金融系统有助于解决信息不对称、激励问题这六个方面。而其中风险资源配置是其核心功能，本书简称之为"核心功能观"。

② 一般分类中，承销业务属于投资银行的传统业务，但本书为了研究方便，将两者分开。

③ 从这个层面上讲，目前我国大部分投资银行都属于传统投资银行，而美国五大投资银行则为典型的现代投资银行。所以，下面对现代投资银行经营特征与风险的分析，主要以美国五大投行为例。

1. 特殊的资产负债结构

相对于商业银行，现代投资银行特殊的资产负债结构体现在以下两个方面：

（1）金融衍生品创新和佣金业务作为投资银行的主要利润来源，并不在其资产负债表上体现。商业银行作为间接融资的中介，进行了资产与负债的转化，通过存款为贷款融资，而且这直接体现在商业银行的资产负债表上。然而，投资银行资产负债结构的特殊性表现在其承销业务、服务型业务以及衍生品创新业务几乎不在其资产负债表上体现出来。其中，金融衍生品本身对提高资产流动性、配置风险并由此提高整个社会的资源配置效率是有益的。但投资银行既是金融衍生产品的设计者，也是产品的销售者，加上衍生品复杂的技术特性，具有双重身份的投资银行更容易采取激进的创新策略，容易导致过度创新的出现。

（2）投资银行的表内业务有较大的财务波动风险。为了更深入理解这一差异性，我们从资金来源和运用两个方面加以分析。

首先，资金来源方面，投资银行的股权融资和债券融资的成本及其波动性要大于商业银行。具体原因如下：①股权融资方面，投资银行除了具有与一般企业相同的股权融资成本高这一特点外，还具有资本市场波动、该行业运转很快、财务状况变动快于许多制造行业和其他金融服务业（Charles R. Geisst，1998）等原因引起的股权资本成本波动大。以 1982—1991 年的美国投资银行股权成本为例，1984 年最低，仅 1.90%，而最高年份是 1991 年，达到 13.82%，与之相对应的是 1984 年的牛市和 1991 年市场再度处于衰退之中。②债务融资方面，商业银行主要以存款作为主要负债来源，投资银行则以发行金融债券、同业拆借的方式募集资金。显然，前者在存款保险制度、中央银行的最后贷款人安排下，即使出现经济不景气，存款资金来源仍然相对稳定，而后者较易受到市场环境影响。

其次，资金运用方面，投资银行资产业务极易受到经济政策、投资者预期等市场环境影响，其实际损益偏离预期损失的方差较大。统计显示，投资银行季度交易收入极不稳定，季度标准差高达52%，远高于商业银行存款服务业务的标准差 3.44%（朱民，2009）。而相对来说，商业银行的资产主要为信贷资产，本身具有分散化特征（表现为行业分散、地域分散），因此其风险的非系统性特征明显得多。

2. 逐日盯市的会计制度安排

逐日盯市制度是结算部门在每日闭市后计算、检查保证金账户余额，通过适时发出追加保证金通知，使保证金余额维持在一定水平之上的结算制度。若调整后的保证金余额小于维持保证金，交易所便发出通知，要求在下一交易日开市之前追加保证金，若会员单位不能按时追加保证金，交易所将有权强行平仓（彭兴韵，吴洁，2009）。逐日盯市制度的存在和逐日结算制度的实施使得当价格发生剧烈波动时，交易者将可能会面临相当大的负现金流的风险。投资银行传统业务里的自营业务、衍生品创新业务均采用公允价值计量，而商业银行的主要资产（负债）——贷款（存款）不像证券资产的公允价值容易获得，因此公允价值计量制度对投资银行的总体影响要显著得多。①

3. 混业制度安排下的表内高杠杆特征

根据相关数据，美国五大投资银行在 2007 年危机前的表内杠杆②倍数为 30 倍，危机前商业银行的杠杆率倍数为 12 倍，相差甚大。关于两者差异的深层次缘由，需要深入考察美国分业与混业经营的制度安排与变迁。1933 年的《格拉斯—斯蒂格尔法案》为了避免混业经营带来的不利影响，规定商业银行和证券公司不得有交叉经营，即开始了美国分业经营的历史，以此为界，之后的投资银行被称为现代投资银行。从 1933 年开始，投资银行因为特许权不断发展壮大，通过不断地创新业务范围、扩大资产规模，迅速成长，并将经营从传统的经纪业务、并购咨询服务和承销业务等，通过金融工程、产品创新，转向自营业务投资和衍生品交易。但此时，投资银行的经营出现了较大的变化：传统业务主要以人力资本投入为主，对资金的占用较少，但自营业务等新兴的投资银行业务，则主要以资金投入为主，风险也更高。于是，在新兴业务比重不断提高的背景下，投资银行的经营实践需要更高的资金投入保障。由于合伙制形式下的投资银行不仅资金规模有限，而且具有合伙人撤资带来的稳定性差的缺点，因此投资银行的发展瓶颈主要表现在资金规模有限上。为了解决资金需求问题，美国投资银行纷纷采取上市发行股票的形式，从合伙制转化为有限责任公司，增加了自身的资本金规模，以满足新兴业务对资金的需求，见表 2.2。

表 2.2　　　　美国五大投行从合伙制企业转身上市公司的时间

公司名称	成立时间	上市时间	说明
贝尔斯登	1923 年	1985 年	1923 年年初成立时只有 7 个雇员、50 万美元的资本额；1985 年上市后，资本总额增加至 5.17 亿美元
雷曼	1844 年	1994 年	在纽约和太平洋股票交易所上市
美林	1914 年	1971 年	在纽约证券交易所上市
高盛	1869 年	1999 年	在纽约证券交易所上市
摩根士丹利	1935 年	1986 年	在纽约证券交易所上市

资料来源：根据《美国投资银行经营失败案例研究》（吴清，张洪水，周小全，等，2010）相关资料整理。

---

① 当然，商业银行的证券类资产同样受到公允价值计量的影响，只是从总体上看，存贷业务是其主要业务，所以这种（不利情形下的）影响往往不像投资银行那样成为"压垮骆驼的最后一根稻草"。

② 为了区别于后面的衍生品交易的杠杆（本书称之为表外杠杆），本书将传统的财务杠杆称为表内杠杆。

似乎问题到此得以解决？直到 1999 年美国通过《金融服务现代化法案》（Financial Services Modernization Act），才结束了长达六十多年的分业经营的现状。自此，商业银行和独立投行陷入了新一轮的竞争。显然，投资银行在资本规模上明显弱于商业银行。此时，混业竞争压力下的上市投资银行扩大资金来源的唯一渠道便是实行高杠杆化的负债融资战略，而商业银行具有稳定的存款负债来源。投资银行负债融资的主要市场便是在短期货币市场进行资金拆借，扩大资产规模。根据统计，美国五大投资银行在 2007 年危机前的杠杆倍数为 30 倍，而 1994 年的杠杆倍数为 15 倍，1986 年的杠杆倍数均值才为 8 倍。

4. 衍生品交易业务的表外高杠杆特征

除了作为衍生产品的设计者、销售者身份外，现代投资银行还常常以交易者的身份持有大量的金融衍生品。例如，雷曼兄弟是 2006 年次级贷款证券产品最大的认购商，占该市场份额的 11%。依据雷曼兄弟的报告，其持有的担保债务凭证（Collateralised Debt Obligation，CDO）总价值大约为 500 亿美元（马红霞，孙国华，2009）。但由于金融衍生品交易具有表外高杠杆性质①，其破产的负外部性比只经营承销业务、传统服务型业务和自营业务的投资银行要明显得多。

（三）现代投资银行的风险特征

1. 更强的顺周期性

正如前面所述，商业银行在存款保险制度、中央银行的最后贷款人安排下，即使出现宏观经济不景气，存款资金来源仍然相对稳定，而且其资产主要为信贷资产，难以进行公允价值计量。然而，投资银行在资金来源与应用方面对资本市场等宏观环境的反应就敏感得多，两者相互影响，进一步强化了这种强周期性特征。结果是：①当宏观经济走势向上、资本市场前景乐观时，投资银行业往往会出现资产超配现象。这种超配是指超过了其资本金的承受范围。②反之，如果宏观经济不利变动引起资本市场环境变得糟糕，投资银行超配的资产会出现资本金的偿付危机。此时，市场上的投资者会对投资银行的经营前景不再看好，使其再融资出现困境，同时，金融资产价格的大幅下降也使其资产变现变得非常困难。而且，在上述过程中，逐步盯市的会计制度起到了推波助澜的作用。市场上升的时候，资产价值和回报迅速增长，投行净值增加，弱化了投行与同业市场上资金拆出方之间的信息不对称问题，从而进一步改善市场预期和投资需求；一旦市场下跌，资产和回报就全面下降，这时，投行的资

---

① 一方面，金融衍生品交易由于以下原因，一般做表外业务处理：金融交易属于未履行合约，当事人一方是否负有债务，视他方是否执行而定；某些金融交易（例如远期合约）在到期日前已平仓（结清部位）；某些金融交易存在资产、负债互抵的权利。另一方面，金融衍生品交易的高杠杆性在于：金融衍生工具通过预测基础金融工具之市场行情走势，交易人以支付少量保证金签订远期合同或互换不同金融商品之衍生交易合同，具有以小博大的高杠杆效应（张世洁，2008）。

产净值下降，加剧了投行与拆出方之间因信息不对称而产生的逆向选择和道德风险，贷款者为了防范各种风险，就会紧缩信贷条件，恶化了投行的外部融资环境（彭兴韵，吴洁，2009）。

2. 更容易产生道德风险

危机期间，公众广泛质疑投资银行的薪酬制度。美国投资银行危机的爆发，被人们认为是由投资银行从业人员的自利、贪婪的欲望所致。比如：在雷曼公司任首席执行官的 Richard S. Fuld，在任职的 8 年时间（2000—2007 年）里，具有鼓励冒险精神的期权激励价值高达 4 亿美元，构成了总薪酬的 4/5 还多（巫和懋，2009）。在这样高的激励诱惑下，雷曼开始步入毫无相关经验的抵押市场业务。这种分析不无道理，某种程度上，风险—收益不相适应的激励方案，在鼓励员工或管理人冒险精神的同时，因代理问题的存在往往损害了股东利益，不利于公司价值最大化这一目标，而成了代理人追求个人利益最大化的工具。

但深入分析，这种高管的道德风险还源于前面所说的投资银行对资本规模追求的结果：纷纷由合伙制企业变身为上市公司。在有限责任公司的破产保护制度下，高管甚至股东本身都有可能进行冒险活动，这当然会损害投资银行的债权拥有者的利益。因此，上市后的投资银行在经营活动中表现出在有限责任公司"破产保护制度"下的股东和高管存在高道德风险或更加激进的风险文化。相较于上市商业银行，正如前面的分析一样，其存贷款业务的现金流都相对稳定，高管和股东进行冒险所引起的财务波动空间相对有限。

3. 更强的流动性风险

一方面，投资银行为了扩大资金规模，通过在货币市场进行表内高杠杆的负债融资，把负债风险与资本市场更加稳固地联系起来。主要表现在：如果投资银行的新兴业务所持有的资产价格出现不利的变动，加上此时的投资银行已经成为上市公司，在严格的信息披露制度和逐日盯市制度下，投资银行的财务报表迅速恶化，并通过资本市场快速传播开来，改变了市场上投资者对投资银行的信息，形成一致性损失预期，结果使得投资银行的融资能力急剧下降，甚至枯竭；反过来，资产市场的价格本身出现了不利变动，会引起投资银行自营资产变现损失。另一方面，投资银行表外高杠杆的衍生品创新业务与保证金结合在一起，会进一步加剧投资银行的流动性风险，以至于引起金融市场的流动性危机。上述这两个方面相互促进，将投资银行带入了流动性危机的境地，形成如图 2.1 所示的流动性螺旋现象。①

实际上，上述原因还可以从对五大投资银行在 1996—2008 年的季度杠杆率及其变动趋势中进行分析，如图 2.2 所示。2008 年危机前五大投行的杠杆率实际上在 20 世纪末就一直保持下来，并没有较之前有什么大的变化。何况，这五家投行（除了摩根士丹利以外）的杠杆率甚至在此次危机前也不是历来

---

① 商业银行最为担心的是信任危机的出现引起挤兑情况，为此，商业银行往往有存款保险制度和央行的最后贷款人制度安排。在这样的制度安排下，其流动性风险比投资银行要小得多。

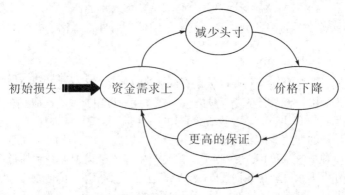

图 2.1　流动性螺旋（Brunnermeier, Pedersen, 2009）

的最大值。可见，在投资银行经营表现出的高杠杆特征同顺周期特征同时出现的情况下，两者便相互叠加，甚至互为因果。尚且需要如下外部条件：资产价格大幅下降，而危机前美国住房价格的下降成了诱因，住房价格泡沫破灭迅速影响到了投资银行，使得五大投资银行短期内迅速土崩瓦解。

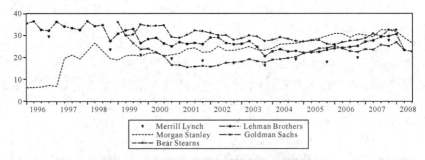

图 2.2　危机前美国五大投资银行季度杠杆率

注：数据来自 Wikinvest 网站和美林 1996—2007 年年报；除美林为年度杠杆率外，其余为季度杠杆率。

4. 负外部性

传统金融理论关于金融机构的外部性问题，一般认为：商业银行的存款业务涉及公众利益，其破产具有较大的负外部性，需要政府通过央行再贷款、存款保险制度甚至财政注资的方式进行危机救助；投资银行不进行资产负债的转化，只是获取佣金收入，其自营业务的资金来源多以自有资金为限，因此投资银行破产不会引起公众利益受损，因而政府当好"守夜人"就可以了。但此次投行危机所引起的连锁反应颠覆了传统危机救助理论中对投资银行没有或者具有较小外部性的传统观点，投资银行危机同样表现出极大的负外部性。这根源于现代投资银行通过金融衍生品创新，将业务领域从传统的买方业务扩大到了卖方业务。具体来说，衍生品的高杠杆交易特征、保证金与强行平仓制度等使得衍生品交易的风险巨大。加之复杂的衍生技术和众多的投机者、套期保值者参与其中，作为金融衍生品创造者的投资银行破产将引起极大的负外部性。可见，如何构建有效的投资银行风险管理体系，不仅是投资银行自身、也是监管部门需要思考的问题。或许正因为如此，欧盟在《资本金要求指示》修订案里明确：投资银行净资本的目的在于吸收其在正常的商业进程中的非预期损失。

（四）案例分析：经营模式变化

前面对投资银行的经营特征、风险做了详细分析。那么，转型为银行控股公司的摩根士丹利、高盛，在转型后是否出现了新的变化呢？为此，本部分收集了两家投行在转型前、中、后的经营数据进行对比分析。鉴于摩根士丹利从 2007 年出现公司成立 73 年以来的首次季度亏损到 2008 年转型，跨度两年，我们选取 2005—2010 年共 6 年时间，划分为转型前（2005 年、2006 年）、中（2007 年、2008 年）、后（2009 年、2010 年）三个阶段比较分析摩根士丹利、高盛的经营状况。

1. 去杠杆化成效显著

从表 2.3 可以看出，两家转型投行在危机前的 2005 年、2006 年，杠杆率远高于转型后的杠杆率水平。通过转型和美国政府"问题资产救助计划"的实施，两家公司的资本金实力得以提升，"去杠杆化"的效果在转型后显著。

表 2.3　　　　摩根士丹利和高盛转型前、中、后的杠杆率比较

	转型前			转型中			转型后		
	2005 年	2006 年	平均	2007 年	2008 年	平均	2009 年	2010 年	平均
摩根士丹利	29.8	30.5	30.15	32.6	11.4	22	15.5	14.7	15.1
高盛	25.2	23.4	24.3	26.2	13.7	19.95	12	11.8	11.9

数据来源：两家公司 2005—2010 年年报。

2. 经营战略仍未转型

从表 2.4 可以看出，摩根士丹利在转型前的 2005 年、2006 年，收入占比较高的三大业务逐次是自营业务、资产管理业务和投资银行业务；转型期间，资产管理业务、经纪业务和投资银行业务占比靠前，而自营业务占比显著下降，2008 年降到 7%的低位；转型后的 2009 年、2010 年，自营业务、资产管理业务和投资银行业务重新成为三大主营业务，而且自营业务的收入在 2010 年达到 35.5%，基本上恢复到转型前水平。

表 2.4　　　　摩根士丹利转型前、中、后主营业务收入结构比较

	转型前		转型中		转型后	
	2005 年	2006 年	2007 年	2008 年	2009 年	2010 年
投资银行（%）	17.4	16.0	23.9	18.3	21.5	16.2
自营业务（%）	39.0	45.7	24.4	7.0	27.4	35.5

表2.4(续)

	转型前		转型中		转型后	
	2005 年	2006 年	2007 年	2008 年	2009 年	2010 年
经纪业务（%）	15.2	12.7	17.6	20.1	18.1	15.6
资产管理（%）	17.7	17.6	20.7	21.9	25.2	25.2
其他（%）	−0.5	1.8	2.9	17.4	3.6	4.7
利息净收入（%）	11.1	6.3	10.5	15.2	4.2	2.7
合计（百万美元）	21 789	28 340	26 478	22 111	23 358	31 622

数据来源：根据摩根士丹利 2009 年、2010 年年报整理。

从表 2.5 来看，高盛在转型前的三大主营业务是自营业务、投资银行业务和资产管理与经纪业务；转型期间，三大业务仅在比重上有所变化，其中自营业务下降到 2008 年的 36.4%；转型后的 2009 年、2010 年，自营业务、利息净收入和投资银行业务成为靠前的主营业务，且自营业务比重达 64.6%，恢复到转型前的最高水平。

表 2.5　　　　高盛转型前、中、后主营业务收入结构比较

	转型前		转型中		转型后	
	2005 年	2006 年	2007 年	2008 年	2009 年	2010 年
投资银行（%）	14.3	14.9	16.4	23.3	10.6	12.3
自营业务（%）	61.2	63.8	64.6	36.4	63.9	64.6
资产管理与经纪业务（%）	12.2	12.0	10.3	21.0	9.1	9.1
利息净收入（%）	12.3	9.3	8.7	19.2	16.4	14.1
合计（百万美元）	25 238	37 665	45 987	22 222	45 173	39 161

数据来源：根据高盛 2007—2010 年年报整理。

由于转型为银行控股公司，摩根士丹利和高盛可以通过吸收存款获取稳定的资金来源，也具备了向美联储获取紧急援助的资格，同时接受更加严格的资本监管，所以从表 2.3 可以看出"去杠杆化"成效显著。但是，也应该注意到，目前两家公司的经营模式仍然与之前的独立投行模式雷同，自营业务和投资银行业务是其利润的主要来源，资本市场的资产价格波动同样会引起投资银行陷入流动性螺旋（见图 2.1）和经营困境。转型银行控股公司后，由于政府

援助的隐形担保，其流动性困境的"阈值"相对更低，但其原生性风险①依然存在。进而如何构建有效的内部风险管理体系对转型后的摩根士丹利和高盛同样重要。

三、我国投资银行的经营特征与风险分析

我国投资银行起步较晚，至今也就二十多年的历史，但却一路坎坷，先后经历了初期的乱象众生（1987—1997年）、清理整顿（1997—2003年），到2003—2007年的综合治理，并进入到了分类监管的新阶段。从前面对投资银行业务的分类来看，目前我国投资银行主要以承销业务和传统的佣金业务、自营业务为主，买方业务特征明显，与美国投资银行在经营特征、风险表现方面存在较多差异。为了深入理解我国投资银行在上述方面的变化，下面从综合治理前进行分析。

（一）综合治理期间我国问题投资银行的风险处置回顾与简评

1. 我国投资银行经营失败的主要案例

1995年，中银信托投资公司因为严重违规、资不抵债被中国人民银行接管，开创了我国问题证券经营机构被处置的先河。随后几年，万国证券、君安证券等个别高风险的证券机构先后被处置。但到2002年5月底，118家投资银行的净资产额为917亿元，不良资产高达460亿元，不良资产率过半，投资银行业面临行业性的生存风险。在这种情况下，同年8月鞍山证券因为违规行为严重、资不抵债，成为首家被责令关闭的证券经营机构。我国投资银行业进入了风险集中处置的时代。根据中国证监会的统计数据，截至2007年9月，在我国历时三年的证券公司风险治理过程中，有31家高风险投资银行得到平稳处置，其中27家高风险投行在监管部门推动下实施了重组。风险投行的主要违规行为包括挪用保证金、挪用客户国债和违规委托理财，而处置的主要方式包括政府救助、并购重组和责令关闭或撤销，分别见表2.6和表2.7。

表2.6　　　　　　　我国投资银行被风险处置的主要原因

违规行为	数量	公司
挪用保证金	28	鞍山证券、大连证券、海南证券、佳木斯证券、新华证券、南方证券、德恒证券、恒信证券、中富证券、汉唐证券、闽发证券、大鹏证券、亚洲证券、北方证券、民安证券、五洲证券、武汉证券、甘肃证券、昆仑证券、广东证券、天勤证券、西北证券、兴安证券、河北证券、新疆证券、中关村证券、中科证券、天同证券

---

① 本书认为，流动性风险往往由市场风险、操作风险和信用风险引致损失进而造成投资银行流动性不足，因而将其作为派生风险，而后三者是原生风险。

表2.6(续)

违规行为	数量	公司
挪用客户国债	26	大连证券、富友证券、新华证券、南方证券、德恒证券、恒信证券、中富证券、汉唐证券、闽发证券、大鹏证券、亚洲证券、北方证券、民安证券、五洲证券、武汉证券、甘肃证券、昆仑证券、广东证券、天勤证券、西北证券、兴安证券、河北证券、新疆证券、中关村证券、中科证券、天同证券
违规委托理财	24	南方证券、德恒证券、恒信证券、中富证券、汉唐证券、闽发证券、大鹏证券、亚洲证券、北方证券、民安证券、五洲证券、武汉证券、甘肃证券、昆仑证券、广东证券、天勤证券、西北证券、兴安证券、河北证券、新疆证券、中关村证券、中科证券、天同证券、健桥证券

注：根据丁国荣（2009）、孙明明（2007）等相关资料整理。

表 2.7　　　　　　　**我国投资银行被风险处置的主要模式**

处置模式	公司
政府救助	鞍山证券、新华证券、南方证券、闽发证券、申银万国、华安证券、银河证券、国泰君安、北京证券、南方证券、华夏证券、西南证券、齐鲁证券
并购重组	中信证券、华夏证券、金通证券、国泰君安、申银万国、银河证券、北京证券、海通证券、长江证券、广发证券、华安证券、东方证券
责令关闭或撤销	鞍山证券、大连证券、富友证券、佳木斯证券、新华证券、大鹏证券、南方证券、汉唐证券、昆仑证券、武汉证券、闽发证券等20多家证券公司。

注：根据丁国荣（2009）、孙明明（2007）等相关资料整理。

2. 综合治理期间问题投行的风险处置特征简评

金融机构的风险处置有行政化与市场化两种模式。行政处置是在金融机构出现风险时，监督管理机构对其采取的化解风险、帮助重组或使其顺利退出市场的行政措施。在行政化的处置模式下，政府（或监管部门）主导金融机构的风险处置，需要考虑非市场的因素。与此相对应，市场化的处置模式下，特定问题金融机构的风险化解或重整、破产退出等过程主要依靠市场机制来完成。在综合治理期间，我国问题投行风险处置表现出较强的政府主导特征，表2.8为地方政府、中国人民银行或汇金公司对问题投行的注资情况。

表 2.8　　　　　　　部分投资银行风险处置中的注资或再贷款情况

问题投行	注资及再贷款情况	所占股份（%）
君安证券	上海市政府注资 18 亿元	16
港澳证券	中银国际注资 9 亿元	——
河南证券	中原证券以 1.17 亿元收购	——
海南证券	高盛"捐赠" 3.8 亿元	——
新华证券	再贷款 14.5 亿元	——
南方证券	再贷款 80 亿元	——
汉唐证券	再贷款 40 亿元	——
银河证券	汇金注资 55 亿元	78.57
国泰君安	汇金注资 10 亿元，再贷款 15 亿元	21
申银万国	汇金注资 25 亿元，再贷款 15 亿元	37.3
中央民族	汇金注资 5 亿元	33

随着综合治理期间历史性、系统性风险的化解和未来我国金融市场的发展和市场规模的持续扩大，在处理问题投资银行时，监管部门应从过去的行政化处置为主转向以市场化处置为主。在市场失灵或机制不完善的情况下（如单一机构的影响对市场冲击巨大），监管部门需考虑使用行政手段作为及时的补充。这样的处理方式更有利于稳定金融市场预期，促进市场机制的完善，并提升金融体系的效率（巴曙松，2012）。显然，处置方式的市场化转变需要以投资银行自身建立起有效的内部风险防范体系为前提。

（二）2008 年以来我国投资银行的经营特征及评价

经过以行政处置为主要特征的投资银行风险处置，目前我国投资银行业发展进入了一个新的阶段。下文主要结合综合治理后投资银行的经营现状，分析其表现出来的特征。

1. 收入结构中服务费占比高，盈利模式同样存在明显的周期性风险

前面分析了以美国独立投行为代表的投资银行具有特殊资产负债结构。那么，我国金融衍生品市场刚刚起步，是否意味着这一结论不成立？并非如此。我国投资银行服务收入占比甚高，这类中间业务并不在资产负债表中反映出来。我们收集了 2007—2010 年我国 94 家投资银行的经营数据，描述性分析见表 2.9。

表 2.9 　　　　　　　　2007—2010 年我国投资银行收入占比情况

| 年份 | 统计值 | 手续费及佣金净收入 | | | | 利息净收入 | 投资净收益 | 公允价值变动净收益 | 汇兑净收益 | 其他业务收入 |
		合计	代理买卖证券业务净收入	证券承销业务净收入	受托客户资产管理业务净收入					
2007	均值	72.4%	59.4%	2.0%	0.8%	4.7%	20.0%	1.1%	-0.5%	1.2%
	标准差	0.196	0.287	0.035	0.030	0.071	0.282	0.246	0.030	0.039
2008	均值	101.4%	85.8%	3.4%	1.3%	14.3%	-11.8%	-13.1%	-0.5%	10.9%
	标准差	1.353	1.319	0.068	0.118	0.244	1.508	1.105	0.013	0.892
2009	均值	82.0%	69.0%	4.2%	0.9%	7.5%	7.6%	2.4%	0.0%	0.3%
	标准差	0.112	0.232	0.071	0.038	0.040	0.103	0.072	0.003	0.005
2010	均值	77.9%	60.3%	7.7%	1.1%	8.8%	12.3%	-1.0%	-0.1%	0.4%
	标准差	0.153	0.237	0.128	0.030	0.047	0.135	0.070	0.003	0.008
总体	均值	83.4%	68.5%	4.3%	1.0%	8.8%	7.0%	-2.7%	-0.3%	3.2%
	标准差	0.485	0.483	0.086	0.067	0.087	0.380	0.439	0.017	0.033

资料来源：根据 94 家投资银行的资产负债表（2007—2010 年）资料整理。

　　我国投资银行业主要依赖于手续费及佣金收入。2007—2010 年 94 家投资银行的服务费收入占比为 83.4%，其中经纪业务占比达到了 68.5%。同时，2007—2010 年的自营业务收入占比平均为 7.0%，且表现出极大的市场顺周期性，见表 2.10，尤其在 2007 年、2008 年两年表现突出。

表 2.10　我国 94 家投资银行自营业务收入占比与市场指数收益率的对比

年度	2007	2008	2009	2010
自营业务收入占比	20.00%	-11.84%	7.59%	12.32%
沪深 300 指数收益率	158.25%	-65.95%	96.71%	-12.51%

　　2. 财务杠杆过低

　　2007—2010 年我国 94 家投资银行的杠杆率情况见表 2.11。美国次贷危机中西方投资银行面临的最大问题是过度使用杠杆，于是它们纷纷开启"去杠杆化"之路。或许受此影响，我国以净资本监管为具体内容的投资银行杠杆率受到严格控制①，投资银行业的杠杆率水平降到 4 左右。

　　2010 年我国 94 家投资银行的平均杠杆倍数为 4.7 倍（见表 2.11），我国

---

① 有关我国净资本监管程度的讨论，将在后文展开。

上市投行当年更是低至 2.0① （见表 2.12）。同期比较国外大投行，高盛杠杆率达 11.8 倍，摩根士丹利为 12.4 倍，野村证券则更高，达 17.6 倍，远远高于我国。

表 2.11　　　2007—2010 年我国 94 家投资银行杠杆率情况

统计值	2007 年	2008 年	2009 年	2010 年	总体
均值	6.1	3.8	4.9	4.2	4.7
最大值	16.2	8.1	10.1	9.7	16.3
最小值	1.0	1.0	1.0	1.0	1.0

资料来源：根据 94 家投资银行的资产负债表（2007—2010 年）资料整理。

表 2.12　　　2010 年我国上市投资银行和国外 3 家投行的杠杆率比较

	我国上市投行	高盛	摩根士丹利	野村证券	均值
杠杆率	2.0	11.8	12.4	4.2	7.6

资料来源：各家投行年报。

在前面一节的分析中发现：混业制度安排下美国独立投行表现出高财务杠杆特征。与此相反，目前国内投资银行的低杠杆现象②是否就有助于投资银行业的长远发展呢？关于这一点，我们可以从未来国内金融业混业趋势进行分析。1993 年以前，我国金融业属于混业经营阶段，商业银行是建设之初的资本市场的主要参与者。后来，为了推动商业银行的市场化改革步伐，同时建立商业银行与资本市场的风险隔离机制，1995 年《中华人民共和国商业银行法》、1999 年《中华人民共和国证券法》都明确规定，我国商业银行业与证券业实行分业经营。目前，随着开放程度的加深，我国出现了各类金融集团，见表 2.13。其股本结构复杂，持股形式呈现多样化特征。③

---

① 上市投资银行杠杆率更低这一现象，或许是因为面临市场约束更大的上市投资银行为了获得更高监管评级而采用了低杠杆的发展战略。我国证监会从 2010 年开始，对每家投资银行进行分类评级，并以此作为净资本监管标准的划分依据。客观上讲，监管者这种既是裁判又是运动员的双重身份，使得评级结果具有较强的行政色彩。

② 近期，监管部门修订了《证券公司风险控制管理办法》，调整投资银行的风险控制指标，投资银行在理论上最大杠杆率可以达到 10 倍以上。

③ 金融集团的风险管理更具有特殊性，比如：如果同一金融集团内部的不同金融业务部门之间缺乏有效的"防火墙"，关联交易可能会增加集团的总体风险，甚至影响到实体经济的健康发展。由于本书以独立投行作为研究对象，本问题便不展开讨论。

表 2. 13　　　　　　　　　　　　　我国金融混业情况

金融集团类型	实例
金融控股型	中信集团、平安集团、光大集团
银行控股型	工行、中行、建行
企业控股型	希望系、泛海系、万向系、东方系

混业经营下的银行控股公司，如美国高盛和摩根士丹利，相比于独立投行来说，其经营投资银行业务具有如下优势：①可以充分利用商业银行网点、客户关系资源等信息优势；②可以通过业务的多元化来分散风险，获得规模经济和范围经济的好处；③拥有与商业银行一样的稳定资金来源优势；④可以成为央行作为"最后贷款人"功能的救助对象，降低生存风险。但同时，如同美国 20 世纪 30 年代大危机期间实行严格分业经营一样，混业经营同样面临潜在的威胁：①防火墙缺失或者失效导致的不同业务的利益冲突；②金融集团的风险损失与政府救助边界难以界定，可能引起高的道德风险；③"巨无霸"的金融超市容易形成垄断或寡头的行业布局，抑制了金融创新，降低了金融服务效率。因此，我国未来投资银行业的发展可能会出现两种趋势①：第一种是提供全方位服务、资本实力雄厚、兼营投资银行业务的银行控股公司；第二种是仍然专注于某个传统投资银行业务的独立投资银行。表面上看，过低的杠杆约束不利于混业背景下投资银行与商业银行展开公平竞争，影响投资银行业的市场效率，而杠杆过高又给投资银行带来较大的流动性风险，而存在的深层次问题是投资银行是否具备了有效的内部风险控制能力以防范杠杆风险。或许正因为此，欧盟明确"监管资本的目的在于吸收信用机构或者投资公司在正常的商业进程中的非预期损失"，即以非预期损失大小来作为金融机构杠杆率高低的衡量标准。

3. 股权集中度高、性质单一，行政治理容易替代内部风险管理建设

公司治理理论认为，股份制公司的两权分离特征对公司经营行为、经营绩效有着重要影响，而考察股权结构是分析两权分离情况的重要内容，是研究公司治理机制、评价公司治理水平的关键变量。从文献来看，研究股权结构的指标可以从股权集中度和股权性质两个方面考察：股权集中度是反映投资银行股权集中或分散程度的指标，一般以持股比重在前几名（常常用第一名、前五名、前十名等）的股本数与总股本数之比来表示；股权性质是产权视角下用以反映投资银行的国有或非国有股权性质的指标，多用于分析产权性质对公司行为的影响，一般以第一大股东是否为国有股来表示。王聪、宋慧英（2012）整理了我国投资银行股权集中度和股权性质的情况，见表 2.14。

---

① 实际上，目前在英国、美国、德国和日本，已经出现了这样的金融格局。

表 2. 14　　　　　我国投资银行的股权集中度与股权性质

时间	2006 年		2007 年		2008 年		2009 年		2010 年	
股权集中度(%)	50. 34		49. 67		51. 16		53. 83		55. 71	
第一大股东性质	家	比例(%)	家	比例(%)	家	比例(%)	家	比例(%)	家	比例(%)
国有	75	75. 26	81	79. 41	80	78. 43	79	79. 80	78	78. 79
非国有	24	24. 24	21	20. 59	22	21. 57	20	20. 20	21	21. 21

注：①数据来自王聪、宋慧英（2012）的研究文献；②股权集中度为第一大股东的持股比例。

从表 2.14 可见，我国投资银行的股权集中度较高，第一大股东持股比例在 50% 左右，远远高于国外同行业的水平。[1] 同时，2006—2010 年国有控股的投资银行占总数的 75% 以上，产权性质单一化特征明显。党的十八大报告提出"更大程度更广范围发挥市场在资源配置中的基础性作用"，而在十八届三中全会上更是明确"市场在资源配置中起决定性作用"。因此，如何通过市场化的规则建立完善的投资银行内部风险管理，以推动资本市场配置资源的效率，也是我国金融改革的重要内容之一。

四、中美两国投资银行业经营特征与风险的比较

从前面两节的研究结论来看，即使在危机后，中美两国投资银行在经营方面均存在较大差异：我国投资银行业务以传统业务为主，服务收入占比相对较高，美国投行的自营业务占比较高；国内投资银行业的财务杠杆率普遍较低，而美国投资银行业表现出高财务杠杆的经营特征；我国股权集中度高、国有产权性质突出，而美国投行股权相对分散；等等。但是，我国投资银行的风险承担机制将逐渐以市场机制为主，同样亟须建立有效的内部风险防范体系。具体来说，在 2007 年综合治理后，我国投资银行系统性的制度风险问题得到了纠正，出现行业性倒闭的可能性较小。为此，未来投资银行风险处置需要更多地从过去的行政处置模式转向市场化处置模式，即投资银行的生存风险需要通过市场化并购、重组甚至破产来化解，避免行政处置可能存在的道德风险、处置成本高和社会不公等缺点。同时，从未来发展趋势上，随着我国混业竞争压力的显现、市场利率化改革的推进和人民币汇率波动空间的进一步扩大[2]，我国投资银行需要通过创造利率、汇率衍生产品来开拓市场空间，满足企业的风险管理需要，这种趋势性特征将与美国投资银行业相似。

美国五大投资银行的风险演进路径可以归纳为"单一或多个风险因子—较小的风险损失—流动性不足—风险损失扩大化—资本金不足—生存危机"。

---

[1]　美国投资银行第一大股东持股比例一般为 10%（王聪，宋慧英，2012）。

[2]　十八大报告明确指出要深化金融体制改革，稳步推进利率和汇率市场化改革。

最终，投资银行的生存风险表现为资本金防线的崩溃，而且进行衍生品业务创新的现代投资银行的危机同样具有较大的负外部性。因此投资银行的资本金管理成了其自身风险防范以及外部监管的关键内容。而如何在净资本监管的框架下建立自身风险管理体系，这在后文将作进一步论述。

第二节　净资本监管与投资银行的风险行为

或许鉴于资本金作为风险的"最后防线"功能和投资银行破产的负外部性考虑，国内外监管部门对投资银行的资本规模以及与之相适应的业务活动建立起了净资本监管体系进行外部风险管理。本章从投资银行净资本监管的发展历程与定性评价、商业银行两道资本管理防线的比较、净资本监管与投资银行风险行为等方面进行理论和实证研究。

一、投资银行净资本监管的起源与发展

净资本监管起源于美国。下面简要回顾美国和我国的净资本监管起源、发展过程。

（一）美国投资银行净资本监管

美国证券交易委员会（SEC）最早提出对投资银行进行资本充足率监管。为此，下面以美国为例，介绍国外净资本监管的发展路径。总体上来看，美国投资银行的净资本监管经历了以下几个阶段：1934 年美国《证券交易法》首次提出净资本规则，1975 年建立"统一净资本规则"，1997 年和 1998 年增加了专门针对衍生工具交易的净资本规则，2004 年倡导集团监管规则，2008 年由美联储负责投资银行集团监管替代由 SEC 负责的集团监管。

1. 初步建立净资本监管框架

20 世纪 30 年代的大萧条背景下，美国联邦在"披露"理念的导向下，以《证券交易法》（1934 年）为标志，建立了基于披露原则的美国证券行业监管体系。该法主要通过引入净资本（Net Capital）这一概念向社会公众披露投资银行的财务状况。其将净资本定义为："净资本表示的是证券经纪商或交易商的净值（Net Value）。净资本的调整与未实现的损益和递延税款负债有关，在投资银行账户中增加未实现的收益，或扣减未实现的损失。"从净资本监管概念建立之初，投资银行业的净资本监管框架主要包括了以下三个方面，并一直沿用至今。

（1）有关净资本计算的规定。该法案规定，净资本的计算是以美国一般公认会计原则（GAAP）所编制的资产负债表中的权益资本数量为基础，通过一系列的风险调整和变化计算出来。净资本=净资产+次级债务-不允许抵扣资产-惩罚性费用收入-证券资产的风险贴水。

（2）有关扣减比例的规定。投资银行的部分资产变现能力较差，立即变现可能产生一定比例的损失，需要在净资本中进行一定程度的扣除。一般来

说，流动性越差的资产，扣减的比例越高，具体取决于资产的类型、到期日、资产质量、市场表现等。比如，0~30 天到期的市政债券，扣减比例为 0；2 年以上到期的市政债券，扣减比例为 3%~7%。同时，扣减的调整周期为 1 个月（我国目前也采用按月的净资本动态监管方式）。

（3）有关净资本监管指标与标准的设定。由于《格拉斯—斯蒂格尔法案》（1933）严格分业经营，当时美国投资银行的业务结构相对单一，净资本监管指标相对简单，监管标准也较低。

不同类型投资银行的净资本要求如表 2.15 所示。

表 2.15　　　　　　　　　不同类型投资银行的净资本要求

投资银行类型	监管指标	监管标准
未接触客户资金及证券的证券交易辅助人（Introducing Broker-dealer），即介绍经纪商	净资本	>5 000 美元
经手客户资金及证券的证券交易辅助人		>5 万美元
证券交易经纪商（Broker-dealer），接受客户清算交割的款项，但不保管客户的其他非清算交割款项		>10 万美元
证券经济交易商除了接受客户清算交割的款项外，也保管客户的款项		>25 万美元
证券经纪交易商进行做市商（Marker Maker）业务		>100 万美元
所有投资银行	负债/净资本	<800%（首年）<1 500%（以后年度）

资料来源：根据陈云贤《证券业资本监管研究》（2011）相关资料整理。

2. 统一净资本规则

1975 年 SEC 为了增强对投资者的保护，提出了基于流动性资本标准的统一净资本规则（Uniform Net Capital Rule）。这一阶段的净资本监管旨在使证券经纪交易商持有充分的流动性以保证偿付能力，并覆盖潜在的市场风险、信用风险和其他风险。相比之下，净资本监管的重心从保护客户存托资产的安全过渡到流动性监管上，因此它是一项流动性规则，而非偿债能力规则。

所以，这一阶段监管变革主要在净资本监管指标的设定上，《统一净资本规则》提供了基本方法和替代方法两种选择。比如，基本法下，投资银行必须持有 25 万美元以上的净资本，或者不低于其负债的 6.67% 的净资本（即负债不超过净资本的 15 倍），并以两者之间较高的为准；替代法下，净资本不得少于 25 万美元，或不低于债务余额（债务人或客户对证券经纪交易商的负债）的 2%，并以两者之间较高的为准。

3. 建立集团净资本监管规则

在 1999 年《格拉斯—斯蒂格尔法案》被废除之后，美国部分投资银行开始涉足商业银行业务，并组建大型的金融集团。由于 SEC 没有权力监管集团公司的财务状况，因此针对五大投行，SEC 在 2004 年建立了集团监管实体规则（Consolidated Supervised Entities，CES），希望以此弥补净资本监管的不足。该阶段净资本的计算方面，SEC 允许投资银行采用内部模型来计算市场风险、信用风险所需的净资本。如：采用基于 10 个交易日为持续期的 VaR 模型，计算置信参数为 99% 的利率、股价等变动引起的市场风险。

由于集团监管规则的产生本身就是对混业经营下多头监管体制的一种妥协，其在设立之初就存在内在缺陷：美国五大投资银行可以自由选择接受或不接受这种监管。2008 年五大投行纷纷宣布破产或转型，转型后的高盛、摩根士丹利由美联储进行银行控股公司监管，因此集团监管规则也被终止。

（二）我国投资银行净资本监管的历史阶段

1. 概念引入阶段（1996—2000 年）

1996 年，证监会发布《证券经营机构股票承销业务管理办法》《证券经营机构证券自营业务管理办法》，初次提到净资本概念。此阶段净资本计算方法简单，监管指标单一。具体来说，净资本计算采用固定比例折扣法，即：

净资本 = 净资产 −（固定资产净值 + 长期投资）×30% − 无形及递延资产

　　− 提取的损失准备金 − 证监会认定的其他长期性或高风险资产

净资本监管指标仅对承销、自营业务有相应资格要求：从事股票承销业务的证券公司具有不低于一千万元的净资本，其中担任主承销商的净资本不低于两千万元；从事证券自营业务的证券公司具有不低于一千万元的净资本。

2. 总量性指标监管阶段（2001—2005 年）

证监会在 2000 年发布了《关于调整证券公司净资本计算规则的通知》，调整了净资本计算方法的单一性问题，针对不同资产的风险大小来差别确定各自的扣减系数，即：

净资本 = Σ（资产余额×折扣比例）− 负债总额 − 或有负债

2011 年，《证券公司管理办法》从下面两个方面调整了净资本监管指标：

（1）提高净资本要求：综合类证券公司的净资本 ≥ 2 亿元，经纪类证券公司的净资本 ≥ 2 000 万元；

（2）增加了相对监管指标：净资本 ≥ 证券公司对外负债 ×8%。

这一阶段，证券公司被要求每月计算一次净资本，净资本监管逐步成为常规监管，并以总量性指标监管为主。

3. 总量性与结构性指标监管并重（2006—2008 年）

2005 年《中华人民共和国证券法（修订）》明确要求，监管机构应当对证券公司的净资本，净资本/负债，净资本与自营、承销、资产管理等业务规模的比例等风险控制指标做出规定。随后，证监会出台《关于发布证券公司净资本计算标准的通知》（2006）、《证券公司风险控制指标管理办法》（2006），对净资本计算公式以及监管指标进行了大幅修改。

净资本计算方面，按金融产品细化资产及相应的折扣比例计算：

净资本 = 净资产 − 金融产品投资的风险调整 − 应收项目的风险调整

-其他资产项目的风险调整-长期资产的风险调整

-或有负债的风险调整-/+中国证监会认定或核准的其他调整项目

关于设置净资本监管指标及制定监管标准方面，在丰富总量性指标基础上，增加结构性监管指标。

总量性净资本监管指标又可分为绝对指标和相对指标。

绝对指标及其监管标准方面：

①证券公司开展经纪业务，净资本≥2 000万元；

②证券公司经营下列业务之一的：承销业务、自营业务、资产管理业务等，净资本≥5 000万元。

相对指标及其监管标准方面：

①"净资本/各项风险准备之和"≥100%；

②净资本/净资产≥40%；

③净资本/负债≥8%。

结构性净资本监管指标及监管标准方面：

①自营股票规模≤净资本；

②证券自营业务规模≤2倍净资本。

4. 分类监管阶段（2009—）

此阶段，净资本监管改革的重心是结合分类监管，分层次设计监管标准。期间，证监会发布了《证券公司风险控制指标管理办法（修订）》（2008）、《证券公司分类监管规定》（2009）等文件。结构性指标略有变化，表现在以下几个方面：

（1）自营权益类证券及证券衍生品的合计额≤净资本；

（2）自营固定收益类证券的合计额≤5倍净资本。

同时，风险控制指标的标准与分类监管相结合，将证券公司划分为A~E五类，并拟对不同类别证券公司规定不同的风险控制指标标准。

从上面可以看出，我国净资本监管体系从净资本计算方法、净资本监管指标设计两个方面不断深化、发展，在时间上遵循先精确净资本计算，再完善监管指标的顺序。以净资本为核心的我国投资银行监管体系初步构建起来。

（三）我国净资本监管的一般分析

1. 我国净资本监管的成功经验

（1）充分借鉴国外经验。我国的净资本监管充分发挥了后发优势，监管体系的设立综合借鉴了不同国家或地区的经验。比如，净资本的计算方面，主要借鉴美国在权益资本基础上进行风险扣减的思想；而净资本监管指标的设计上，又引入了IOSCO会员国（如欧盟）的风险准备概念，设立了风险准备指标。

（2）净资本计算规则简单易操作。由于我国目前资本市场的金融产品较单一，投资银行经营的业务以传统业务为主，因此净资本计算的规则也相对简单易懂，监管成本较低。

（3）建立了多层次的净资本监管指标体系。借鉴美国的经验，净资本监管并非单一地以净资本绝对值作为唯一的监管指标，而是以其为核心，建立了多层次的指标体系：一是净资本绝对指标及监管标准；二是与风险资本准备相联系的动态净资本监管相对指标。

2. 我国净资本监管的不足

（1）分类监管的针对性尚待进一步提高。由于我国 2010 年才开始对投资银行进行评级，并以此为依据，使净资本监管标准的设定与评级相联系。但这种行政化的行业评级与行政监管相结合，容易产生过多的行政干预，不利于真正引导市场主体客观评估自身各项业务、资产的风险状况，忽视了内部控制制度的完善和风险管理能力的提升。再观国外，欧美投资银行业资本监管体系的改进方向就是基于内部模型进行严格监管，即在投资银行自身风险管理能力提升的基础上进行严格的外部监管。而我国尚未建立与净资本监管体系相对应的内部模型要求。

（2）监管原则过于重视安全性，忽视对风险—收益对应的考虑。以杠杆率为例，或许受到西方金融业"去杠杆化"浪潮的影响，我国投资银行业的杠杆指标有严格限制，目前行业杠杆水平仅为 4 倍，远远低于国外目前 12 倍左右的水平。同时，我国投资银行的自营业务控制较严，比重很低，导致行业性收入结构难以改观。

（3）风险资本准备的计提方法较简单。目前，我国投资银行风险资本准备由证监会提供按不同资产分类的计提比例。比如，按照《关于证券公司风险资本准备计算标准的规定（修订）》（2012），证监会对投资银行自营的衍生品、权益类和固定收益类证券，如果没有进行风险对冲，则需要分别按投资规模的 20%、15%、8% 计算风险资本准备。这种一刀切的计提方式，没有区别对待不同投资银行的风险管理能力和业务特征，容易导致行业的同质化现象。这实际容易产生系统性的行业经营风险。

二、我国净资本监管与投资银行风险行为研究

商业银行因在经济系统中处于"大而不能倒"的地位，一直是政府进行资本监管的主要对象。而作为影子银行系统的投资银行，其资本监管的重要性在 2008 年金融危机后凸显出来。以净资本监管指标及标准为内容的投资银行监管体系在防范投资银行风险方面存在缺陷，也可能引发系统性风险。相比美国，我国投资银行业引入净资本监管体系仅十余年。但随着我国资本市场规模的壮大和金融衍生品的推出，投资银行依靠经纪业务为主的利润模式将改变，高资金占用型的新兴业务将逐步增加，其风险特征也将与发达市场的投资银行趋同。净资本监管是否对我国投资银行的业务经营、风险承担行为起到了有效引导、防范系统性风险的作用，值得及时研究。

（一）资本监管与金融机构风险行为的相关研究

国内外关于资本监管与金融机构风险行为的研究，大多集中在商业银行。

Kahane（1977）在组合模型基础上实证研究了商业银行的风险承担行为与监管资本的关系，认为比率监管和组合限制相结合的方式才能抑制其高风险行为。随后，Shrieves 和 Dahl（1992）、Jacques 和 Nigro（1997）、Godlewski（2004）等运用局部调整模型，对银行资本监管和银行行为的关系问题进行了研究。而另外一些学者（Furfine，2000；Mullings，2003；etc.）则利用动态结构模型来实证银行在面临资本监管约束时的行为。在国内，随着监管部门不断强化银行资本监管，也有不少学者（吴栋，周建平，2006；王晓龙，周好文，2007；蒋海，王丽琴，2011；等）实证分析了我国银行资本监管和风险调整行为。

尽管投资银行业的净资本监管与商业银行资本充足率监管在指标设计、风险资产计量等方面存在差异，但两者有一个共同的监管基础：资本金是金融机构防范风险、弥补损失的最后防线。因此，投资银行的净资本监管将对其自身的资本结构优化、资产配置及相应的风险调整产生影响。但从现有文献看，针对投资银行资本监管的研究甚少。左和平、朱怀镇（2010）以我国 2002—2006 年的 29 家投资银行为对象，实证研究了资本监管对投资银行自营业务风险行为的影响，并得到影响不甚显著的结论。祝瑞敏、李长强（2011）通过面板方法实证研究了 2002—2007 年 31 家我国投资银行样本，结论表明证券业的流动性风险水平在净资本约束下下降，即两者有显著的反比例关系。随着券商综合治理工作在 2007 年结束，我国投资银行业原有的很多制度性、历史性问题得以根本解决。我国投资银行业进入了行业发展的新阶段，尤其是在 2008 年年底开始实施新的净资本监管后，尚无文献研究新政对投资银行风险行为的影响。

（二）净资本监管与投资银行风险行为的理论模型

投资银行在日常经营过程中，净资本监管指标构成其经营活动的外生约束。因此投资银行往往为了保留特许权价值而调整资本和风险资产。但是，无论是资本结构的调整，还是资产的重新配置，都具有较大的时滞和调整成本。因此投资银行的资本和风险调整并非是完全调整，而是由内生、外生两种因素共同决定的。

1. 基本思路

本文借鉴 Shrieves 和 Dahl（1992）提出的局部调整模型。投资银行资本和风险水平变化由两部分构成：相机调整部分和外生变量部分。其中，资本相机调整与目标资本和其在上一期的实际资本之差成比例，而风险调整则与目标风险水平和前一期的风险水平之差成比例。具体如下所示：

$$\Delta CAP_{i,t} = \alpha(CAP_{i,t}^{*} - CAP_{i,t-1}) + \mu_{i,t} \qquad (2.1)$$

$$\Delta RISK_{i,t} = \beta(RISK_{i,t}^{*} - RISK_{i,t-1}) + \nu_{i,t} \qquad (2.2)$$

投资银行的资本、风险在 t 时刻的变化值取决于目标资本、目标风险水平、滞后资本和风险水平、外生变量。方程（2.1）、方程（2.2）分别被称为资本调整方程和风险调整方程。

2. 变量设定

由于目标资本 $CAP^*_{i,t}$ 和目标风险水平 $RISK^*_{i,t}$ 是不可观察的，因此，如果目标资本、目标风险水平是受到可观察变量影响的话，我们就可以通过对可观察变量的间接分析，进一步研究投资银行行为与监管资本的关系。

于是，下面我们分别就上述方程（2.1）、方程（2.2）所涉及的三个方面进行界定，即投资银行的资本变化（$\Delta CAP_{i,t}$）、投资银行的风险变化（$\Delta RISK_{i,t}$）和影响投资银行目标资本（$CAP^*_{i,t}$）和目标风险（$RISK^*_{i,t}$）的主要因素。

（1）资本变化（$\Delta CAP_{i,t}$）

国内外对资本的衡量，主要有以下几种方式：一是用"资本/总资产"这一比值；二是用"资本/风险加权资产"这一比值，即所谓的资本充足率。由于净资本在计算时已经扣除了风险加权资产，本书采用"净资本/总资产"这一比值来衡量投资银行资本。[①] 这样，该指标的一阶差分就可以用于衡量资本变化 $\Delta CAP_{i,t}$。

（2）风险变化（$\Delta RISK_{i,t}$）

风险衡量一般采用风险加权资产与总资产的比率。我们将"净资产-净资本"作为风险加权资产的代理变量，用其与总资产的比率测度投资银行风险。同样，该比率的一阶差分即为风险变化 $\Delta RISK_{i,t}$。

（3）影响目标资本 $CAP^*_{i,t}$ 和目标风险 $RISK^*_{i,t}$ 的主要因素

借鉴对银行业的相关研究，兼顾数据可获得性，我们选取规模、监管压力作为影响目标资本和目标风险的主要因素。

①规模（SIZE）。由于投资银行的规模影响其再融资和风险分散能力，因此它影响投资银行的目标资本和目标风险。我们把总资产的自然对数变量（SIZE）加入到资本调整方程和风险调整方程中。

②监管压力（NCS）。国内外学者衡量商业银行资本监管压力的方法很多，主要有以下几种：银行资本低于监管资本要求，则监管压力为1，否则为0（Shrieves, Dahl, 1992）；即时纠正行为分类法（Aggarwal, Jacques, 1998）；银行资本比率的倒数与8%的倒数的差（实际资本比率<8%时），否则监管压力设为0（Jacques, Nigro, 1997）。

左和平、朱怀镇（2010）利用其实际值与标准的大小关系，认为在不满足监管要求时监管压力变量为1，否则为0，并将这一方法用于2002—2006年我国投资银行自营行为的分析。但随着2007年券商综合治理工作的结束，高风险券商得以处置，各项监管指标均达到监管要求（见表2.16）。因此，本书借鉴蒋海、王丽琴（2011）测度监管压力的方法，用以下差额来测度投资银行在时刻 t 的监管压力情况：投资银行在上一期（第 t-1 期）的监管指标实际

---

① 实际上，由于投资银行服务收入占比较高，因而后文研究的操作风险是其主要风险之一，而这用"风险加权资产"仍然无法揭示出来。

值-样本投资银行在上一期（第 $t-1$ 期）的监管指标的平均值。

表 2.16　　　　　新规以来上市投资银行监管指标描述性统计

监管指标	指标标准（%）		上市投资银行指标均值（%）						
	监管标准	预警标准	2008.12	2009.06	2009.12	2010.06	2010.12	2011.06	2011.12
净资本/各项风险资本准备之和	≥100	≥120	597.6	720.6	623.4	618.5	579.2	493.9	543.26
净资本/净资产	≥40	≥48	80.9	81.1	80.6	79.0	78.7	76.7	74.63
净资本/负债	≥8	≥9.6	518.9	730.0	637.3	1 130.2	798.0	800.1	757.53
自营权益类证券及证券衍生品/净资本	≤100	≤80	15.7	18.6	24.1	21.9	23.4	32.1	27.08
自营固定收益类证券/净资本	≤500	≤400	49.3	30.4	48.8	41.9	43.9	48.0	62.57

说明：数据源自8家上市投资银行（宏源证券、国元证券、长江证券、中信证券、国金证券、海通证券、太平洋、光大证券）2008—2011年的半年报、年报。

在具体监管指标的选择上，我们选取以净资本为基础的如下五个指标：

①净资本/各项风险资本准备之和；

②净资本/净资产；

③净资本/负债；

④（自营权益类证券+证券衍生品）/净资本；

⑤自营固定收益类证券与净资本。

同时，按此方法度量投资银行的监管压力，变量名依次设为 NCS1～NCS5。可见，若 $t-1$ 期的 NCS1、NCS2、NCS3 高于行业平均值，则该投资银行面临的监管压力较小；而 NCS4、NCS5 则在大于平均值时意味着投资银行有较大的监管压力。监管压力变量在资本方程、风险方程中同时出现，这是因为它对投资银行的资本变化与风险变化均会产生影响。

变量设置及定义说明如表 2.17 所示。

表 2.17　　　　　　　　变量设置及定义说明

变量名	定义说明
$\Delta CAP_{i,t}$	资本变化：净资本/总资产的一阶差分
$\Delta RISK_{i,t}$	风险变化：（净资产－净资本）/总资产的一阶差分
$SIZE_{i,t}$	规模：总资产的自然对数变量

表2.17(续)

变量名	定义说明
$NCS1_{i,t}$	总量性监管压力指标：第 i 个投资银行 t-1 期"净资本与各项风险资本准备之和"与行业均值之差额
$NCS2_{i,t}$	总量性监管压力指标：第 i 个投资银行 t-1 期"净资本/净资产"与行业均值之差额
$NCS3_{i,t}$	总量性监管压力指标：第 i 个投资银行 t-1 期"净资本/净负债"与行业均值之差额
$NCS4_{i,t}$	结构性监管压力指标：第 i 个投资银行 t-1 期"自营权益类证券及证券衍生品/净资本"与行业均值之差额
$NCS5_{i,t}$	结构性监管压力指标：第 i 个投资银行 t-1 期"自营固定收益类证券/净资本"与行业均值之差额

3. 投资银行资本和风险调整模型

综上，我们把规模和监管压力变量（见表2.17）代入方程，得到待估的联立方程组：

$$\Delta CAP_{i,t} = \alpha_0 + \alpha_1 \Delta RISK_{i,t} + \alpha_2 SIZE_{i,t} + \alpha_3 NCS1_{i,t} + \alpha_4 NCS2_{i,t}$$
$$+ \alpha_5 NCS3_{i,t} + \alpha_6 NCS4_{i,t} + \alpha_7 NCS5_{i,t} + \alpha_8 CAP_{i,t-1} + \mu_{i,t}$$

$$(2.3)$$

$$\Delta RISK_{i,t} = \beta_0 + \beta_1 \Delta CAP_{i,t} + \beta_2 SIZE_{i,t} + \beta_3 NCS1_{i,t} + \beta_4 NCS2_{i,t}$$
$$+ \beta_5 NCS3_{i,t} + \beta_6 NCS4_{i,t} + \beta_7 NCS5_{i,t} + \beta_8 CAP_{i,t-1} + \mu_{i,t}$$

$$(2.4)$$

（三）净资本监管与投资银行风险行为的实证研究

1. 数据来源

净资本的计算及监管指标设计是从 2008 年年底开始施行的。本研究收集了 17 家上市投资银行 2008 年年末到 2011 年的年度数据，剔除数据不完整的样本，以 8 家上市投资银行作为本研究的实证对象，原始数据见附录一。

2. 估计方法与估计结果

二阶段最小二乘法（2SLS）和三阶段最小二乘法（3SLS）可以用于估计联立方程组模型中的结构性参数，而且 3SLS 同时估计联立方程中的所有参数，结果比 2SLS 更为有效。因而，我们考虑面板数据实际，此处运用面板三阶段最小二乘法对前面的联立方程组进行估计，估计软件为 Stata12.0。估计结果如表 2.18 所示。

表 2.18　投资银行净资本监管与资本、风险调整关系的 3SLS 估计结果

变量	$\Delta CAP_{i,t}$		$\Delta RISK_{i,t}$	
	系数	P-值	系数	P-值
$\Delta CAP_{i,t}$	—	—	0.238 6（2.49**）	0.013
$\Delta RISK_{i,t}$	3.040 6（5.89***）	0.000	—	—
$SIZE_{i,t}$	−0.019 9（−1.72）	0.086	0.006 2（1.50）	0.134
$NCS1_{i,t}$	−0.006 0（−0.99）	0.322	0.002 6（1.21）	0.226
$NCS2_{i,t}$	−0.365 1（−2.40**）	0.017	0.173 6（2.78***）	0.005
$NCS3_{i,t}$	−0.000 3（−0.26）	0.792	0.000 2（0.48）	0.629
$NCS4_{i,t}$	−0.031 3（−0.45）	0.653	0.009 6（0.38）	0.707
$NCS5_{i,t}$	−0.101 2（−2.94***）	0.003	0.030 2（2.43**）	0.015
$CAP_{i,t-1}$	−0.248 4（−1.65*）	0.099		
$RISK_{i,t-1}$	—		0.140 9（1.62）	0.105
Constant（常数）	0.534 2（1.91*）	0.057	−0.152 1（−1.56）	0.120
chi2	45.87		32.62	
P> chi2	0.000 0		0.000 1	

注：括号内为 z 值；***，** 和 * 分别代表在 1%，5% 和 10% 的显著性水平上显著。

首先，投资银行的资本与风险的变动存在正向影响关系。一方面，风险变动对资本变动的影响系数为 3.040 6，且在 1% 的显著性水平上显著，说明投资银行会根据风险资产的增（减）变化，相应提高（降低）资本水平。另一方面，资本变动又在 5% 的显著性水平上引起投资银行风险资产的相应变动，系数为 0.238 6。

其次，总量性净资本监管指标对投资银行资本和风险调整的影响方向与预期一致。具体来说，投资银行如果面临监管压力，即 $NCS1_{i,t}$，$NCS2_{i,t}$ 和 $NCS3_{i,t}$ 小于 0，资本变动方程所对应的系数均为负表示其将增加资本，而风险变动方程相应系数为正则意味着其将降低风险。而且，净资本与净资产的比例这一指标（$NCS2_{i,t}$）在资本和风险变动方程中均显著，显著性水平分别为 5%，1%。

再次，结构性净资本监管指标对投资银行的资本和风险调整的影响方向与预期相反。投资银行自营业务面临监管压力时，即 $NCS4_{i,t}$ 和 $NCS5_{i,t}$ 大于 0，资本变动方程对应系数为负而风险变动方程对应系数为正，表示投资银行反而会降低资本规模、增加风险资产比重。其中，自营固定收益类证券与净资本的比例这一指标（$NCS5_{i,t}$）在资本和风险变动方程中均显著，显著性水平分别为 1%，5%。

（四）实证研究结论

上面运用 3SLS 方法，实证分析了我国上市投资银行在净资本监管约束下

的资本调整和风险承担行为：一方面，上市投资银行按照"风险—资本"相匹配的原则开展经营活动，净资本监管成为投资银行经营活动的紧约束；另一方面，净资本监管指标的设计不尽合理，虽然总量性指标对投资银行风险管理起到了正面的引导作用，但结构性指标却与政策预期相反，资本不足的投行也可能通过承担较大的风险获取较高收益的形式来增加资本，净资本监管要求存在过高的可能。因此，监管层需要进一步优化设计净资本监管指标体系，使得净资本计算、指标种类、指标标准更为科学，尤其要避免各个业务监管指标的不一致性引起制度性套利风险，而经济资本配置可以为其提供统一的评价尺度。

第三节　投资银行经济资本管理的适用性

一、国内外研究现状

（一）核心概念界定

1. 权益资本

权益资本，又称账面资本或会计资本，从财务会计角度反映所有者权益，代表了金融机构所有者在特定时间点上对其资产所享有的经济利益，在大小上等于金融机构的资产减去负债后的净资产大小。在我国，投资银行账面资本包括股本、资本公积、盈余公积、一般风险准备、交易风险准备、未分配利润、少数股东权益[①]。

2. 监管资本

监管资本是金融机构必须持有或实际拥有的满足监管规定的资本。投资银行的监管资本在美国和中国被称为净资本。投资银行的净资本是在净资产基础上，考虑时间和风险因素后进行必要扣除的净资产（即权益资本）调整值。目前，根据证监会 2012 年修订的《关于调整证券公司净资本计算标准的规定》，我国净资本的计算公式为：净资本＝净资产－金融资产的风险调整合计－衍生金融资产的风险调整合计－其他资产项目的风险调整合计－或有负债的风险调整合计－中国证监会认定的其他调整项目合计＋中国证监会核准的其他调整项目。

3. 经济资本

经济资本（Economic Capital，EC）这一概念是在对金融机构的风险损失进行分类并实施差异化管理的基础上提出来的，指的是金融机构为防御非预期

---

① 在母公司拥有子公司股份不足 100%，即只拥有子公司净资产的部分产权时，子公司股东权益的一部分属于母公司所有，即多数股权，其余仍属外界其他股东所有。由于后者（外界其他股东拥有的股权）在子公司全部股权中不足半数，对子公司没有控制能力，故被称为少数股权。

损失所必须要拥有的最低资本金。在经济资本框架里，风险损失被分为三种类型：预期损失（Expected Loss）、非预期损失（Unexpected Loss）与极端损失（Catastrophe Loss）。①预期损失是金融机构能够预期到的、正常的市场条件下，在某个考察时间期内金融机构所面临的损失的期望值，即为风险损失分布的数学期望值。②非预期损失是指在特定的置信水平下，金融机构所面临的超过预期损失的最大损失，其本质源于损失具有波动性——在预期损失上下波动。③极端损失是超过置信水平下投资银行资产最大损失之外的损失，这类损失往往是由极端的外部环境变化所致。外部环境变化如战争、巨灾、市场崩盘等情形，发生概率较低，但一旦发生将使金融机构面临巨大损失。经济资本理论认为，预期损失不是金融机构的真正风险，可以通过会计上计提损失准备来管理，即将其作为成本（进而提高金融产品价格）来转嫁；极端损失往往表现为系统性风险持续存在，金融机构自身没有多大能力去管理，多需要借助外部力量①或者采取情景分析、压力测试在一定程度上进行预测；非预期损失才是金融机构风险管理的核心，需要金融机构用资本金来弥补。

（1）经济资本的度量

金融机构根据风险度量方法计算出资产或业务风险②的最大损失值，再扣除预期损失，所得差额即为经济资本。而这一计算过程便是经济资本度量，它是金融机构实施经济资本管理的第一步。由于预期损失可以根据历史损失数据获得，因此经济资本度量的关键在于风险度量。而风险度量技术的不断提高和发展，不仅为经济资本管理的形成提供了技术支撑，也为经济资本的计量研究奠定了基础（刘春志，2011）。

（2）经济资本的配置

金融机构实际持有的经济资本作为其吸收非预期损失的稀缺资源，需要进行合理的配置。具体来说，经济资本配置是指金融机构根据持有的经济资本总量和各个资产、业务的风险—收益比较，运用风险调整收益率等指标，以确定资产及业务的合理结构的过程。因此，经济资本配置的目的是使经济资本能够在各个业务部门及产品上进行合理配置，以最大效率地利用资本资源。可见，如果说经济资本度量还只是金融机构的资本预算过程，而经济资本配置则是金融机构进行资本稀缺管理的最集中体现。

（3）经济资本的管理

经济资本管理是一个综合概念，从内容上讲包括经济资本度量、经济资本配置和经济资本绩效考核三个方面，而经济资本配置是经济资本管理的核心（张雪峰，2012）。

---

① 相比之下，商业银行对极端损失风险的管理，除了压力测试等内部方法外，还可以依赖外部的存款保险制度。

② 业务风险主要指金融机构的表外业务风险，如投资银行经纪业务中的操作风险。

（二）投资银行经济资本管理相关文献

经济资本作为风险计量的工具，可供金融机构用于资产配置、绩效考核等内部风险管理，也可用于评价监管资本的有效性。尽管国内外针对投资银行经济资本管理的研究文献较少，但却在以下两个方面都有研究成果：

1. 将经济资本作为投资银行净资本监管评价标准的相关文献

国际证监会组织（IOSCO）是证券监管领域最重要的国际组织，自 1983 年成立以来，在投资银行监管方面先后发布了一系列文件以建立净资本充足率监管体系[1]，并认为净资本需要覆盖投资银行的全部风险。如果投资银行持仓比例很高，如何对各类证券头寸的风险进行资本计提就成了净资本计算的核心问题。对此，IOSCO 提出可基于 VaR（Value at Risk）内部模型法来计量市场风险资本要求。

进一步来看，成立于 2001 年的欧洲证券委员会（ESC）在 2006 年实施《资本金要求指示》（Capital Requirement Directive，CRD），并在 2010 年提出的修订案 CRD Ⅱ 里，明确指出"监管资本的目的在于吸收信用机构或者投资公司在正常的商业进程中的非预期损失"（陈云贤，2011）。显然，如果说 IOSCO 所倡导的基于 VaR 内部模型计算的市场风险资本与经济资本还有细微差异[2]，那么欧盟的定义则清楚表明投资银行的净资本就应该吸收其非预期损失，这便与经济资本的定义完全一致。只不过欧盟没有使用"经济资本"这一概念，但言下之意在于净资本与经济资本一样，理论上也应该覆盖投资银行的非预期损失。

从国内来看，申银万国证券课题组（2010）将我国净资本充足率指标计算中的风险资本准备理解为投资银行吸收损失所必需的资本金。[3] 朱怀镇（2008）在实证发现我国净资本监管对投资银行自营证券投资行为的资本缓冲效应不显著的基础上，提出了基于 VaR 和 CVaR 内部模型法的净资本测度方法。显然，这两篇文献所提的净资本与 IOSCO 倡导的 VaR 内部模型法相同，其与经济资本的差异也仅仅在于计算方法的细微差异上——前者没有扣除预期损失。而奚胜田（2007，2008）提出用风险预算为证券公司实施基于资本充足率管理的思路。其总体风险预算便是如此定义的：根据风险调整后资本收益

---

① 这一系列文件包括：《证券公司资本充足率标准》（1989）、《证券公司不断增长使用风险值模型对证券监管机构的影响》（1995）、《在规定条件下，使用模型确定国际活跃证券公司最低资本标准的方法》（1998）、《证券公司及其监管当局风险管理与控制指引》（1998）、《确认证券公司为计算必要监管资本目的的内部市场风险模型——对监管者的指引》（1999）、《对远距离的跨境金融中介机构的监管》（2004）。

② 如果从数学形式上定义经济资本，采用 VaR 模型计算的经济资本与 VaR 值的关系为：经济资本=VaR 值-预期损失。

③ 该课题组认为"风险资本是指对资本的需求量，是金融机构根据所面临的风险水平，应当拥有的、可用于全面承担风险并吸收损失的资本量。对我国证券公司而言，以风险资本准备反映风险资本"。可见该定义实际上是近似的经济资本概念，只是未扣除预期损失。

率（Risk Adjusted Return on Capital，RAROC）最大化原则，在金融机构总体和机构内各层次（如业务部门、交易员）所允许的最大风险限定。RAROC 是经济资本管理中进行资产配置和绩效评估的重要指标①，因此奚胜田对投资银行净资本的计算与欧盟的 CRD Ⅱ 思路是相同的，本质上等于经济资本。

2. 将经济资本作为投资银行内部风险管理方法的相关文献

从文献查找情况来看，专门将经济资本管理作为投资银行内部风险管理方法展开研究的文献鲜见。

史水齐（2008）通过一系列论文对投资银行经济资本管理进行了研究。他认为，与一般工商企业不同，投资银行属于金融企业，涉及社会公众利益，因此对投资银行的资本主要承担的是风险吸收和缓冲的重要职能。进一步，投资银行的风险包括市场风险、信用风险和操作风险三大类。从企业经营的角度看，有些是可以预期的。有些是无法预期的，前者通常在财务上按金融资产的一定比例计提准备金，这些准备金是计入经营成本的，故对投资银行的资本不会形成冲击，而非预期损失则只能通过投资银行的资本来进行抵御和补偿。基于这样的逻辑推演，文献提出了投资银行通过引入经济资本概念和建立扣除经济资本成本的经济增加值（EVA）指标体系，建立起以经济资本为核心的协同风险管理系统，推动其全面提高风险管理意识，促进公司资本管理水平的提高，实现股东价值最大化。但是，该系列文献对投资银行的风险特征及其经济资本管理适用性的研究过于简单化，没有区别于商业银行进行针对性研究，而且对投资银行如何进行经济资本管理也论述得较为笼统。总体上来看，该系列文献只是对商业银行经济资本管理在投资银行中简单的移植性研究。

齐靠民（2009）通过引入基于经济资本的 RAROC 概念，将证券公司风险控制与价值创造联系起来，进而使不同规模的证券公司的价值创造能力实现横向比较。但该文献对投资银行进行经济资本管理仍然处于概念引入阶段，对经济资本在投资银行的具体度量、配置等重要细节问题未展开讨论。

（三）商业银行经济资本管理研究进展

从文献上看，国内外有关经济资本管理的研究主要集中在商业银行。

1. 有关商业银行经济资本度量的相关研究

由于经济资本在值上等于风险度量值减去预期损失，因此有关经济资本度量模型的研究，主要围绕风险度量方法的不同而展开。

（1）基于 VaR 类的经济资本度量模型

VaR 模型是由 J. P. Morgan 于 20 世纪末提出来的风险管理办法。Jorion（1995）认为，VaR 等于在一定的置信水平下，在展望期（预测期）内的最大损失值。经济资本反映的是非预期损失，需扣除预期损失。相应地，在 VaR 模型基础上产生的 Credit Metrics，Credit Risk+模型，都是通过计算分位数下的

———————————

① 在经济资本管理体系中，RAROC＝风险调整的收益/经济资本＝（收益-预期损失）/经济资本。

VaR，再扣除非预期损失来计算经济资本的。

Gordy（2002）提出在监管资本中使用鞍点调整法描述组合的风险变化。该方法被巴塞尔委员会采用。Emmer（2005）在此基础上，提出将半渐近方法与单因素模型结合。Weissbach（2005）则比较研究了标准化、内部评级法的资本计量结果。

（2）基于CVaR类的经济资本度量模型

Artzner（1999）提出了一致性风险度量的四个定理：次可加性、单调性、齐次性、变换的不变性。他还验证了VaR模型因为不满足次可加性而不是一致性风险度量工具，提出使用条件VaR（Conditional Value-at-Risk，CVaR），开创了风险度量的新理念：不再仅仅关注分位数上的风险，更要考虑尾部风险。

Panjer（2002）在正态假定下，对CVaR模型进行了实证研究。Landsaman和Valdez（2003）将分布一般化为椭圆分布，实证研究了风险与经济资本的度量。

Furman和Landsman（2005）利用Γ分布的右偏特征，对CVaR的经济资本度量进行了实证研究。Vernic（2006）在多元偏正态分布假定下，对CVaR的经济资本计量、配置进行了理论研究。Vanduffel（2009）则在对数正态分布假定下，应用CVaR计量经济资本的大小。

2. 关于商业银行经济资本配置的相关研究

Yuri Okina（2004）认为监管资本因为对风险的计算过于简单化而不及经济资本度量准确，因此银行需要把各个部门的经济资本配置作为其风险管理的重心。而对经济资本配置的研究，大致可以作如下划分：

（1）基于风险调整的收益率（Risk Adjusted Return on Capital，RAROC）或经济增加值（Economic Value Added，EVA）配置经济资本的文献。Zaik等（1996）和James（1996）对经济资本、资本配置、RAROC和EVA等的风险资本框架进行了详尽的阐述。Lewis（1996）认为，面临信息不对称带来的严重代理问题时，银行可以借助于对资产或业务的经济增加值的比较，在银行内部资金市场进行稀缺资本的有效配置。该方法的代理问题主要是指管理者与外部投资者之间的代理问题，但尚未考虑管理者与内部业务经理的委托代理问题。Neal M. Stoughton 和 Josef Zechner（2003）对利用RAROC和EVA在资本配置方面（尤其是资本的规模和结构）的作用进行了比较研究，并从银行的四个利益相关者（外部投资人、外部监管部门、内部风险管理者、财务高管）进行不同视角下的分析。还有学者（Zaik，1996；James，1996；Matten，2000）认为，EC的度量、配置和基于RAROC的绩效考核，构成经济资本管理体系的基本内容。Stoughton 和 Josef Zechner（2006）将风险调整的经济资本收益率作为风险管理的关键所在，并分析了基于经济资本的资本配置和绩效评估问题。

（2）利用资产或业务的边际贡献来配置经济资本。Merton 和 Perold

（1993）提出在经济资本配置时，可以利用边际的方法进行，即边际经济资本，该法尤其适用于新增业务的风险管理和预算。Froot 和 Stein（1995）指出在资本配置过程中，金融机构的外部融资成本比较高，当其某项业务或资产对公司总体现金流的波动性有较大贡献时，需要配置更多的资本。而 Christopher James（1996）则认为经济资本配置的过程实际上是比较各部门间的内部资金成本，可以视为在内部资本市场上进行资本配置。Myers 和 Read（2001）提出了与 Merton 和 Perold（1993）的超边际分析方法不同的配置原则：利用边际违约期权的价值相等原则进行资本配置。Rainer Baule（2006）的研究结论与 Merton 等（1993）的类似，发现金融机构的资本配置可以基于边际风险贡献度的比较。不同的是，他在分析中借用了非合作博弈工具。

另外，Marvin（1996）认为，商业银行的资本金主要用于防范总体风险，而且在资本配置中受到管理者风险厌恶程度的影响。商业银行需要标准化、统一化经济资本度量方法。Stern（1996）研究发现，资本配置主要用于如下一些情况：在不变的资本结构约束下，金融机构对未对冲过的、具有难以找到交易对手即流动性差的头寸的资产进行管理。而 Chris Matten（2004）将三个资本概念（权益资本、经济资本和监管资本）统一于一个分析框架，研究了三者在资本配置、资本结构战略以及总量资本的确定方面的相互关系。Hall 和 Christopher（2002）对不同 EC 配置方法进行了比较，分析了其激励约束的机制，并构建了基于经济资本的全面风险管理架构。Kane 和 Andre Shih（2004）研究了一个适用于集团和业务单元层面的经济资本配置策略，该方法的主要贡献是经济资本的动态配置。Simonson 和 Donald（1993）对资本金、准备金与预期损失、非预期损失之间的关系进行了准确分析，并认为，资本配置方法应根据业务或产品的风险形态的不同来选择，并且每个业务单元的风险应该被准确度量和配置相应资本。

国内研究方面，彭建刚（2011）根据对风险、成本和收益三者之间关系的不同处理来划分经济资本配置的方式。杨继光（2009）应用期权方法对商业银行总体必要经济资本测度分无存款保险、完全存款保险和部分存款保险三个方面进行了理论和实证研究，并以此衡量监管资本在商业银行是否适度。周群（2004）构建了风险与收益制约下的资产配置模型，并通过遗传算法求解，最后得到经济资本的配置方案。陈林龙等（2001）认为，在基础数据相对薄弱的阶段，经济资本配置难以发挥作用。武剑（2009）提出了三种资本配置方法：增量配置法、预期损失法和损失变化法，并认为内部评级是 ECM 的基础。王炯（2009）探讨了商业银行经济资本配置的思路，在动态配置的约束下，构建了动态配置模型，同时兼顾了代理问题下的激励相容条件。

（四）国内外研究文献的总体评述

经济资本管理作为金融机构风险管理的新工具、新技术，最大的理论贡献在于突破了传统的风险理念①，在将损失细分为预期损失、非预期损失和极端损失的基础上，认为非预期损失才是金融机构需要且能够管理的真正风险，并将其定义为经济资本。而金融机构持有的最低资本金数量②必须能够抵御非预期损失。

从文献来看，投资银行经济资本管理的研究文献较少。史水齐（2008）、齐靠民（2009）对投资银行经济资本管理的研究文献只是简单的介绍和概念引入阶段，并没有区别对待投资银行和商业银行在业务结构、风险特征以及监管资本方面的差异。另外，如果说 IOSCO 将 VaR 内部模型对风险的计算理念引入净资本监管并作为市场风险资本测度模型，还只是隐含了经济资本在投资银行风险管理具有适用性的结论，那么欧盟在 CRD Ⅱ 明确了投资银行监管资本的目的在于吸收其在正常的商业进程中的非预期损失③，就完全与经济资本的定义一致。而且，国内申银万国证券课题组（2010）、朱怀镇（2008）和奚胜田（2007，2008）对我国净资本监管的理论及实证研究在对风险资本的定义上分别与 IOSCO 和欧盟的看法一致。

相对来说，国内外学者对商业银行经济资本管理的研究文献则丰富得多，其中关于经济资本度量的研究新进展主要体现在将一致性风险计量技术（如CVaR）引入到经济资本度量上，使得总体经济资本度量满足一致性原则。而经济资本配置研究主要体现在对风险、成本以及收益关系的处理上，可以划分为三种④：基于风险的经济资本配置；基于风险和成本的经济资本配置；基于风险和收益相统一的经济资本配置。其中，基于 RAROC 的经济资本配置方法同时考虑了风险、成本和盈利，有利于实现价值创造，成为经济资本配置的主要方法。

综上，目前没有针对投资银行特殊的资产负债结构、逐日盯市的会计制度安排以及表内外高杠杆经营特征和对应的特殊风险的投资银行经济资本配置研究成果。现有研究没有对投资银行经济资本管理是否适用进行有说服力的论证，对我国投资银行净资本监管有效性的评价文献尚没有反映 2007 年综合治理后净资本监管改革的新情况，对投资银行如何在净资本约束下建立经济资本管理体系缺乏系统研究。

二、投资银行的风险特征与经济资本管理

1. 高道德风险：经济资本配置可以优化资产配置，抑制投资银行激进的

---

① 传统的风险理念将风险定义为损失的可能性，并未将预期损失分开，也没有与资本金联系起来。

② 在前面概念界定基础上，此资本金数量常常被称为必要经济资本，与可用经济资本概念相对应。两者的区别，将在文后第四章进行比较。

③ 该定义实际上既隐含了将损失划分为预期损失和非预期损失，同时"正常的商业进程"也意味着不包括极端损失，而净资本只是覆盖非预期损失。

④ 彭建刚（2011）对这三种经济资本配置方法进行了详细的综述。

风险文化

经济资本配置有助于抑制投资银行的道德风险，在高管、员工的薪酬与其为投行所带来的风险之间实现真正的协同、一致，并反过来推动投资银行的资产配置。具体来说，对于投资银行高管，公司传统上基于实现的会计收益（R）和成本（C）对其进行考核，如果引入经济资本（EC），业绩评估不仅要看事后的 R 和 C，还要看公司为获得 R 在事前承担的风险——非预期损失的大小。具体来说，公司在进行业绩考核时，参照的不再是管理者所贡献的会计利润（R-C），而是经济利润（R-C-EC）。其中，EC 是投资银行为实现收益 R 在机构层面所必须准备的经济资本大小。显然，高管的冒险行为会增大 EC，从而减少其对投资银行的经济利润贡献，在收益 R 增长不会太显著的情况下，这反而降低了其薪酬水平，从而起到抑制其道德风险的作用。关于基于经济资本配置的投资银行资产配置的内容，我们将在第三章进行研究。

2. 高杠杆风险：经济资本配置可以作为（管理视角、监管视角）杠杆水平的标准

正如欧盟将净资本在本质上等同于经济资本一样，投资银行可以借助于经济资本配置的资本金覆盖非预期损失的风险管理理念、先进风险度量技术，使投资银行的净资本监管要求和内部的资本结构战略有一个评价的标杆，并且将两者统一到经济资本配置的框架中，从理论上减少两者不一致引起的效率损失：如果净资本要求过高，投资银行业因为承担了过高的监管成本而降低行业的整体效率；如果净资本监管要求过低，在内控制度失效的情况下，则可能出现行业性的风险承担过度导致的系统性行业风险。关于基于经济资本配置的投资银行资本结构优化的内容，将在第四章进行研究。

三、投资银行净资本监管与经济资本管理

（一）净资本监管：投资银行资本管理的外部防线

实际上，无论是美国的集团监管规则，还是始于危机期间的我国以净资本为核心的合规监管体系，都可能走向了外部监管的两端：过度宽松的外部监管形同虚设，过度严格的监管又抑制了行业创新。2004 年的新净资本规则本来可以使得美国证券和交易委员会借机监管投资银行控股公司集团范围内的资产支持证券及其头寸风险，但事实上，美国证券和交易委员会并没有很好地利用这个优势。其监管计划直至 2005 年才出台，并且具体监管队伍缺乏领导，人员职责不清，对已发现的问题麻痹大意。比如在贝尔斯登出事前，美国证券和交易委员会就已经发现贝尔斯登在次级贷款的抵押债券上集中度过高，但却没有要求贝尔斯登减少仓位；2007 年起检查形同虚设，根本就没有起到防范和警示投资银行集团流动性风险的作用。美林的资本杠杆率曾一度高达 40 比 1，但美国证券和交易委员会对此也未有任何实质性的监管和警示动作。美国证券和交易委员会自己也承认，其在贝尔斯登出事前就已经发现了该公司过于集中的抵押证券投资、高杠杆率、对抵押支持证券的风险控制有弊病等问题，但却

没有采取任何"及时性纠正措施",对造成金融危机有不可推卸的责任（朱小川，2009）。进一步来看，以维护金融稳定和安全为目标，以行政管理为手段的金融监管制度，虽然在减少金融风险、维护金融安全方面发挥了积极的作用，但是缺乏资本观念、缺少资本金约束的净资本监管同样遏制了投资银行的创新，损失了金融效率。这突出表现在：

（1）被监管者对资本监管表现出明显的被动式管理特征。资本配置方法可分为三种类型：完全被动型、半主动型和主动型。完全被动型监管是指被监管者计算出符合要求的资本，但是计算方法由监管者确定，而且监管者并不将其与被监管者的经营绩效、业务差异相结合。半被动型是指被监管者在迎合资本监管要求的同时，在业务活动中，以净资本耗用多少来设定发展目标，选择资产组合，并以此为成本进行绩效考核。而主动型是金融机构对每项业务、资产都进行明确的资本配置，并根据配置情况进行动态管理，对业务的负责人进行绩效考核，形成各个部门之间的资本有效配置机制，从而提高总体的资本效益。显然，我国投资银行对待净资本的态度尚处于合规管理阶段，即表现出明显的被动特征。风险管理者的资本管理目标主要是满足外部的净资本监管要求，这容易造成资本管理的短期行为，且使投资银行缺乏自身的内部资本配置技术。

（2）监管者方面，表现出单一性而非多重性的净资本监管目标。由于金融机构破产的外部性，金融监管需要兼顾安全、效率和公众利益这三个目标，并随着经济金融环境的变化，在不同时期对监管目标的选择进行有所侧重的调整。从我国投资银行监管实际来看，资本不仅是防范风险的最后防线，更是投资银行实现自身价值最大化的基础，既有风险属性，同样不能忽视其收益的天性。由于没有多重目标的资本管理约束，在严格的、单一化的监管目标下，投资银行在公司治理、风险管理技术创新、产品创新与资产配置等方面都存在动力不足的特征，而且大部分投资银行的产权结构加剧了这一特征。

（3）金融监管理念出现偏差，分类计算方法注重合规性而非技术合理性。我国投资银行的监管重心也是合规监管，主要是对投资银行执行有关政策、法律、法规等的情况实施监管。这些因素在评定投资银行的风险度方面所占的权数也较大，如《证券公司分类监管规定》（2010年修订），对投资银行因违法违规行为应被监管部门处罚的扣分规定就达十余条，而对动态风险监控的监管相对少。这导致了国家对投资银行的资本和资产质量、流动性、盈利性和风险管理水平等所进行的监管力度不大，忽视了监管的技术合理性。

（二）对商业银行的两道资本管理防线的考察

1. 外部资本管理防线：监管资本要求

1988年的《巴塞尔协议》是监管部门第一次尝试以风险为基础来定义资本充足率的国际性条约。该协议对表内及表外的信用风险设定了资本金，规定银行持有的资本金数量至少是信用风险的风险加权资产的8%。在1995年，巴塞尔委员会对1988年的协议提出了一个修正案，要求金融机构的资本金既能覆盖市场风险，又能覆盖信用风险。2004 年的《巴塞尔协议Ⅱ》基于三大支柱：最低资本金要求、监督审查过程和市场纪律。其中最低资本金要求仍然为风险加权资产的 8%，但风险加权资产的内容有所变化，增加了操作风险的资本金要求。John C. Hull（2009）认为上述监管资本要求的变化在于尽量使资本金覆盖银行的非预期损失①。根据《巴塞尔协议Ⅱ》中监管资本要求的计算公式"0.08×（信用风险加权资产+市场风险加权资产+操作风险加权资产）"商业银行资本金应该覆盖信用风险、市场风险和操作风险的非预期损失之和。需要注意的是，监管部门用以评判某家商业银行是否持有符合监管资本要求的"资本金"不仅包括股权资本，还包括符合要求的长期次级债等风险较低的负债。附属资本并非能真实地用于弥补亏损，将之纳入"资本金"范畴，表明在监管部门意愿的展望期内它还具有损失的缓冲功能。从这个层面上讲，核心资本要求才是最可靠的非预期损失覆盖指标。

2. 内部资本管理防线：经济资本管理

经济资本概念最初产生于信孚银行 20 世纪 70 年代的实践，并随着银行界的实践和理论研究不断得以发展。或许正因为 ECM 是商业银行的内部资本管理工具，各家银行在具体实施过程中并没有形成监管资本要求那样统一的规则，文献对 EC 的定义也就不完全相同。刘宏海和金风（2008）将 EC 的定义归纳为五类：弥补非预期损失观、风险测度说、持续经营观、虚拟资本观和 VAR 限额观。笔者认为，从非预期损失管理的角度定义 EC 更贴切地反映了 ECM 的本质特征，它是反映商业银行覆盖非预期损失所需资本金的指示器。非预期损失是一个统计学的概念，具有"时间性"和"容忍度"两个统计特征："时间性"是指非预期损失发生在将来，而且其他条件不变的情形下时间越长不确定性因素越多、风险越高，即非预期损失的大小往往与时间成正比；"容忍度"特征则是指市场主体依据自身的风险偏好而对发生非预期损失的概率要求即置信水平。相应地，EC 的界定需要指明展望期和置信水平这两个参数。为此，本书对 EC 使用如下的定义：金融机构在一定的置信水平下能够覆盖指定的展望期内非预期损失所必须持有的最低资本金数量。如果说监管资本尚未明确其对非预期损失的覆盖作用，而 EC 从概念上就直观地反映了这一点。理论上，商业银行在计算出非预期损失后应将实际持有的资本金与 EC 要求进行比较，前者较小时便需要调整资产组合以改变损失分布或补充资本金。但实践中，商业银行也没有明确规定 EC 要求所对应的"资本金"是否类似于监管资本要求中除了股权资本金之外的次级债等内容。

3. 两道资本管理防线的比较

监管资本和经济资本共同构成非预期损失的内外两道资本管理防线，见图 2.3。

---

① 关于监管资本和商业银行非预期损失的关系，《巴塞尔协议》本身并没有这方面的论述。8%的资本充足率要求可能是实践的结果，而非理论的精确计算。

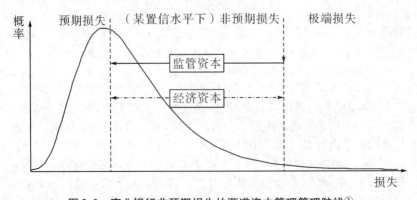

图 2.3　商业银行非预期损失的两道资本管理管理防线①

注：根据 John C. Hull（2009），David P. Belmont（2009）的文献整理。

但两者又存在如下差异：

（1）置信水平方面。监管资本要求是通过设定资本充足率（如：8%或目前更高的资本充足率）来实现覆盖非预期损失这一目标的，而这样的充足率标准所对应的置信水平是多高，《巴塞尔协议》并没有确切地说明。经济资本则由商业银行在选择置信水平后根据损失分布计算而得，实践中商业银行所选择的置信水平反映了各自的风险态度。

（2）涵盖的风险范围不同。监管资本要求从最初只涵盖信用风险，现今扩展至涵盖市场风险和操作风险。但有些银行的经济资本除了涵盖这三种风险外还包括了战略风险和声誉风险（John C. Hull，2009）。

（3）最终目标不同。监管当局之所以规定银行持有的最低资本金，源于商业银行破产具有负外部性，其破产容易引发系统性风险。因此，防范系统性风险可以视为监管资本要求的最终目标。经济资本的最终目标是在经济资本度量的基础上，通过经济资本配置，优化银行资本资源在各业务间的分配和资产结构，最后实现价值最大化目标。

（4）管理主体的差异决定了两者普适性范围不同。监管资本的主体是监管当局，其适合的范围也就是各国银行的监管部门。而经济资本的管理主体是微观金融机构自身。其理念或方法的适用范围就包括商业银行等经营实体，是充分考虑了主体风险特性的内部风险管理方法。

需要注意的是，经济资本是以银行业务的内在风险大小为基础的，既不取决于股东的资本金大小限制，也与监管部门一刀切的经济资本计量方法不同。因此，经济资本的内生性可以成为股东权益资本决策和监管部门资本考核的重要参考。彭建刚（2011）认为，经济资本、账面资本和监管资本在本质上是

---

① 目前，我国投资银行的净资本计算规则是在净资产基础上对资产分类进行一定程度的扣减，这种扣减可视为监管层面对投资银行的预期损失进行扣除。

相同的，都是用来覆盖商业银行的非预期损失的，只是把握的角度和方法有区别。实证方面，杨继光（2009）利用经济资本作为我国商业银行监管资本的适度性的评价标准，并进行了实证研究。其实证结果如下：尽管我国上市银行大都满足了 8% 的法定最低监管资本要求，但从平均意义上来说，它们实际持有的监管资本仍低于根据其风险状况应该提取的资本额度。这说明我国上市银行提取的资本数量还难以完全缓冲其实际风险。

（三）投资银行净资本监管与经济资本

无论投资银行还是商业银行，从外部监管者的角度来看，资本金充足性监管始终是其监管工作的重心。IOSCO 所倡导的基于 VaR 内部模型计算的市场风险资本与经济资本只存在细微差异，而欧盟的定义则清楚表明投资银行的净资本就应该吸收其非预期损失，这便与经济资本的定义完全一致。但是，相比于商业银行而言，投资银行的外部净资本监管更难以符合金融机构的风险实际，这在于投资银行的大部分传统业务并不需要实质上地占用资金，因而估计其资本金需求变得更加困难。而经济资本在风险管理理念上，不以业务的资金占用量作为风险度量的标准，而是以非预期损失的大小来衡量资本金的充足性。这种损失既可能是由资本型业务带来的，也可能来自于非资金占用型业务所面临的操作风险、法律风险等因素。在非资金占用型业务的风险管理上，投资银行需要从机构层面进行虚拟的资本金配置，形成该业务的经营成本并纳入到绩效考核中。因此，监管部门可以借助于投资银行实施经济资本技术，来判断净资本要求是否适度以及如何优化净资本监管指标等，从而积极引导投资银行的风险承担行为。

第四节　投资银行风险管理体系：经济资本管理、对冲和内部控制

前面我们分别从投资银行经营与风险特征、外部监管两个角度论证了投资银行经济资本管理的适用性。显然经济资本管理不等于内部风险管理的全部[1]，后者还包括风险对冲和内部控制。

首先，对冲是金融机构最传统又是发展最迅猛的风险管理方法之一，这可以从人类风险管理发展过程中得到证实。人类历史在风险管理方面经历了四次重大的发展（Steinherr，2003），依次是：分散化及抵押——有限责任制和破产法——创造可交易的工具和有组织市场的流动性——衍生品与金融工程。

---

① 众所周知，广义的金融风险管理，从主体可以分为三个方面：金融机构的自身风险管理（或称内部风险管理）、行业层面的自律管理和外部（政府或市场）监管。本研究从投资银行自身的角度，研究如何构建投资银行内部风险管理理论体系，并探讨其在我国的应用。为了描述上的方便，后文提及投资银行风险管理指狭义的投资银行内部风险管理。

①分散化及抵押。从最早的时候起，企业家和银行家依靠这两种至今仍占据主导地位的方法来降低风险，而 20 世纪 50 年代资产组合理论的出现为分散化决策奠定了理论基础。②有限责任制和破产法。有限责任制和破产保护一方面降低了企业家的投资风险，成为企业主经营活动的激励因素；另一方面也将对风险管理的需求从借款人转移到银行。当然，这些创新已经成为现代市场经济限制风险的制度性工具。③创造可交易的工具和有组织市场的流动性。资产持有者面临的一个风险是当需要的时候却不能将资产转变成现金。因此当一个资产缺乏市场的时候，风险管理会有严重局限。另一个后果是人们对这样的资产价值难以评估，并提供合理的供应。因此，可交易借款工具与所有权的发展和随后有组织市场的发展是一个重大的进步，在有组织的市场上可以达成公平的价格。④衍生品与金融工程。运用衍生品对金融产品进行风险管理始于 20 世纪 70 年代，而 20 世纪 90 年代以来兴起的金融工程是通过金融创新找到的对特定财务问题更好的解决方案。如果说第 1 阶段——分散化是利用不同业务或投资项目的风险不完全正相关这一统计特征进行自然对冲的话，第 4 个阶段——衍生品和金融工程则为主体积极利用衍生品对冲风险提供了更加广阔的选择空间。可以说，相对于前者受困于系统性风险无法对冲的困扰，衍生品（比如：股指期货）和金融工程的发展则为金融机构对冲系统性风险提供了技术解决方案。因此，无论考察风险管理的过去还是现在，对冲属于金融机构在内的所有企业根据其风险偏好和市场条件等采取的内部风险管理方法之一，并居其战术地位。

其次，对于投资银行而言，其内部风险管理战略（经济资本管理）部署和战术（对冲）实施的有效性依赖于完善的内部控制系统。一方面，完善的内部控制体系是投资银行风险管理的实施基础，为投行风险管理实践的有效性提供保障。另一方面，从时间维度来看，经济资本管理和对冲的实践会使得公司的风险状态发生变化，并反馈于内部控制系统，而且经济资本配置又能直接作用于内部控制系统——为绩效管理提供解决方案。因此，内部控制、经济资本管理和对冲之间存在动态的互动关系，在静态层面前者为后两者提供实施基础，在动态层面后两者反馈于前者并使之趋于更加合理。因此，以投资银行内部风险管理体系为研究主题，其内部控制系统的研究就不可或缺。

综上，我们构建的投资银行风险管理理论体系（见图 2.4）就包括三个方面：内部控制、经济资本管理和对冲。值得提及的是，陈忠阳（2007）和 Han（2008）先后明确指出这三者是金融机构风险管理的基本框架，这也印证了上述研究思路的合理性。

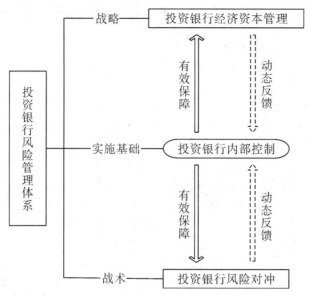

图 2.4　现代投资银行风险管理体系

第三章　投资银行经济资本管理的基本理论

前一章分别从内部风险管理、外部监管两个角度论证了投资银行经济资本配置的适用性，并构建了投资银行风险管理的基本框架：经济资本管理、对冲和内部控制。本章则紧接着研究如何构建与投资银行相适应的经济资本管理体系及其经济资本度量方法等基本理论。

首先，本章对投资银行的三个资本概念进行比较，利用内部市场理论和资本结构理论简要地分析经济资本配置在投资银行资产配置和资本结构优化中应用的理论基础，在构建投资银行的经济资本管理体系的基础上，提出基于双重约束下的投资银行资本配置原则。

其次，考虑到经济资本度量是其配置的基础性工作，为了后面着力研究投资银行经济资本配置，最后两节对投资银行的风险所需经济资本度量进行了研究。目前，我国投资银行的收入主要以服务收入为主，操作风险和市场风险是其主要风险，信用风险是其次要风险。因此，本章第三节、第三节分别就投资银行操作风险和市场风险经济资本度量进行研究。

第一节　投资银行经济资本管理体系

一、投资银行三个资本概念的比较

前一章，我们对经济资本、监管资本和权益资本三个概念进行了简单的界定。为了后文分析的需要，这里结合投资银行就这三个资本概念进行更深一步的研究，尤其是对三者之间的关系进行深入分析。

（一）概念

1. 权益资本

投资银行权益资本与商业银行、非金融企业的资本相类似，是股东对控制权、净资产要求权、收益权的代表。同时，财务部门不仅关注权益余额，还要考虑如何用现有的金融工具筹集资本，以确保股东价值最大化。尽管权益资本值可以直接从投资银行的资产负债表上获得，但其反映的是投资银行实际拥有的资本水平，是过去经营活动的结果，具有静态性，与其将来的风险状况没有必然联系，也就无法代表其应该拥有的资本水平。但我们可以借助其与负债水平、资产风险大小等的比较，揭示股东承担的破产风险状况。因此权益资本值在投资银行的风险管理中具有参考作用。

2. 净资本

为了深入理解净资本的概念，我们还可以进一步将其分为必要净资本和可用净资本。必要净资本是指监管部门要求的最低净资本，后者指投资银行实际拥有的且符合监管部门需要的净资本。当投资银行的可用净资本大于必要净资本时，净资本监管对投资银行经营是一种软约束，从监管角度看，投资银行尚可提高风险资产的配置比重；反过来，当投资银行风险资产过大，可用净资本小于必要净资本时，则其将面临监管处罚的风险。因此，净资本相对于账面资本来说，虽然是账面净资产基础上的调整值，但由于外部监管者的介入而与投资银行内部风险管理决策紧密联系起来。

3. 经济资本

该资本观里，把风险损失分为三种类型：预期损失（Expected Loss）、非预期损失（Unexpected Loss）与极端损失（Catastrophe Loss），见图3.1。而经济资本所需要覆盖的风险损失是非预期损失。

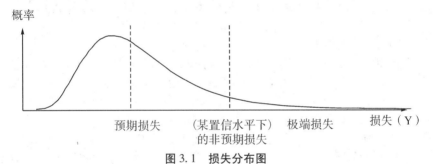

图 3.1 损失分布图

（1）预期损失

风险管理者认为，该种风险由于可以提前预期，不构成真正的风险，只需要通过会计上计提风险准备来覆盖，也就是把其作为成本（进而提高金融产品价格）来转嫁。在我国，证监会在2006年发布的《证券公司风险控制指标管理办法》明确规定了风险准备的计提标准[1]，并将其与净资本建立对应关系，设立了如"净资本与各项风险准备之和的比例不得低于100%"等各项监管指标，使得各业务的风险准备均有对应的净资本来支撑。

（2）非预期损失

经济资本这一风险管理工具的目标是覆盖非预期损失，即经济资本是在一个给定的容忍度下，用来吸收所有风险带来的非预期损失的资本（武剑，

---

[1] 从理论上讲，风险准备计提标准的确定属于投资银行管理预期损失的内部风险管理方法。

2009）。按照风险形态，投资银行的经济资本又可以是市场风险、信用风险、操作风险等各种风险形态的非预期损失的汇总。相比较而言，经济资本的风险属性超过其资本属性。

同时，需要注意的是，经济资本概念容易与在险价值（Value at Risk，VaR）混淆。VaR 是指资产在一定的置信水平下所面临的最大损失值。比如，在 95% 的置信水平下，如果投资银行持有的资产最大损失不超过 X，则 VaR＝X。而经济资本则需要扣除预期损失（设为 L），相应的，该资产所需的经济资本为 X-L。因此，从大小关系上看，相同置信水平下，如果用 VaR 值代替经济资本，会出现高估经济资本的情况。下面给出两者的数学公式：

如果 Y 表示随机损失变量，Y 的分布函数为 $F_Y(y)$。VaR 指在给定的概率水平 $\alpha \in (0, 1)$ 下的最大可能损失为：

$$P_r \{ Y \leqslant VaR_\alpha(Y) \} = \alpha$$

即：

$$VaR_\alpha(Y) = F_Y^{-1}(\alpha)$$

或者：

$$VaR_\alpha(Y) = \min \{ y \mid F_Y(y) \geqslant \alpha \}$$

如果用 VaR 模型来刻画经济资本[①]，则经济资本 EC 的数学表达为：

$$EC_\alpha(Y) = VaR_\alpha(Y) - E(Y)$$

其中 E（Y）为期望损失。

正常情况下，实际损失只是处在平均值 E（Y）附近，不会达到最大损失值 $VaR_\alpha(Y)$ 的程度，只是在较小概率下才接近最大损失值。同时，平均损失值 E（Y）是确定的（Y 的分布确定的情形）。但最大损失值 $VaR_\alpha(Y)$ 则取决于置信水平 α：相同分布、相同预测期，置信水平 α 越高，$VaR_\alpha(Y)$ 越大。进而，经济资本也是相对不确定的，与置信水平 α 成正比例关系。这意味着经济资本作为风险管理的工具，具有一定主观性，风险管理者的风险态度（表现在对 α 的选择上）会影响经济资本配置实践。

（3）极端损失

从图 3.1 可以看出，极端损失是超过置信水平下投资银行资产最大损失之外的损失。对于极端损失来说，数学上可以通过其期望极端损失（通常称为期望损失）来刻画。Acebi 和 Tache（2001）提出了用 ES 来弥补 VaR 方法的不足：

$$ES_\alpha(Y) = \frac{1}{1-\alpha} \int_\alpha^1 VaR_x(Y) \, dx = E[Y \mid Y \geqslant VaR_\alpha(y)]$$

期望损失（Expected Shortfall, ES）可以看成是损失超过 VaR 后可能遭受的平均极端损失，即在最坏的 1-α 的极端损失发生情况下的平均损失值，所

---

① 测度经济资本除了 VaR 模型，还可以用 CVaR 模型等方法，此处仅为清楚定义经济资本与非预期损失、预期损失之间的关系，关于经济资本测度方法的选择，在后文论述。

以又把 ES 称为 CVaR。因此 $CVaR_\alpha(Y) \geq VaR_\alpha(Y)$。因此，经济资本的测度方法也常常使用 ES 来刻画，如下：

$$EC_\alpha(Y) = CVaR_\alpha(Y) - E(Y)$$

（二）投资银行不同资本的比较

1. 三者的区别

（1）具有不同的测算基础。权益资本以财务会计作为基础，是所报告时间点上的权益余额，也是对投资银行过去经营活动形成的客观结果的反映。净资本是在财务会计的权益资本基础上，再进行简化的行业一般性风险扣除，既反映过去经营成果，也在一定程度上揭示未来的潜在风险大小。经济资本的测算本身则与权益资本没有关系，取决于资产的风险分布、管理者风险偏好（即置信水平的选择）、考察时间窗口的长短（考察的时间越长，风险越大即经济资本越大）等有关。但经济资本在风险管理领域的应用还需要与权益资本大小进行比较：如果投资银行的总体必要经济资本大于权益资本，说明资本金没有覆盖非预期损失，投资银行面临破产风险。

（2）关注的主体不同。投资银行的利益相关者包括股东、债务人、管理者、监管部门等，他们对待三种资本的态度不尽相同。股东关注的是投资银行的价值最大化。必要净资本是股东经营决策的外部约束，权益资本是其过去承担风险的经营结果，而金融机构具有以风险换收益的特点决定了经济资本是股东所应该重点关注的资本概念。监管部门主要考核投资银行的净资本是否符合监管要求。债务人往往关心投资银行的偿债能力及其可能的变化。但作为外部人往往面临信息不对称问题，其关注的资本主要基于权益资本的杠杆率大小、净资本监管的满足程度等。管理者基于在职薪酬最大化的考虑，往往在既定的权益资本下，追求高的财务杠杆。可见，不同利益相关者所关注的资本各有侧重，根源于各自目标函数的不同。

（3）有不同的管理内容。权益资本的管理包括股东权益的维护（代表投票权、分红权）、资本投融资决策、资本结构安排等有关的资本决策活动。净资本的管理实际上包括监管部门的日常监测和投资银行为满足监管要求所进行的一系列资本结构调整、风险资产配置等活动。而经济资本管理则更为复杂，不仅涉及投资银行对不同业务、不同资产进行经济资本测度，还包括根据可用经济资本进行资产配置，以及如何根据对经济资本的占用情况对各部门进行绩效考核。

（4）有不同的精确度。权益资本的计算基于财务会计的客观、真实性原则，是对出资人对投资银行收益权的准确测度。相对而言，净资本和经济资本都与风险联系，测算过程中具有一定的主观性。目前，我国净资本的计算在权益资本基础上，对所有投资银行都采用较简单的风险扣减方法，计算方法过于笼统，准确度较低。经济资本则能更好地反映实际风险状况以及相应的资本需求，精确度更高，对风险也更加敏感。也正因为如此，国内商业银行正逐步采用经济资本作为风险管理的主要手段。而相比之下投资银行还处于传统以满足净资本要求为重点的合规管理阶段，这种方式带来的可能后果就是整个行业缺乏创新动力，出现系统性的资本过高或过低的极端状态。

（5）有不同的风险覆盖范围。权益资本自身不与风险直接联系，也就不存在风险覆盖的问题。我国对净资本的计算，是在净资产基础上对原生金融资产、衍生金融资产、或有负债按不同比例进行扣减。而这些资产主要有市场风险、信用风险，但投资银行还面临较大的操作风险、法律风险等，并没有被净资本覆盖。经济资本能够覆盖的范围更广，理论上能够借助于复杂的风险测度理论，测度投资银行所面临的市场风险、操作风险、信用风险等各种风险，只是现实中容易受到数据可获得性的限制。

2. 三者的联系

（1）经济资本可作为权益资本和净资本的客观标准。由于经济资本是以投资银行业务的内在风险大小为基础的，既不受股东的资本金大小限制，也与监管部门一刀切的经济资本计量方法不同。因此，经济资本的内生性可以成为股东权益资本决策和监管部门净资本考核的重要参考。通过比照经济资本、权益资本以及净资本的大小关系，风险管理者能够认识到投资银行自身可用的资本与实际风险所需要的资本有多大差距。把经济资本作为换取收益所付出的"真正"成本，改变了传统的风险—收益相适应理论中对成本的狭义认识。风险管理者对投资银行经纪业务、资产管理服务等非资金占用型的风险管理有了更深的理解。

（2）权益资本高于净资本、经济资本。尽管静态的权益资本数量不直接与投资银行实际承担的风险大小有关，但动态来看，投资银行最后所承担的非预期损失成为现实，最终还是需要权益资本来抵减，尤其是破产清偿时股东也仅以权益资本为限。因此，投资银行基于持续经营考虑，也会让实际的权益资本不低于经济资本。净资本是经扣减后的权益资本净值，所以后者肯定大于前者。而净资本和经济资本的大小关系取决于两者对测度方法的选择。

（3）经济资本和净资本具有内敛的可能性。净资本和经济资本都与风险相联系，都旨在防范投资银行风险，只不过分属于外部风险管理和内部风险管理范畴。但两者目标的一致性决定了其有融合的可能。尤其是监管部门可以借助于经济资本的精确度量方法，将净资本计算和经济资本配置统一起来。最为简单的方式就是建立两者的转换系数，在经济资本与净资本之间建立联系。

二、投资银行经济资本配置理论基础

（一）内部资本市场理论

内部资本市场理论在 20 世纪六七十年代被提出来（Alchian，1969；Williamson，1975）。其基本观点是：由于企业与投资者之间存在较大的信息不对称，因此外源性融资存在较大的成本，而企业（尤其是集团或事业部结构的企业）内部各个部门具有信息优势和激励的便利条件，于是大部分企业宁愿通过内部资本调剂或配置替代外部融资的现象。该理论很好地解释了企业兼并浪潮。投资银行同样存在外部信息不对称带来的融资成本高的问题，尤其是在陷入流动性危机期间，这种外部融资几乎变成不可能。于是，在有限的资本条件下，如何进行内部的资本优化配置变成投资银行风险管理的重要内容。

根据内部资本市场理论的启示，投资银行内部资本市场要有效运作，需要解决以下几个关键问题：①管理层必须能清楚地理解各个业务部门的风险和头寸状况，哪怕是本身不形成资产的经纪部门；②管理层与部门经理之间、部门经理与员工之间，不存在严重的内部代理问题，或者内部代理问题不及外部信息不对称问题严重，否则该理论的前提条件就不存在了；③管理者有可以进行内部资金配置的可靠工具，比如能进行内部资金定价的方式以及基于内部资金价格的绩效评价等。显然，经济资本作为一种内部风险测度工具，可以成为投资银行进行资产配置的工具。

（二）资本结构理论

Modigliani 和 Miller（1958）提出了 MM 定理，其最大的贡献不在于是否解释了现实公司的资本结构现象，而是开创了资本结构理论研究的先河。根据 MM 定理，在完美世界里（完全信息、不存在交易成本、无税收等），公司负债结构与价值没有关系。显然，MM 定理作为现实资本结构战略分析的一个基准点，为后来的权衡理论、啄序理论和代理成本理论提供了重要标杆。

由于存在信息不对称和交易成本，公司的外部融资（债务融资、股权融资）存在成本差异。静态来考虑，公司存在特定约束环境下的最优资本结构。动态来看，公司的融资成本会根据市场环境而变化，同时反应资金去向的公司资产又面临风险变化。所以公司需要对资本结构进行动态调整，以使公司的资本金能覆盖总体风险。在这一点上，经济资本本质上就是风险的度量，而对投资银行总体必要经济资本的汇总，为资本结构优化提供了新的思路。

三、投资银行经济资本管理

前面分析了美国五大投资银行在危机期间的不同境遇，同时，2010 年美国的《金融监管改革法案》、2010 年的《巴塞尔协议Ⅲ》等金融改革都对金融机构的资本监管提出了比过去严格得多的监管要求。考虑到制度调整成本、可操作性等因素，改革设立了长达近十年的过渡期。因此，新的监管改革效果需要进一步观察，目前进行评价为时过早。

尽管美国净资本监管框架始于 1934 年《证券交易法》的发布，时间上比1988 年的《巴塞尔协议》早半个世纪，但我们从此次投资银行的危机来看，以净资本指标及其监管标准为内容的投资银行外部监管，并不能替代其自我约束机制的内部风险管理。但从另外一个角度来看，由于《巴塞尔协议Ⅲ》暂时没有涉及投资银行等非银行金融机构，结果可能是银行资本金监管要求不断提高，银行业出现整体的惜贷情况，资金价格上升，并随着资本市场规模的不断扩大，制度不但完善，融资成本将逐步降低，更多的企业可能逐步偏向于选择直接融资来满足资金需求，这反而可能刺激投资银行业的风险承担。

投资银行作为影子银行的重要成员之一，其在此次次贷危机中产生了关键的负面影响，并波及了整个金融体系和实体经济。投行转型方式不具有现实性，净资本监管事实上也难以避免。因此，从风险管理角度来看，投资银行业的风险及其如何管理的问题，可能还需要在投资银行自身的风险管理体系完善上面下功夫。

（一）构建基于净资本和经济资本的投资银行经济资本管理框架

如前所述，弥补投资银行损失的最后防线是其资本金的大小。投资银行需真正覆盖的风险是非预期损失。经济资本作为度量、管理非预期损失的工具，可引入到投资银行风险管理体系的建设上，如图 3.2 所示。

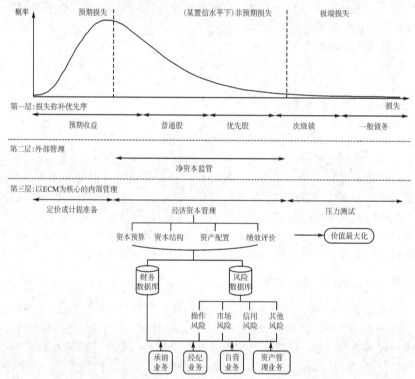

图 3.2　基于净资本和经济资本约束的投资银行资本管理体系

在图 3.2 中，投资银行资本管理体系包括了三个层面：①第一层次为损失承担的自然序，主要对应于权益资本；②第二层次为投资银行的外部净资本监管，主要目的是保障投资银行的可持续经营和公众利益；③第三层次则是以经济资本管理、股东价值最大化为目标。

（二）投资银行经济资本配置的应用领域

基于非预期损失的 ECM 为现代投资银行管理上述风险提供了可行方案，而投资银行 ECM 是通过必要经济资本、可用经济资本和净资本这三者及其相互关系来得以实现的。我们先对这三者的概念及其关系作简要描述。必要经济资本是理论上投资银行需要用来覆盖非预期损失的资本量，可以从单个业务和机构层面计算。单个业务的必要经济资本表示开展此业务所必须持有的最低股权数量，该数量与业务所需的资本金投入没有直接的联系[1]；机构层面的必要经济资本是在一定置信水平上保障投资银行的债务人资金安全的最低股权资本数量。可用经济资本是投资银行现有的能够用于抵御非预期损失的实际可用资本。Belmont（2009）认为可以用资产负债表内与表外资产的市场价值或模型价值减去表内与表外负债的市场价值或模型价值来代替可用经济资本。净资本监管标准是监管当局从审慎性原则出发，为确保投资银行的正常经营，要求其所必须持有的最低资本金。显然，净资本要求是投资银行必须要达到的监管要求，是投资银行日常经营活动必须满足的，构成其经营活动的硬约束。[2] 而必要经济资本则是从公司价值最大化角度，由风险管理者提出来的风险管理方法，相对前者而言，是投资银行日常经营活动的软约束。具体来说，针对前述两个风险特征，现代投资银行经济资本管理可用于以下几个方面[3]：

1. 资产配置

在资金运用方面，基于经济资本的资产配置战略有助于防止投资银行不计代价地超配资产。资产结构决定了风险结构，错误的资产配置导致其风险结构与资本结构的不匹配，就可能导致资本金风险。引入经济资本概念前，对传统服务业务，投资银行只需要根据人力成本、设备投入和操作风险带来的预期损失[4]等显性成本，按照"成本-收益"原则，配置相应的资金并获得服务费收入，此时业务的低资金占用型特点容易使投资银行忽视资本金风险。但从经济资本角度，这类业务的操作风险在一定置信水平上会带来非预期损失，需要配置相匹配的资本金。但是，这些额外的资本金不应该实质性地分配到业务部门去，因为这类配置产生的费用由于其具有非预期性而在业务部门水平上是不可控的，是投资银行整体水平上的一种成本，应该在机构层面进行"虚拟"配置。同样，对于自营等高资金占用型业务，投资银行不能只配置给自营部门所需要的显性资金，也需要在机构层面配置相应的资本金防范市场风险形成的非预期损失。尤其是对衍生品等或有资产的投资，非预期损失可能通过杠杆成多倍放大，最后对资本金的侵蚀可能是巨大的。所以，投资银行资产配置的过

---

① 比如经纪业务对资本金的要求低，但该业务中的操作风险诱发非预期损失，需要总行层面配置相应的股权资本。

② 严格上讲，净资本要求也有对应的可用净资本和必要净资本，可用净资本是投资银行按净资本监管的计算方法算出的实际净资本数量，必要净资本是监管部门要求的最低净资本数量。当后者大于前者时，这种硬性约束成为投资银行经营活动的紧约束，投资银行需要重新调整资产配置以满足监管要求；反之，这种硬性约束只是非紧约束。

③ 该内容部分载于《证券业资本监管研究》（2011）。

④ 投资银行的传统服务业务存在的风险主要是操作风险，自营业务主要存在市场风险。这些风险的预期损失在会计上通过损失准备来反映。

程，不只是向业务部门分配资金的过程，更是一种机构层面的资本配置过程①，即将有限的股权资本金按照不同资产的风险特征进行合理分配的过程。如果在既定的融资规模和融资结构下考虑这个问题，资本的优化配置反而构成投资银行资产配置的约束，是投资银行经营战略的着力点。当必要经济资本小于可用经济资本时，资产配置应增加投资在高经济资本回报率的潜在业务上；反之，高风险的投资银行应放弃现有业务中较低经济资本回报率的业务。通过这种资产和资本的双重配置，投资银行把价格强敏感性风险控制在资本金可以承受的范围内，防止其变现流动性枯竭。

2. 资本结构优化

首先，在资金来源方面，投资银行通过实施基于经济资本的资本结构优化战略，可减少投资银行负债融资时金融市场价格敏感性产生的不利影响。缺位的或者没有充分考虑侵蚀资本金风险的资本结构，容易使投资银行在业务扩张期负债融资比例过高，而负债融资渠道的强价格敏感性将使其在市场价格不利变动时破产概率进一步提高。将经济资本引入投资银行的资本结构战略，平滑金融市场价格变化带来杠杆率的被动波动，既可以避免过低的股权资本无法覆盖非预期损失风险，又可以防范过高的股权资本增加其资本成本、没有充分利用杠杆率的好处。投资银行借助于 EC 来优化资本结构，需要基于机构层面。简单地说，当必要经济资本小于可用经济资本时，意味着投资银行的风险较低，投资银行便可以通过发放更多的股票红利、回购股票或者举债来提高杠杆率；反之，投资银行的风险较高，需增发新股，或者放弃较低经济资本回报率的现有业务来提前偿还部分债务，降低杠杆率水平。以 EC 为手段，投资银行的资本结构变化始终以现有资本金足以覆盖非预期损失为前提，这抑制了其在扩张期盲目地负债融资。

3. 绩效考核

对于投资银行高管，传统上基于实现的会计收益（R）和成本（C）对其进行考核，并引入 EC。业绩评估不仅要看事后的 R，C，还要看公司为获得 R 在事前承担的风险——非预期损失的大小。具体来说，业绩考核时，参照的不再是管理者所贡献的会计利润（R-C），而是经济利润（R-C-EC）。② 其中，EC 是投资银行为实现收益 R 在机构层面所必须准备的经济资本大小。显然，高管的冒险行为会增大 EC，从而减少其对投资银行的经济利润贡献，在收益 R 增长不会太显著的情况下，这反而降低了其薪酬水平，从而起到抑制其道德风险的作用。③

---

① 因此，后文在表述上，并未对资本配置与资产配置加以严格区分。

② 经济利润的相对形式指标主要有 RORAC（Return on Risk-adjusted Capital），RAROC（Risk-adjusted Return on Capital）。本书采用的是绝对形式的 RORAC，其中 RORAC =（R-C）÷ EC。

③ 此处只为说明投资银行引入经济资本管理的作用，关于业绩评估的研究在此不展开论述。

需要注意的是，就有限责任保护下股东的道德风险问题，即不以保护债务安全为目的，冒险追求高杠杆下的高红利、股利，即使经济资本所倡导的重视非预期损失侵蚀资本金的理念有助于提高股东风险意识，但这种作用是有限的。以至于，韩世君（2010）认为，合伙制才是投资银行最好的组织形式①。

（三）净资本和经济资本约束下投资银行的资本配置原则

实际上，无论是外部的净资本监管，还是内部的经济资本配置，在风险管理的机理上都具有一定类似性：两者都将资本看作需要合理配置的投资银行所具有的稀缺资源。不同的是，两者的约束性质存在差异。因此，从风险管理者角度，结合两者约束性质的比较，我们可以得到投资银行资本配置的一般原则。

（1）如果所计算出来的必要经济资本>净资本，即当净资本约束是非紧约束时，净资本监管标准过低，未能覆盖投资银行的真正非预期损失的大小。在此种情况下，投资银行的资本配置活动应以经济资本优先的原则进行配置。同时，监管者可以通过借鉴经济资本的度量方法，提高监管指标的精确度和监管的有效性。

（2）反之，如果所计算出来的必要经济资本<净资本，即当净资本约束是紧约束时，投资银行只能按照净资本监管的规定进行资本配置。这说明净资本监管标准过高，尽管有效，但可能有损投资银行经营效率（资本过度浪费，未享受杠杆的好处）。此时，投资银行持有的资本金超过合意的资本金规模，这两者之间的差额可以视为投资银行为了满足合规监管被迫缴纳的监管税。当然，投资银行可以利用经济资本配置重新调整资产结构，降低监管税。

可见，理论上讲，净资本和经济资本由于与风险联系，具有前面所说的内在收敛性。经济资本可以为净资本计量方法、监管标准设置提供参考。实际上，只有当两者趋于一致时，无论政府还是投资银行，才实现了有效率的监管和资产配置。不过，这种理想状态需要双方不断协同，不断进行纠错式地相互学习，才可能趋于一致。商业银行的内部模型法或许是比较好的协同机制。②

经济资本管理包括经济资本度量、经济资本配置和应用等环节，其中经济资本度量是基础。下面第二节、第三节将分别对投资银行所面临的主要风险形态——操作风险、市场风险所需经济资本度量方法展开研究，为后文经济资本配置和应用奠定理论基础。

---

① 本书认为，鉴于两个风险特征之间的主次、因果关系尚需详细论证，而投资银行的组织形式不在本书讨论范围之内。

② 实际上，IOSCO 所倡导的投资银行市场风险监管资本计量就是采用的内部 VaR 模型。只不过，其与经济资本度量模型还存在差异。

第二节　投资银行操作风险经济资本度量

一、操作风险的不同界定

操作风险（Operation Risk）是一个古老的、伴随着企业产生而存在的风险。选择适当的操作风险定义是金融机构准确度量和管理操作风险的前提。操作风险的概念最早出现于 1992 年，但其只是对企业经营管理提出的一般性概念。[①] 当前国内外对操作风险的识别有狭义定义法、广义定义法和介于它们之间的第三种定义法。

狭义定义法认为与金融机构运营相关的风险才算操作风险。1993 年，全球衍生品研究小组（Global Derivatives Study Group，GDSG）将操作风险定义为由控制和系统的不完善、人为错误、管理不当所导致损失的风险[②]。此定义从人员、操作流程和系统这三个方面界定了操作风险。1995 年，国际证券委员会组织（IOSCO，International Organization of Securities Commissions）认为操作风险是指因交易或管理系统操作不当或缺乏必需的后台技术支持而引致的财务损失[③]。1998 年，在由国际商业机器公司（IBM）发起的全球操作风险论坛上，操作风险被定义为由客户原因、设计不当的控制体系、控制系统失灵所导致的风险。由此可看出，狭义定义法的优点是把每个后台部门的管理重点集中于其所面临的风险上，但缺点是可能会使金融机构遭受一些未能预见的由外部事件带来的损失。

广义定义法的外延相当宽泛，把除市场风险和信用风险以外的其他所有风险认定为是操作风险。如全球风险专业人员协会（The Global Association of Risk Professionals，GARP）认为操作风险可分为操作战略风险和操作失败风险，操作战略风险包括因政治、税收、监管、政府、社会、竞争以及其他外部环境变化反应不当所导致的风险，操作失败风险包括因人、过程和技术等因素所导致的风险。[④] 由此可看出，广义定义法的优点是能够涵盖除两种主要风险外的剩余损失，但缺点是涉及面太大，不利于对操作风险的度量和管理。

---

① Committee of Sponsoring Organizations of the Treadway Commission. Internal Control Integrated Framework，1992.

② The Global Derivatives Study Group，The Group of Thirty. Derivatives：Practices and Principles. Washington D. C.，1993.

③ 国际证券委员会组织把证券公司所面对的风险划分为市场风险、信用风险、流动性风险、操作风险、法律风险和系统风险六大类型。国际证券委员会组织，1995：《证券公司及其监管者的风险管理和控制指引》，转引自《证券日报》（2003 年 8 月 21 日）。

④ ALI SAMAD-KHAN. Developing an integrated approach for measuring and managing operational risk [J]. GARP Conference，2004（2）：57-59.

介于广义和狭义之间的第三种定义是目前学界和金融实务界认可度较高的，其中最具代表性的是巴塞尔银行监管委员会给出的定义。2004 年，巴塞尔委员会经过多项重要修订，将操作风险定义为因操作流程不完善、人为过失或系统故障，以及外部事件所造成的经济损失。[①] 此定义排除了策略风险和声誉风险，关注于内部操作、过程导向，以及包括政治、军事、法律、监管等方面可控的外部事件和如自然灾害等不可控的外部事件，并认为人员失误起着重要的作用。中国银监会把操作风险定义为由不完善或有问题的内部程序、系统、员工以及外部事件所造成损失的风险[②]，此定义在本质上与巴塞尔委员会的相一致。欧洲保险和职业年金监管委员会（Committee of European Insurance and Occupational Pensions Supervisors，CEIOPS）认为保险公司的操作风险除操作流程不完善、人为过错和信息系统故障等原因导致的损失外，还应包括法律风险，但不包括声誉风险和战略风险。[③] 可看出，这第三种定义法虽然得到广泛的肯定，但缺点是对操作风险的界定范围仍相对过广，对损失事件的分类标准并不统一而难以归类。

本书在上述三种定义的基础上，对投资银行的操作风险定义为：投资银行在日常的操作与工作流程中会由于可控或不可控事件造成非预期损失，操作风险就是指可控事件所导致的直接或间接的、可以用货币衡量的潜在经济损失，包括各种人员的不作为、管理程序的缺陷、系统的失灵以及外部事件等，但不包括自然灾害等不可抗力事件以及无法用货币计量损失的可控事件。虽然与巴塞尔委员会的定义相比，我们所定义的操作风险相对缩小，但仍涵盖了操作风险中的核心要素，并保持了定义与度量范围的一致性，这有利于提高投资银行对操作风险管理的针对性和有效性。

二、我国投资银行操作风险暴露及特征分析

我国投资银行操作风险损失数据较商业银行的更难收集。本书仅收集到30 件国内外媒体公开报道的操作风险损失事件，时间跨度为 1999—2009 年，如表 3-1 所示。小样本虽然会产生偏差，但下面的统计特征分析也能说明一定的问题。

表 3.1　　　　　　　投资银行操作风险损失事件的分布表

发生金额范围（万元）	发生次数（次）	所占比例（%）
0~100	16	53.33

---

① Basel Committee on Banking Supervision. The New Basel Capital Accord (CP2). 2001 (1)：1-55.

② 中国银监会. 商业银行操作风险管理指引. 2007.

③ CEIOPS. Advice for Level 2 Implementing Measures on Solveney II ［M］. Assessment of Group Solvency, 2009 (10)：67.

表3.1(续)

发生金额范围（万元）	发生次数（次）	所占比例（%）
101～1 000	6	20.00
1 001～10 000	6	20.00
10 001～140 000	2	6.67

其中，单笔最小损失为4 500元，单笔最大损失为13.5亿元，损失数据也具有"尖峰厚尾"的特征。

按成因对我国投资银行操作风险的分类如表3.2所示。

表3.2　　　　　　　按成因对我国投资银行操作风险的分类表

	内部因素			外部因素	
	制度类	失控类	欺诈类	欺诈类	其他类
发生次数（次）	3（10.00%）	5（16.67%）	20（66.67%）	1（3.33%）	1（3.33%）
	总计28起			总计2起	
发生金额（万元）	13.55（0.01%）	397.95（0.22%）	182 322.7（99.58%）	290（0.16%）	60（0.03%）

表3.2显示出，内部欺诈在操作风险发生数量和金额上占有最大份额。

三、投资银行操作风险经济资本度量

（一）损失分布法下操作风险的尾部风险度量

1. 损失分布法概述

损失分布法在量化操作风险资本的高级计量法中，是一种重要和应用广泛的方法，是一种数据驱动方法。根据巴塞尔委员会的定义，损失分布法是指在对操作损失事件的损失频率和损失强度进行假设的基础上，对业务线/损失事件类型矩阵中的每一类操作损失的复合分布分别进行估计，进而计算得到某一时期一定置信度下该类型操作风险价值的方法。[①] 可表述如下：

总的损失是 n 个随机事件所对应的操作风险 X_1，…，X_n（假设 X_i 是独立同分布的随机变量）的加总（L）：

$$L = X_1 + X_2 + \cdots + X_n \qquad (3.1)$$

其中 n 为损失频率，X_i 为损失强度。

一般而言，损失强度和损失频率之间的关系是未知的，但极值理论中的

---

① Basel Committee on Banking Supervision. Consultative Document：the New Basel Capital Accord. 2004.

POT 模型却能提供出性质良好的处理途径。① 特别是 POT 模型能够以简明的解析方法合并处理损失强度和损失频率，从而获得总的损失的尾部估计。这样不仅能够降低直接模拟带来的计算成本，还能减少模拟误差。因为模拟误差一般来源于对两类分布的假设与真实分布之间的差异，差异常常在模拟中被放大。由于金融机构需要额外关注发生次数少但带来损失巨大的操作风险损失事件，所以借助于极值理论是种较好的选择。此方法的结果是依据一定置信度得到的，且随时间的变化而动态变化，因此能客观、有效地反映出金融机构特有的风险特征。

2. 损失强度分布

（1）极值理论概述

极值理论是次序统计理论的一个分支。1923 年和 1928 年 Dodd 和 Fisher 分别开始研究极值理论，1943 年 Gendendo 建立了极值定理，1955 年 Jenkinson 在极值风险研究中采用了极值理论。接着极值理论被越来越广泛地应用于自然科学领域，并逐渐延伸至金融领域。它是分析物理过程的一种技术，描述了大量同分布样本极限值的统计特征，可以有效处理小概率事件和外部冲击所引起的大损失。它的研究只针对分布的尾部而非整个分布，所以是一种在极端条件下描述尾部特征的方法。它在自然学科及工程研究领域有较为广泛的应用，如水文勘查和气象预测等。②

操作风险损失事件的发生频率低而产生的损失大。对于这种具有厚尾特征的分布，若采用传统的标准方差模型来计算 VaR 值必然会导致低估损失。而极值理论法则有着得天独厚的优势，因为分布的尾部体现出的是潜在的灾难性风险事件所引发的极端损失。极值理论法以样本中极端数据的极限定理为基础，允许仅对损失分布的高分位点进行参数估计，并不要求像其他统计方法一样假设出整个损失的分布形状，即极值理论法能够根据样本的极端值在总体分布未知的情况下，有针对性地拟合出损失的尾部分布。所以将极值理论用于度量金融机构的操作风险是一种合适的方法。

（2）次序统计量

定义 x 为操作风险损失的金额，x 是独立同分布的，都来自同一个总体分布函数 $F(x)$。现将 x 进行由大到小的排序，得到 $x_1 \geq x_2 \geq \cdots \geq x_n$，$x_1$，$x_2$，$\cdots$，$x_n$ 是 n 个随机变量，则称 $(x_1, x_2, \cdots, x_n)$ 为次序统计量，x_i 为第 i 个次序统计量，令 $W(x) = \max\{x_1 \geq x_2, \cdots, x_n\}$，则 $W(x)$ 为极值分布函数。$F(x)$ 与 $W(x)$ 之间的关系如下：

$$W(x) = \Pr(x_1 \leq x, \cdots, x_n \leq x)$$
$$= \Pr(x_1 \leq x) \times \cdots \times \Pr(x_n \leq x)$$

---

① REISS R , THOMAS M. Statistical Analysis of Extreme Values from Insurance, Finance, Hydrology and Other Fields [M]. 2ed edtion. Basel: Birkhauser Verlag, 2001.

② 谢盛荣. 序列极值理论导引 [M]. 重庆：重庆出版社，1993.

$$= \left[{}^{F}(x) \right] n \tag{3.2}$$

由公式（3.2）理论上可得到极值分布函数。但由于总体分布函数 $F(x)$ 是未知的，所以可考虑通过样本中的极端数据得到当 $n \to \infty$ 时 $\left[F(x) \right]^{n}$ 的渐近分布。

极值理论法一般有两类，一类为 Fisher-Tippett 定理，指极大值序列的渐近分布收敛于广义极值分布（Generalized Extreme-value Distribution，GEV），包括 Gumbell、Frechet 和 Weibull 分布。这种方法考虑到损失事件的发生时间，被称为 BMM（Block Maxima Methods）模型，针对块最大值建模。另一类指超过某一阈值后的样本服从广义帕累托分布，这种方法被称为 POT（Peaks over Threshold）模型，专门把超过较大阈值的数据作为样本来建模，但忽略损失事件的发生时间。在实际应用中，POT 模型能够较为有效地使用数量有限的极端样本值，而成为公认较好的度量操作风险损失极值的方法。下面就详细介绍本章要用到的 POT 模型。

基于点过程法的 POT（Peaks over Threshold）模型选择位于某一较大阈值（Threshold）之上的损失数据进行研究，是对数据进行广义帕累托分布（Generalized Pareto Distribution，GPD）拟合的技术。它忽略操作损失事件的发生时间，能够充分利用有限的极端数据建模。

x 为操作风险损失的金额，独立同分布，来自同一个总体分布函数 $F(x)$。对于置信度 p（即是大数，非显著性水平那个小数，$P(x \le VaR) = p$），$p-th$ 的分位数为：

$$x_p = F^{-1}(p) \tag{3.3}$$

即：

$$VaR_p = F^{-1}(p) \tag{3.4}$$

其中，F^{-1} 是分布函数 $F(x)$ 的反函数。

定义损失数据 x 超过阈值 x_M 的条件分布函数为 $F_{x_M}(y)$（其中 $y = x - x_M$，表示超额损失；M 为超过阈值的损失数据的个数），也将其称为阈值 x_M 的超额损失分布，表示为：

$$F_{x_M}(y) = P\{x - x_M \le y \mid x > x_M\} = \frac{F(x_M + y) - F(x_M)}{1 - F(x_M)} \tag{3.5}$$

$$\Rightarrow F(x) = F_{x_M}(y)\left[1 - F(x_M)\right] + F(x_M) \quad x \ge x_M \tag{3.6}$$

根据 Pickands（1975）、Balkama 和 de Haan（1974）的定理，某一较高阈值超出值的极限分布可以用 GPD 来模拟，其分布具有厚尾特征。若存在大于零的常数 a_{x_M} 和 b_{x_M}，使得当阈值 x_M 取较大值时，$F_{x_M}(a_{x_M} + b_{x_M})$ 具有连续的极限分布，那么：

$$\lim_{x_M \to x_*} \sup_{0 \le y \le x_* - x_M} \left| F_{x_M}(y) - G_{\lambda, \eta(x_M)}(y) \right| = 0 \tag{3.7}$$

那么超额损失 y 的累积分布函数用 GPD 分布函数可表示为：

$$G_{\lambda, \eta}(y) = \begin{cases} 1 - \left(1 + \xi\, \dfrac{y}{\eta}\right)^{-1/\lambda}, & \lambda \neq 0, \ \eta > 0, \ 1 + \lambda\, \dfrac{y}{\eta} > 0 \\[2mm] 1 - \exp\left(-\dfrac{y}{\eta}\right), & \lambda = 0, \ \eta > 0 \end{cases} \qquad (3.8)$$

其中，λ 是 GPD 分布的尾部参数（Tail Parameter），决定尾部的消失速度。λ 越大，则尾部越厚，反之越薄。当 $\lambda \geqslant 0$ 时，$y \in [0, \infty)$；当 $\lambda < 0$ 时，$y \in (0, -\eta/\lambda]$。若一分布的尾部参数 $\lambda = 0$，该分布为正态分布、对数正态分布或指数分布等；若一分布的 $\lambda > 0$，则表明该分布具有厚尾特征。

η 是尺度参数。当 $\eta = 1$ 时，该分布为广义帕累托分布的标准形式，由三种互不相交的子类型分布构成：

指数分布：
$$G_0(y) = 1 - e^{-y} \qquad x > 0 \qquad (3.9)$$

Pareto 分布：
$$G_{1,\lambda}(y) = 1 - x^{-1/\lambda} \qquad \lambda > 0, \ x \geqslant 1 \qquad (3.10)$$

Weibull 分布：
$$G_{2,\lambda}(y) = 1 - (-x)^{-1/\lambda} \qquad \lambda < 0, \ -1 \leqslant x \leqslant 0 \qquad (3.11)$$

$G_{\lambda,\eta}(y)$ 的密度函数为：
$$g_{\lambda,\eta}(y) = \frac{1}{\eta}\left(1 + \lambda\,\frac{y}{\eta}\right)^{-1/\lambda - 1} \qquad (3.12)$$

随着阈值 x_M 逐渐提高，$F_{x_M}(y)$ 逐渐收敛于 $G_{\lambda,\eta}(y)$，即：
$$F_{x_M}(y) \approx G_{\lambda, \eta(x_M)}(y) \qquad (3.13)$$

其中参数 λ 和 η 的取值依赖于 x_M 的大小。

可以得到超过阈值 x_M 的尾部分布：
$$F(x_M + y) = F(x_M) + (1 - F(x_M))G_{\lambda,\eta}(y) \qquad (3.14)$$

3. 损失频率分布的说明与操作风险监管资本的度量

对于低频的操作风险极端损失来说，频率的估计往往较难处理。有研究表明当阈值足够大时，超过阈值的超额损失会近似收敛于泊松分布[①]。这里设收集到的损失数据的样本总数为 n，大于阈值 x_M 的操作风险损失次数为 M，损失频率分布 $F(x_M)$ 的估计能够通过 $(n - M)/n$ 得到。

因此，$\lambda \neq 0$ 时，公式（3.14）可变为：
$$F(x_M + y) = (1 - \frac{M}{n}) + \frac{M}{n}\left[1 - \left(1 + \lambda\,\frac{y}{\eta}\right)^{-1/\lambda}\right] \qquad (3.15)$$

尾部参数 λ 和尺度参数 η 的估计值可通过在给定阈值 x_M 下的极大似然函数 $\prod\limits_{i-1}^{n} g(y_i)$ 来估计。

---

① MCNEIL A, FREY R, EMBRECHTS P. Quantitative Risk Management: Concepts, Techniques and Tools [M]. Princeton: Princeton University Press, 2005.

在 $\lambda \neq 0$ 时，由分布函数尾部数据的估计得到：

$$\hat{F}(x_M + y) = 1 - \frac{M}{n}\left(1 + \hat{\lambda}\,\frac{y}{}\right)^{-1/\hat{\lambda}} \tag{3.16}$$

则在 $\lambda \neq 0$ 时，赋予指定的置信度 p ，则可得到 VaR 的估计值：

$$\hat{VaR}_p = x_M + \left\{\left[\frac{n}{M}(1 - p)\right]^{-\hat{\lambda}} - 1\right\} \tag{3.17}$$

巴塞尔委员会规定在计算银行操作风险监管资本时，要求涵盖操作风险的期望损失和非期望损失，除非银行有理由说明自己的期望损失已经得到很好的处理。[①] 如果通过风险缓释手段已经规避了期望损失，那么操作风险的监管资本为非预期损失，即 VaR 和 EL 的差。

4. POT 模型阈值的确定

POT 模型能够直接处理操作风险损失数据的尾部，只依据真实的历史损失数据来选择分布函数。但金融机构运用 POT 模型来度量操作风险时，需要满足两个条件：一是需要有一定的历史损失数据，以便能精确估计出参数；二是需要设定合理的高阈值。也就是说，在 POT 模型下，度量结果很可能会出现良莠不齐的情况。因为如果阈值取得太高，那么能够被取入模型的损失数据样本点就会因为很少而无法建模，导致估计的偏差很大；而如果阈值取得太低，就会因为把不属于分布尾部的样本点当作是尾部的数据而进入模型，这就不能展现 POT 模型的优势，导致不相合的估计。因此，在实际的度量操作风险的应用中，阈值的确定是个非常关键问题，它决定了 POT 模型拟合操作风险损失分布的近似程度。国内外的很多学者（Hans，2004；Stelios，2005；Brooks，2005；田宏伟，等，2000）都在研究阈值的选取问题，但仍然没有就采用哪种方法选取的阈值结果最优而达成一致。目前使用较为频繁的阈值确定法有平均超额图法、Hill 图法、峰度法以及拟合优度法，下面逐一进行介绍。

（1）常见的阈值确定法

①平均超额图法：

由平均超额函数 $e(x_M) = E(x - x_M | x > x_M)$ ，可以得到：

$$e(x_M) = \frac{\eta + \lambda x_M}{1 - \lambda} \qquad \eta + \lambda x_M > 0 \tag{3.18}$$

$e(x_M)$ 可通过样本的平均超额函数进行估计，得到：

$$e(x_M) = \sum_{i=1}^{n}(x_i - x_M)^+ / N_{x_M} \tag{3.19}$$

其中，N_{x_M} 为超过阈值 x_M 的样本个数。当 $x_i > x_M$ 时，$(x_i - x_M)^+ = x_i - x_M$ ；当 $x_i \leqslant x_M$ 时，$(x_i - x_M)^+ = 0$ 。对于超过阈值 x_M 的样本，函数曲线会出现明显的线性

---

① Basel Committee on Banking Supervision. International Convergence of Capital Measurement and Capital Standards, A Revised Framework-comprehensive Version ［M］. Switzerland：Bank for International Settlements，2006.

变化：当斜率为正时，样本数据服从 GPD 分布；当成为水平线时，样本数据服从指数分布；当斜率为负时，样本数据的尾部较薄。我们通过上述斜率的变化就能够确定样本的阈值。但对于函数曲线是否趋于线性，则需要在观察图形的基础上借助于经验来判断。

②Hill 图法：

尾部指数的 Hill 统计量为：

$$\hat{\alpha} = \left(\frac{1}{M} \sum_{i=1}^{M} \ln \frac{x_i}{x_{M+1}} \right)^{-1} , \quad x_i > x_{M+1} \tag{3.20}$$

将 x_i 作为第 i 个降序样本统计量，阈值为 x_M，临界样本的序号为 M。以 M 作为横轴，以 $\hat{\alpha}$ 作为纵轴，进行画图从而得到 Hill 图（点 $\{(M, \alpha), 1 \leqslant M \leqslant n - 1\}$ 的集合）。Hill 图中稳定区域的起点所对应的数值即可确定为阈值。当然，何时进入稳定区域则需要借助于观察图形和经验判断，具有一定的人为主观性。

③峰度法：

峰度法是通过计算样本峰度来选取阈值的方法。样本峰度为：

$$K_n = \frac{\frac{1}{n} \sum_{i=1}^{n} (x_i - \mu_n)^4}{(S_n^2)^2} \tag{3.21}$$

其中，$S_n^2 = \frac{1}{n-1} \sum_{i=1}^{n} (x_i - \mu_n)^2$，$\mu_n = \frac{1}{n} \sum_{i=1}^{n} x_i$。那么当 $K_n \geqslant 3$ 时，把令 $(x_i - \mu_n)^2$ 最大的 x_i 删除，重复直至 $K_n < 3$ 为止。然后从剩余的样本中选取最大的 x_i，此值便可作为阈值。峰度法虽然计算简便，但并没有严格的理论支持。

④拟合优度法：

拟合优度法的原理为：由于超过阈值的样本的超额值的条件分布服从广义帕累托分布，所以最优的阈值便是使超额值的条件分布最接近 GPD 的值。所以，先按一定标准确定多个阈值，把超过阈值的超额值看作一个新的序列，构造 $Pearson\text{-}\chi^2$ 统计量：

$$\chi^2 = \sum_{i=1}^{N} \frac{(N_i - np_i)^2}{np_i} \tag{3.22}$$

公式（3.22）表示了理论频数与实际频数间的差别。此统计量的值越小，分布的置信度就会越高，拟合效果就会越好，对应的阈值也越佳。

（2）基于变点理论的阈值确定法

鉴于阈值确定的方法仍处于探索研究过程中，下面我们利用变点理论，把阈值所在的位置精确地定位出来，进而把阈值定量地计算出来，从而在确定阈值这个非常重要的环节时避免仅靠肉眼和经验来判断的弊端。具体思路为：先确定损失数据是否具有厚尾分布，然后根据形状参数的 Hill 估计 $\hat{\alpha}$ 画出 Hill图，接着采用变点理论，寻找 Hill 图中 $\hat{\alpha}$ 出现相对稳定区域的起始位置 d^*，则 d^* 位置所对应的损失金额，就是阈值 x_M。

①变点理论的适用性：

在自然界、社会、经济等问题的研究中，常常出现系统的输出序列在某未知时刻（或位置）发生突然变化，这一点即称为变点（Chang Point）。变点统计分析的目的是判断和检验变点的存在、位置、个数，并估计出变点的跃度。我们可以将前、后数据的均值、概率分布或模型参数发生显著改变的时刻称为均值、概率或模型参数的变点。①

Hill 图曲线的表现形态通常具有如下特征②：首先是曲线剧烈变化，如快速拉升或急剧下降，或反复性的剧烈变化，然后进入某区域或跨过某点后，突然变化减缓，并最终逐渐趋于稳定。曲线开始由非稳定变化转为稳定变化会出现在某一点（或区域）的前后，该突然转变的点就是变点。而变点的出现往往说明，该点（或区域）前后的数据具有不同的结构和不同的特性。Hill 图曲线中的非稳定区域与稳定区域的分界点就是所谓的阈值。因此，对确定阈值而言，至关重要的就是准确地定位出变点所属区域和位置。在变点位置附近，其斜率变化会表现得比较显著，然而斜率之差反映的只是该点两侧斜率的变化幅度，分析的是斜率的变化情况，所以必须结合斜率局部加（减）速变化最大来进行分析。因为形状参数 α 在其斜率加速度达到最大值之前，往往是沿着某类直线或曲线移动的；而 α 在其斜率加速度越过最大值之后，会开始转向，变为沿着另一类直线或曲线运动。因此，通过确认曲线斜率变化的加（减）速度局部极大值，就能够对变点（即阈值）所在的位置进行确定。在等间距的情况下，斜率变化幅度的二阶差分反映了斜率的变化率。因此，如果结合一阶差分最大值找到最接近曲线稳定区域的二阶差分最大值所处的区域，那么就找到了变点所在的区间，就可以确定 α 从何处开始进入稳定状态。再用类似于求分组数据众数的方法，便能够对变点的位置进行准确定位，将其换算为所对应的损失金额，这个金额对应的就是要确定的阈值。

②基于变点理论确定阈值的算法：

用变点对阈值进行确定的具体算法：

A. 由于超过阈值的样本数的间距是相等的，我们将阈值探索点序列定义为 $d_j(j=1, 2, \cdots, M-1)$，每个点所对应的 Hill 估计值为 α_j。

B. 计算探索点前、后周围曲线的斜率（即探索点前、后各若干数据点的

---

①　叶五一，缪柏其，谭常春. 基于分位点回归模型变点检测的金融传染分析 [J]. 数量经济技术经济研究，2007（10）.

②　S RESNICK, C STARICA. Smoothing the Hill estimator [J]. Applied Probability, 1997 (29)：271-293. C SOUSA. A contribution to the estimation of the tail index of heavy-tailed distributions [D]. Michigan：The University of Michigan，2002.

线性回归系数）时，需考虑以各探索点为中心的滑动窗口。回归系数的取值会受到参加回归的数据点数 l 的多少的影响，所以在构造滑动窗口时，需要在探索点前、后各取 l 个数据点。同时，在较小的距离内，曲线会近似成直线，所以 l 的取值不能太大，因此这里分别设置 $l = 2$，3，4，从而构成三组滑动窗口。在滑动窗口中，可从线性回归探索点 d_j 前（或左）的 l 个数据点，得到回归系数 $\beta_{before}^{(l)}(d_j)$；用同样的方法，可从线性回归探索点 d_j 后（或右）的 l 个数据点，得到回归系数 $\beta_{after}^{(l)}(d_j)$。可以发现，$l = 2$ 时，得到的回归系数能够较好地反映出局部的斜率性态，但却由于随机性较大而不能较完整地反映出整体的斜率性态。$l = 4$ 时，虽然得到的回归系数能够较完整地反映出整体的斜率性态，统计意义较强，但却不能较好地反映出局部的斜率性态。$l = 3$ 时算出的回归系数性态则介于二者之间，故应当更注重 $l = 4$ 时回归系数的结果。因此，将 $l = 2$，3，4 时计算出的 $\beta_{before}^{(l)}(d_j)$ 和 $\beta_{after}^{(l)}(d_j)$ 进行加权平均时，权重取 l^2，即：

$$\bar{\beta}_{before}(d_j) = \frac{\sum_{l=2}^{4} l^2 \cdot \beta_{before}^{(l)}(d_j)}{\sum_{l=2}^{4} l^2} \tag{3.23}$$

$$\bar{\beta}_{after}(d_j) = \frac{\sum_{l=2}^{4} l^2 \cdot \beta_{after}^{(l)}(d_j)}{\sum_{l=2}^{4} l^2} \tag{3.24}$$

C. 对每个探索点 d_j，将 d_j 点前后曲线斜率的改变量记为 $\Delta S(d_j)$，即一阶差分：

$$\Delta S(d_j) = \bar{\beta}_{after}(d_j) - \bar{\beta}_{before}(d_j) \tag{3.25}$$

D. 将得到的 $\Delta S(d_j)$ 序列再进行计算，得到其二阶差分，即：

$$\Delta^2 S(d_j) = \Delta S(d_{j-1}) - \Delta S(d_j) \tag{3.26}$$

E. 找到序列的 $\Delta^2 S(d_j)$ 的最大值所对应的区间 (d_{j-1}, d_j)，这即为变点所在的区域。根据其前后相邻区间 (d_{j-2}, d_{j-1})、(d_j, d_{j+1}) 和对应的值 $\Delta^2 S(d_{j-1})$，$\Delta^2 S(d_{j+1})$，用与分组数据众数类似的方法进行线性内插，则可精确定位到变点 d^* 的位置。

F. 再由变点 d^* 的精确位置，以 d_{j-1}，d_j 与 d^* 的距离为权重，便得到阈值的精确值。

我们可通过 Visual C++编程实现以上算法。

5. POT 模型参数的估计

在用变点理论确定好 POT 模型的阈值后，下一步需要对参数 λ 和 η 进行估计。参数估计的方法中，极大似然估计法（MLE）得到广泛的认可，特别是当 $\lambda > 0$ 时，其估计效果更佳。但在数据出现异常值的情况下，MLE 法通常又是缺乏定量的稳健性的。由于在极值分布尾部指数估计中出现的小误差就足以导致结果发生大的偏差[1]，为得到更稳健的估计量，我们采用平方误差积分（Integrated Squared Error，ISE）法来对 POT 模型中的参数进行估计。ISE 法与极大似然估计法相比具有更良好的稳健性。下面分别对 MLE 法和 ISE 法进行介绍。

（1）用 MLE 法估计参数

$G_{\lambda,\eta}(y)$ 的密度函数 $g_{\lambda,\eta}(y)$ 可扩展为：

$$g_{\lambda,\eta}(y) = \begin{cases} \dfrac{1}{\eta}\left(1+\lambda\dfrac{y}{\eta}\right)^{-\frac{1}{\lambda}-1}, & \lambda \neq 0 \\ \dfrac{1}{\eta}e^{-\frac{y}{\eta}}, & \lambda = 0 \end{cases} \tag{3.27}$$

超额损失 y 的对数似然函数为：

$$L(\lambda,\eta|y) = \begin{cases} -n\mathrm{In}\eta - \left(1+\dfrac{1}{\lambda}\right)\sum_{i=1}^{n}\mathrm{In}\left(1+\dfrac{\lambda}{\eta}y_i\right), & \lambda \neq 0 \\ -n\mathrm{In}\eta - \dfrac{1}{\eta}\sum_{i=1}^{n}y_i, & \lambda = 0 \end{cases} \tag{3.28}$$

下面用公式（3.28）求极大值，就可得到参数 λ 和 η 的估计值。

（2）用 ISE 法估计参数

基于平方误差积分的最小距离估计准则最早由 Terrel（1990）提出。[2] 经证明此准则具有一致性和渐近正态性。[3] 其准确性损失不大，得到的参数误差更加小，结果更为稳定。

使用以平方误差积分为基础的最小距离估计准则，能够得到适合的参数 $\hat{\theta}$ 使得密度函数 $f(.\,|\theta)$ 最接近于真实未知的密度函数 f，公式表述如下：

$$\hat{\theta} = \arg\min_{\theta}\left[\int(f(y|\theta)-f(y))^2 dy\right] \tag{3.29}$$

对一个具有参数 θ 的分布函数 $F(.\,|\theta)$，也可以表述为：

$$\hat{\theta} = \arg\min_{\theta}\left\{\sum[F(y|\theta)-F(y)]^2\right\} \tag{3.30}$$

针对所采用的 POT 模型，在阈值 x_M 已确定的情况下，在得出实际超额损失数据分布的条件概率后，就可运用上述准则来拟出参数估计值。$F_{x_M}(y)$ 为超额损失 y 的分布，$G_{\lambda,\eta}(y)$ 为近似累积分布函数，公式（3.30）可变为：

① BRAZAUSKAS V, SERFLING R. Robust and efficient estimation of the tail index of a single-parameter Pareto distribution [J]. NorthAmer Actuar, 2000 (4): 12-27.

② TERREL G. Linear density estimates, Proceedings of the Statistical Computing Section [J]. American Statistical Association, 1994 (1990): 297-302.

③ Hjort N L. Minimum L₂ and robust Kullback-Leibler estimation. Proceedings of the 12th Prague Conference on Information Theory, 1993 (3): 102-105. SCOTT D W. Parametric modeling by minimum L₂ error [M]. Houston: Rice University, 1998.

$$\hat{\theta} = \arg\min_{\theta}\left\{ \sum \left[G_{\lambda, \eta}(y) - F_{x_M}(y) \right]^2 \right\}$$

$$= \arg\min_{\lambda, \eta}\left\{ \sum \left[1 - \left(1 + \lambda \frac{y}{\eta}\right)^{-1/\lambda} - F_{x_M}(y) \right]^2 \right\} \quad (3.31)$$

涉及权重，则为：

$$\hat{\theta} = \arg\min_{\lambda, \eta}\left\{ \sum \omega \cdot \left[1 - \left(1 + \lambda \frac{y}{\eta}\right)^{-1/\lambda} - F_{x_M}(y) \right]^2 \right\} \quad (3.32)$$

在其他信息匮乏的情况下，我们在选取权函数时采用了经验估计的方法。损失数据的顺序统计量为 $x_1 \geqslant x_2 \geqslant \cdots \geqslant x_n$，超额损失的顺序统计量为 $y_1 \geqslant y_2 \geqslant \cdots \geqslant y_{M-1}$，则 y_i 的分布的经验估计为：

$$\hat{F}(y_i) = \frac{M-i}{M-1}, \quad y_{i-1} < y < y_i \quad (3.33)$$

公式（3.32）可化为：

$$\hat{\theta} = \arg\min_{\lambda, \eta}\left\{ \sum_{i=1}^{M-1} \frac{M-i}{M-1} \cdot \left[1 - \left(1 + \lambda \frac{y_i}{\eta}\right)^{-1/\lambda} - F_{x_M}(y) \right]^2 \right\} \quad (3.34)$$

对（3.34）式分别求 λ 和 η 的偏导，并使之等于零就可以得到其最小值。以上方法的实现可通过 Visual C++ 编程来实现。

（二）基于 MCMC 模拟的贝叶斯法下操作风险的度量

我国投资银行建立的时间相对不长、长期忽视操作风险、引起操作风险的损失事件具有一定隐秘性，导致有效历史损失数据严重不足。而在操作风险历史损失数据不充分的条件下，我们无法采用极大似然估计等传统的方法获得参数的无偏后验估计。因此，如何在小样本条件下实现对操作风险的有效度量是研究的关键问题之一。借助先验信息，贝叶斯法能够有效降低对评估样本的需求，因而能够较好地解决统计分析中数据量匮乏和数据不完整的难题，在小样本推断分析里的优势十分明显。所以，本部分就采用贝叶斯法的思路对操作风险的度量进行探讨。

1. 贝叶斯法概述

贝叶斯分析是由英国学者托马斯·贝叶斯（Thomas Bayes，1702—1761）提出的归纳推理方法。它基于样本信息和先验信息进行统计推断，已经在经济管理领域和自然科学领域获得相对比较广泛的应用。[①] 贝叶斯法是用概率分布去描述总体分布中的未知参数 μ 的情况。此概率分布就是在抽样前关于 μ 的先验信息的先验分布（Prior Distribution）。贝叶斯法即基于先验信息用概率分布来衡量对某不确定事件的真实性的相信程度。

（1）贝叶斯公式

若 A 和 B 为两个随机事件，根据概率论，可以得到如下的贝叶斯公式：

---

① THOMAS BAYES. An essay towards solving a Problem in the Doctrine of Chances [J]. Philosophical Transactions of the Royal Society of London, 1763 (53): 370.

$$P(B|A) = \frac{P(A|B) \cdot P(B)}{P(A)} \tag{3.35}$$

其中 $P(A) > 0$。若 x 为样本，μ 为根据 x 进行估计的随机变量，则由公式（3.35），可得下式：

$$\pi(\mu|x) = \frac{P(x|\mu) \cdot \pi(\mu)}{P(x)} \tag{3.36}$$

这里，$\pi(\mu)$ 为根据参数 μ 的先验信息确定的先验分布，$\pi(\mu|x)$ 为参数 μ 的后验分布，$P(x|\mu)$ 为抽样分布的密度函数，$P(x)$ 为 x 的边缘密度函数。

从公式（3.36）中可看到，后验分布 $\pi(\mu|x)$ 融合了总体、样本和先验分布。所以可以说，贝叶斯法充分利用了全部与参数相关的已知信息，即：

先验信息+总体分布信息+样本信息⇒后验分布信息

（2）先验分布

在贝叶斯法中，确定适当的先验分布是个关键的问题。由于先验信息是基于经验判断、主观感觉、历史信息以及理论知识得到的非数据信息，所以至今还没有公认的先验分布确定方法。当前主要的先验分布包括共轭先验、无信息先验、非参数先验、功效先验和多层先验等。下面主要介绍应用最为频繁的共轭先验和无信息先验。

① 共轭先验：

共轭先验指选择的先验分布 $\pi(\mu)$ 和由抽样信息所得的后验分布 $\pi(\mu|x)$ 具有相同的类型。如对于二项分布：

$$P(x = k|\mu) = \binom{n}{k} \mu^k (1-\mu)^{n-k} \tag{3.37}$$

若取 $Beta(a, b)$ 为先验分布，则后验分布密度为：

$$\pi(\mu|x) \propto \pi(\mu)p(x|\mu) \propto \mu^{a+k-1}(1-\mu)^{n+b-k-1} \tag{3.38}$$

可见，后验分布也是 Beta 分布，所以 Beta 分布是二项分布的共轭分布。一般而言，泊松分布和指数分布的共轭为伽马分布，二项分布和负二项分布的共轭为贝塔分布，正态分布的共轭为正态分布或逆正态分布，伽马分布的共轭为伽马分布等，具体见表 3.3。

表 3.3　　　　　　　　　　　　各分布的共轭先验

分布类别	共轭先验
$N(\mu, \sigma^2)$，方差已知	$\mu \sim N(\mu_0, \sigma_0^2)$
$N(\mu, \sigma^2)$，方差未知	$1/\sigma^2 \sim Ga(\alpha_0, \lambda_0)$
$B(n, \theta)$	$\theta \sim Beta(a_0, b_0)$
$P(\lambda)$	$\lambda \sim Ga(\alpha_0, \lambda_0)$
$Ga(\alpha, \lambda)$，α 已知	$\lambda \sim Ga(\alpha_0, \lambda_0)$

②无信息先验：

无信息先验指只知道除参数的取值范围和在总体分布中的地位等少量信息，或在无任何信息的情况下，所构建的先验，也被称为模糊先验。一般采用贝叶斯假设，将先验分布规定为参数取值范围内的均匀分布：

$$\pi(\mu) = \begin{cases} c & \mu \in \Theta \\ 0 & \mu \notin \Theta \end{cases} \tag{3.39}$$

无信息先验尽管并非真正意义上的分布而且不唯一，却较少对结果产生比较重大的影响，通常使用 Jeffreys′先验，具体见表 3.4。

表 3.4 　　　　　　　　　　各分布的 Jeffreys′先验

分布类别	Jeffreys′先验
$N(\mu, \sigma^2)$，μ 已知	$1/\sigma^2$
$N(\mu, \sigma^2)$	$1/\sigma^2$
$N(\mu, 1)$	μ 为常数
$B(n, \theta)$	$\theta^{-1/2}(1-\theta)^{-1/2}$

③ 多层先验：

采用多层先验可以增加估计的稳定性。当先验分布中的超参数较难确定时，可将某一先验分布分配给超参数，那么这个分配给超参数的先验分布就是超先验分布。超先验分布与先验分布所构成的新先验即为多层先验分布。

对于参数为 μ 的先验分布 $\pi_1(\mu|\alpha)$，其中的未知参数 α 为超参数。对 α 规定先验分布 $\pi_2(\lambda)$，就能得到多层先验的形式：

$$\pi(\mu) = \int \pi_1(\mu|\alpha) \cdot \pi_2(\lambda) d\lambda \tag{3.40}$$

其中，第二步先验更加重要，因为第二步先验的正确性会影响到第一步先验的结果。但由于超参数通常是难以被观察到的，人们用主观经验或历史数据得到第二个先验分布有一定困难，所以用无信息先验分布是一种较好的方法。这可根据 Jeffreys′原则或不变测度原则进行确定。

（3）后验分布

在贝叶斯法中，参数估计是需要基于后验分布的，因此后验分布至关重要。贝叶斯法的计算大致分为两类，一类适用于简单且维数低的后验分布，直接通过后验分布就能够得到后验均值的估计值，可用直接抽样、筛选抽样等方法。另一类适用于高维、复杂、难以通过抽样得到结果的后验分布，这类就只能用 MCMC 方法来解决计算困难的问题。

$P(x)$ 为与参数 μ 无关；仅起正则化因子的作用，所以可表示为如下等价形式：

$$\pi(\mu|x) \propto P(x|\mu) \cdot \pi(\mu) \tag{3.41}$$

这里，$P(x|\mu) \cdot \pi(\mu)$ 是后验分布的核。可看出，根据 $P(x|\mu)$ 的性质就能确定常数因子 $P(x)$。

如果核为常用分布的核时，不通过计算复杂的积分就能够得到 $P(x)$，属于上面提到的第一类。具体常用分布的核见表 3.5。

表 3.5　　　　　　　　　　　　　常用分布的核

分布类别	核
$N(\mu,\ \sigma^2)$	$\exp\left[-\dfrac{(x-\mu)^2}{\sigma^2}\right]$
$Ga(\alpha,\ \lambda)$	$x^{\alpha-1}e^{-x}$
$Be(a,\ b)$	$x^{\alpha-b}(1-x)^{a-1}$
$B(n,\ \theta)$	$\theta^x(1-\theta)^{n-x}$
$P(\lambda)$	$\lambda^x e^{-\lambda}$

但通常情况下，核并不是常用的分布，也没有显式表达式，并且具有较高的维数，属于上面提到的第二类。所以贝叶斯分析的本质就是计算后验分布的各阶矩，即某一函数的高维积分：

$$E[\mu(q)|x] = \int_q \mu(q)P(q|x)\,dq \tag{3.42}$$

2. MCMC 模拟

在理论上，如果模型的先验分布和似然函数已知，后验分布就能够得到。但高维积分运算在求解参数的后验分布时必不可少。虽然这是个非常复杂的数值计算难题，但随着马尔科夫链蒙特卡罗（Markov Chain Monte Carlo，MCMC）模拟方法和 WinBUGS（Bayesian Inference Using Gibbs Sampling）软件的应用，此难题得到了很好的解决。MCMC 方法被认为是解决复杂高维积分的理想方法。以 MCMC 模拟为基础的贝叶斯推断把贝叶斯理论、MCMC 方法以及非线性时间序列加以融合，过程包括确定先验分布、得到似然函数核、推断后验条件分布、选择 MCMC 抽样方法和模型、诊断链的收敛性等。这里每个过程的选择结果均会在很大程度上决定模型的最终结果。下面对 MCMC 方法进行介绍。

（1）MCMC 模拟概述

基于贝叶斯推断原理的 MCMC 方法是一种特殊的蒙特卡罗方法。它把马尔科夫过程引入蒙特卡罗模拟中，通过提供待估参数后验分布的抽样方法，产生后验分布的样本，以得到边缘分布和后验分布的矩。其基本思想是假定有一个目标分布 $\pi(x)$（Target Distribution），如果 $\pi(x)$ 足够复杂而无法直接进行抽样，可以采取一定的方法来间接获取，即构造非周期性、不可约的马尔科夫链（Markov Chains）样本路径，被估参数的值就是马尔科夫链的状态空间，被估参数的后验分布就是马尔科夫链的极限分布。在通过充分迭代以至马尔科夫链达到足够长时，该链会不再依赖于原始状态，收敛于某平稳的目标分布。删除初始测试期阶段的 n 个状态，剩余的链可被视为来自目标后验分布的独立样本，后验分布的重要特征即可推断出。[①]

MCMC 模拟的具体过程为：令 u 是来自目标分布 $\pi(u)$ 的随机变量，$u^{(t)}$ 表示独立的第 t 次抽样点，由分布 $f(u)$ 的抽样均值可得到总体均值。均值用下式进行估算：

$$E[f(u)] \approx \frac{1}{n} \sum_{i=1}^{n} f(u^{(t)}) \tag{3.43}$$

若需要产生 $\{u^{(0)}, u^{(1)}, u^{(2)}, \cdots, u^{(t)}\}$，那么在任意 $t \geqslant 0$ 时，$u^{(t+1)}$ 会来自于对 $p(u^{(t+1)} | u^{(t)})$ 的抽样。它不依赖于历史状态 $\{u^{(0)}, u^{(1)}, u^{(2)}, \cdots, u^{(t-1)}\}$，只依赖于当前状态，若是如此，则称 $P(\cdot | \cdot)$ 是转移核。在给定初始状态 $u^{(0)}$ 而没有 $\{u^{(1)}, u^{(2)}, \cdots, u^{(t-1)}\}$ 信息的情况下，可令 $u^{(t)}$ 的分布为 $p^{(t)}(u^{(t+1)} | u^{(0)})$。如果无论 $u^{(0)}$ 取何值，$P^{(t)}(u^{(t+1)} | u^{(0)})$ 都最终收敛于唯一的分布，此分布不依赖于初始状态，那么称此分布为平稳分布。即虽然初始状态 $u^{(0)}$ 不同，但经过充分迭代后若处于收敛状态，即形成了马尔科夫链，那么各时刻 $u^{(t)}$ 的边际分布可被视为平稳分布 $\pi(u)$。表示如下：

$$p(u^{(t+1)} \in A | u^{(0)}, \cdots, u^{(t)}) = p(u^{(t+1)} \in A | u^{(t)}) \tag{3.44}$$

其中 A 表示 $u^{(t)}$ 的状态空间。

若经过 n 次迭代，发现在第 m 次迭代后才出现平稳分布，则需要剔除非平稳的边际分布。用 $(n-m)$ 个迭代结果进行估计，公式（3.44）变成下式：

$$E[f(u)] \approx \frac{1}{n-m} \sum_{i=m+1}^{n} f(u^{(t)}) \tag{3.45}$$

经过遍历平均，可认为 $\hat{f} \to E[f(u)]$，转移核 $P(\cdot | \cdot)$ 能够使 $\pi(u)$ 为平稳分布。

（2）Gibbs 抽样

有很多种方法来构造不同的转移核，大部分采用 Metropolis-Hastings 等的方法为模式。[②] 而这众多方法中，最简单也应用得最广泛的就是 Gibbs 抽样。通过对各个参数的边缘分布函数逐个取样和估计，可以使模型的估计难度大幅降低。

具体算法如下：令 $u = (u_1, u_2, \cdots, u_n)$ 是 n 维随机变量，各随机变量的边缘分布分别为 $f_1, f_2, \cdots, f_n$。给定其他变量，

---

① CHIB NARDARI F, SHEPHARD N. Markov Chain Monte Carlo Methods for Stochastic Volatility Models [J]. Journal of Econometrics, 2002 (108): 24-35.

② METROPOLIS N, ROSENBLUTH A W, ROSENBLUTH M N. Equations of State Calculations by Fast Computing Machines [J]. Journal of Chemical Physics, 1953 (21): 105-134.

$f(u_j \mid u_1,\ \cdots,\ u_{j-1},\ u_{j+1},\ \cdots,\ u_n)$ 代表全条件分布密度。给定初始向量 $u^{(0)} = (u_1^{(0)},\ \cdots,\ u_n^{(0)})$，在 $f(u_1 \mid u_2^{(0)},\ \cdots,\ u_n^{(0)})$ 中抽取样本 $u_1^{(1)}$；在 $f(u_2 \mid u_1^{(0)},\ u_3^{(0)},\ \cdots,\ u_n^{(0)})$ 中 抽 取 样 本 $u_2^{(1)}$；在 $f(u_j \mid u_1^{(0)},\ \cdots,\ u_{j-1}^{(0)},\ u_{j+1}^{(0)},\ \cdots,\ u_n^{(0)})$ 中 抽 取 样 本 $u_j^{(1)}$；最 终 在 $f(u_n \mid u_1^{(1)},\ u_2^{(1)},\ \cdots,\ u_{n-1}^{(1)})$ 中抽取样本 $u_n^{(1)}$。这样就完成了一次迭代过程，实现从 $u^{(0)}$ 向 $u^{(1)} = (u_1^{(1)},\ \cdots,\ u_n^{(1)})$ 的转移。

经过 t 次迭代可以得到 $u^{(t)} = (u_1^{(t)},\ \cdots,\ u_n^{(t)})$，最后得到 $u^{(1)}$，$u^{(2)}$，$\cdots$，$u^{(t)}$。这样，当 $t \to \infty$ 时，马尔科夫链经过了充分的迭代，在各时刻的边际分布成为平稳分布时，它就是收敛的，收敛后的迭代值可被看作是样本的仿真观测点。若发现在第 m 次迭代后才出现平稳分布，则对 $E[f(u)]$ 进行估计时需要把前 m 个迭代剔除，也可得到公式 3.45。

由上述说明可知，为解决直接通过多元分布生成样本带来的潜在难题，Gibbs 抽样是能够将多元分布的蒙特卡洛运算简化至一元来运算的。

（3）WinBUGS 软件

若采用 Gibbs 抽样的 MCMC 方法模拟估计参数的后验分布，用手工计算是相当复杂的。但随着 WinBUGS 软件的应用，部分不足之处就得到了解决。WinBUGS（Bayesian Inference Using Gibbs Sampling）是英国剑桥公共卫生研究所的 MRC Biostatistics Unit 研发的，专门用 MCMC 方法来进行贝叶斯推断的软件。这款软件能够快捷地对复杂的模型以及分布进行 Gibbs 抽样。其可以用有向图模型（Directed Graphical mModel）来直观描述，得到参数的 Gibbs 抽样动态图；并用 Smoothing 方法估计出后验分布的核度估计图、抽样值的自相关图、均数，以及置信区间的变化图，从而使得抽样结果会更加直观和可靠。同时，当 Gibbs 抽样收敛后，能够轻松地得到参数后验分布的标准差、均数、中位数、置信区间和 DIC（Deviance Information Criterion）信息。

采用 WinBUGS 软件来模拟时，需要进行以下五个步骤：

①编写程序。程序的编写过程包括构建模型、导入数据、设置参数的初始值三个步骤。具体为构建出贝叶斯推断模型、设定好各参数的先验分布、确定各参数之间的关系、导入数据以及给定各参数的起始值。

②执行程序。执行程序包括检查语法、编译模型、载入初始值。

③监控参数，是指设定所需要的参数。

④迭代，是指设置足够大的迭代次数，以使马尔科夫链能够达到平稳状态。

⑤得到结果，是指剔除不稳定的部分而选择稳定的结果，以得到各参数的后验分布抽样仿真结果。

综上所述，基于 MCMC 模拟的贝叶斯推断流程如图 3.3 所示。

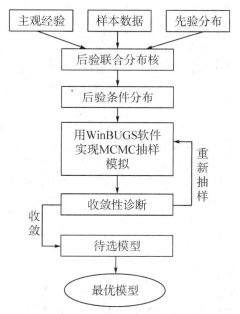

图 3.3　基于 MCMC 模拟的贝叶斯推断流程图

3. 模型的假定与说明

（1）度量模型的构建

要对操作风险监管资本进行度量，需要用离散分布来对频率维度进行评估，同时要用连续分布来对强度维度进行评估，从而获得操作风险总和的损失分布（Alexander, 2003）。因而在一定的置信水平下，最大可能的损失就是操作风险的在险价值（VaR）。若操作风险损失事件发生的强度是来自总体分布为 $f(x_i|\alpha)$ 的简单随机样本，若发生的频率是来自总体分布 $f(n_i|\beta)$ 的简单随机样本，那么操作风险总和损失分布的似然函数可表示如下：

$$L(x, n|\alpha, \beta) = \prod [\prod f(x|\alpha)]f(n|\beta) \qquad (3.46)$$

Pareto 分布是具有递减规律的失效率函数，在个人收入（收入越高，未来取得更高收入的可能性就越大）、保险风险以及自然国家现象方面有较为广泛的应用。因此，我们选择两参数帕累托分布来描述操作风险损失事件的发生强度。

当损失事件同质时，其发生次数就服从泊松分布，均值恒等于方差。但实际上损失事件都或多或少地存在一定的非同质性。这种非同质性和分布厚尾的特征，使发生次数并不完全遵守泊松分布。这就为负二项分布的应用创造了条件，因为负二项分布的方差大于均值，且方差越大于其均值，表明损失事件的非同质性越严重。鉴于负二项分布是相对更为保守的频率分布模型，更能刻画出方差与均值的偏离程度，因此我们选择负二项分布来描述操作风险损失事件的发生频率。

若操作风险损失事件发生的强度是来自两参数 Pareto 分布总体的简单随机样本，若操作风险损失事件发生的频率是来自负二项分布总体 $f(n|p, r)$ 的简单随机样本，那么操作风险总和损失分布的似然函数可表示如下：

$$L(x, n|\alpha, \beta, p, r) = \prod_{t=1}^{M} \left\{ \left[\prod_{j=1}^{n_i} \alpha\beta^{\alpha}x_j^{-(\alpha+1)} \right] \cdot p^r \cdot (1-p)^{n_i} \binom{n_t + r - 1}{r - 1} \right\}$$

(3.47)

无疑，求得此分布的关键是得到参数 α，β，p 和 r 的估计值。

在得到操作风险的损失强度和频率的统计分布后，把根据损失频率分布产生的随机数作为下一次迭代的次数，再将根据损失强度分布产生的随机数加总，就可以得到操作风险的损失值；把以上步骤重复足够多次，然后连接计算所得的损失值，就形成一条能够较好描述潜在损失的曲线，即得到操作风险总损失值的分布；将得到的总损失值按升序排列，可得到 VaR 值，监管资本为 VaR 与预期损失的差。

（2）基于贝叶斯推断的模型构建

在贝叶斯推断法中，起到举足轻重的作用的是参数先验分布的选择。由于通常要求先验分布和后验分布达到共轭[①]，因此我们取帕累托分布参数 α 和 β 的先验共轭分布为 Gamma 分布。由于负二项分布参数 p 在（0, 1）之间取值，且 Beta 分布能够为负二项分布等提供有效的先验概率分布，因此我们取 Beta 分布为共轭先验分布。同时，负二项分布参数 r 是个正整数，因此设 r 服从泊松分布。即：

$$\alpha \sim Ga(h, f), \beta \sim Ga(c, d), p \sim Beta(a, b), r \sim Poisson(g)$$

先验分布里未确定的参数（即 a，b，c，d，h，f，g）就是超参数。采用先验矩法来确定超参数，就是先根据参数 u 的 N 个估计（u_1，u_2，$\cdots$，u_n）计算得到先验均值 $\left(\bar{u} = \frac{1}{n} \sum_{i=1}^{n} u_i \right)$ 与先验方差 $\left(S_u^2 = \frac{1}{n-1} \sum_{i=1}^{n} (u_i - \bar{u})^2 \right)$，然后将其视同为先验分布的期望与方差即可。

为在已收集样本数据基础上求得参数的后验分布 $f(\alpha, \beta, p, r|x, n)$，根据 Bayes 理论得：

$$f(\alpha, \beta, p, r|x, n) \propto f(\alpha, \beta, p, r, x, n)$$
$$= L(x, n|\alpha, \beta, p, r) \cdot f(p|a, b) \cdot f(\beta|c, d) \cdot f(\alpha|h, f) \cdot f(r|g)$$

(3.48)

这个复杂的后验分布实际上是相当难得到的。因此，我们采用基于 Gibbs 抽样的 MCMC 模拟方法将所有未知参数视为未知变量，通过边缘分布的迭代进行 Markov 链的 Monte Carlo 模拟，当链达到稳态时求得的值即为参数的后验

---

① HOWARD RAIFFA, ROBERT SCHLAIFER. Applied Statistical Decision Theory, Division of Research, Graduate School of Business Administration [M]. Boston: Harvard University, 1961.

估计值。边缘分布如下：

$$\pi(p \mid x, n_t, r, \alpha, \beta) = p^{Mr+a-1} \cdot (1-p)^{\sum\limits_{t=1}^{M} n_t + b - 1}$$

$$\cdot \frac{\Gamma(Mr + a + \sum\limits_{t=1}^{M} n_t + b)}{\Gamma(Mr + a)\Gamma(\sum\limits_{t=1}^{M} n_t + b)}$$

$$\sim Beta(Mr + a, \sum\limits_{t=1}^{M} n_t + b) \tag{3.49}$$

$$\pi(\beta \mid x, n_t, \alpha, r, p) = \frac{\beta^{\alpha \sum\limits_{t=1}^{M} n_t + c - 1} d^{\alpha \sum\limits_{t=1}^{M} n_t + c} e^{-d\beta}}{\Gamma(\alpha \sum\limits_{t=1}^{M} n_t + c)} \sim \Gamma(\alpha \sum\limits_{t=1}^{M} n_t + c, d) \tag{3.50}$$

$$\pi(\alpha \mid x, n_t, \beta, r, p) = \frac{\alpha^{h + \sum\limits_{t=1}^{M} n_t - 1} (T+f)^{h + \sum\limits_{t=1}^{M} n_t} e^{-(T+f)\alpha}}{\Gamma(h + \sum\limits_{t=1}^{M} n_t)}$$

$$\sim \Gamma(h + \sum\limits_{t=1}^{M} n_t, T+f) \tag{3.51}$$

其中，$T = \sum\limits_{t=1}^{M} \sum\limits_{j=1}^{n_t} (\text{Ln}x_j - \text{Ln}h)$。

由于参数 r 的条件后验不方便用标准形式表示出来，且 MCMC 方法大多建立在建议分布（Proposal Distribution）的基础上，因此参数 r 的建议分布为：

$$q(\cdot \mid r) \sim \text{Possion}(g) \tag{3.52}$$

给定任意初始值 $(\alpha^{(0)}, \beta^{(0)}, r^{(0)}, p^{(0)})$，经 Gibbs 抽样迭代后，得到 $(\alpha^{(1)}, \beta^{(1)}, r^{(1)}, p^{(1)})$，…，$(\alpha^{(n)}, \beta^{(n)}, r^{(n)}, p^{(n)})$，取来自后验分布的独立样本为达到稳态后的 Markov 链，可将生成分布的均值视为参数的后验估计值。

（三）基于 MCMC 模拟的信度模型对操作风险的度量

前面研究了用损失分布法和贝叶斯法对投资银行操作风险的监管资本进行度量。如果操作风险损失数据匮乏，单个投资银行就较难预测本机构下一年操作风险的发生强度、频率以及损失总金额。但 Bühlamann-Straub 模型能够在数据不足的情况下实现上述预测。因此本小节提出可以采用信度模型的方法度量投资银行操作风险所需经济资本。

1. 信度模型

（1）信度模型的适用性

虽然损失分布法和极值理论是目前的研究热点，但损失分布法中对分布的选取和参数的估计、极值理论中对阈值的确定这些问题仍值得继续探讨。同时，为满足数据充足性，上述方法一般是直接把披露出来的金融行业内、外部操作风险损失数据混在一起来建模。这样的数据处理方法虽然取得了宝贵的实际经验和理论成果，但 Fontnouvelle（2006）等用 SAS OpRisk 和 Fitch OpVar 的数据做研究时，发现外部数据具有明显的报告选择偏差。Rachev（2003）等利用欧洲公开报道的操作损失数据对稳健统计理论进行了分析，发现操作损失数据极端值严重，有 5% 的数据属于局外数据，不适合大数据模型，同时这些局外数据却占到置信区间的 99% 和 VaR 的 70%。因此，把内、外部数据简单地合并在一起使用这种处理方法存在一定问题。毕竟不同金融机构的产品线、业务流程、风险偏好及风控体系是各异的，不同机构的损失数据完全可能服从不同的分布。将它们简单地混合在一起会改变原有数据的分布特征，在此基础上所建立的数学模型无疑会降低度量结果的精确性。鉴于此，部分学者提出将外部数据混合进来时对其进行调整的思路：Shih（2000）等运用收入指标进行调整，但这种调整方法的有效性受到了一些学者的质疑；Cagan（2005）指出，受损失的业务部门通常不是该银行的核心业务部门或者银行没有投入足够的资源进行控制，对外部损失数据的调整需要考虑到更多因素。

在保险领域，保险公司早已广泛采用比较成熟的信度理论来补充自身数据不足的问题。鉴于问题的相似性，本章把信度理论应用于操作风险的度量上：先采用 MCMC 方法通过构造损失事件发生次数模型来随机模拟出损失事件的次数，在补充好缺失次数数据的情况下，再以 Bühlmann-Straub 信度模型为基础，通过 MCMC 方法随机模拟得到各金融机构损失金额均值的估计值、总体均值的估计值、信度因子的估计值，最后通过信度风险暴露量还原出操作风险的损失总额。也就是通过信度模型在金融机构自身损失数据和行业损失数据之间进行加权处理，以解决数据合并问题，达到对计算结果优化的目的，以期能为此领域的后续研究与实践提供方法上的参考。

（2）信度模型概述

保险精算学中的信度理论（Credibility Theory）出现于 20 世纪 20 年代，在非寿险精算理论和实务中具有里程碑的意义[①]。信度建模是一种费率厘定的过程，基于信度理论来厘定保费是非寿险保费计算的重要方法之一。为确定某保险对象次年合理的保费水平，我们不但要考虑该保险对象的理赔数据，还要考虑该类保险对象的整体理赔数据。因此信度理论是研究如何合理利用本保单组合近期损失数据和主观选择的类似险种同期损失数据来估计和预测后验保费的。

信度模型的基本思路是采取自上而下的方法，也就是先保证整个保单组合的收支平衡，再把保单组合的保费公平地分摊至各个保单。可令 x（x 为随机变量）为某种非寿险的保费，则前期缴纳的历史保费可为 x_1，x_2，$\cdots$，x_n。这其中既包括某保险人自己过去缴纳的保费，也包括具有类似风险的其他保险人缴纳的同类保费。也就是说历史保费数据可分为个体风险保费数据和集体风险保费数据。信度理论认为下一年的保费取决于满足特定条件的分布函数，可用

---

① 王静龙，汤鸣，韩天雄. 非寿险精算 [M]. 北京：中国人民大学出版社，2004.

个体以往的历史保费和被保险人所处环境（被相同风险影响）的集体历史保费的加权平均值来表示，即：

$$信度保费 = Z \times 个体风险保费 + (1 - Z) \times 集体风险保费$$

这里面的 $Z(Z \in [0, 1])$ 是信度因子，它可看作是权重。因此，预测下一年的保费是在个体风险保费和集体风险保费之间来寻求平衡。

（3）Bühlmann-Straub 模型概述

Bühlmann-Straub 模型是瑞士精算学家 Bühlmann（1967）在对贝叶斯估计改进的基础上提出的迄今应用最广泛、具有最大精度的信度模型。该模型允许在保单组合存在非同质性和在观测数据不完全的情况下对未来的保费进行估计。由于 Bühlmann-Straub 模型的计算方法与《巴塞尔新资本协议》倡导的将内、外数据融合起来度量操作风险损失的思路相符，且考虑到金融机构操作风险损失数据匮乏和缺失的现状，因此我们完全可以将此模型引入到操作风险的量化管理之中。下面对此模型进行介绍。

若一个保单组合有 k 个合同，每个合同有 n 年的历史数据。合同 j 第 t 年的索赔量为 x_{jt}，参数为 $\lambda_j(j = 1, \cdots, k; t = 1, \cdots, n)$。若 $x_j = (x_{j1}, \cdots, x_{jn})$，每个合同均有随机向量 (λ_j, x_j)。现有下述假设：

在 λ_j 已知的情况下 x_{jt}，$t = 1, \cdots, n$ 互不相关且有相同的一阶和二阶矩，也就是相同的合同在不同年度的索赔量是互不相关且一阶和二阶矩是相同的。同时，$\lambda_1, \cdots, \lambda_k$ 是独立同分布且 (λ_j, x_j) 相互独立，即这 k 个合同对保险方来说无质量差别且合同之间相互独立。

根据历史数据 x_{jt}，$j = 1, \cdots, k; t = 1, \cdots, n$ 估计各个合同的索赔金额的均值 $\mu(\lambda_j)$。Bühlmann-Straub 模型是基于观测数据的线性函数来比较找到最小均方误差的估计量的。通过优化问题的求解获得：

$$\min_{c_j, c_{jt}} E\left\{ \left[\mu(\lambda_j) - c_j - \sum_{i=1}^{k} \sum_{t=1}^{n} c_{jt} x_{it} \right]^2 \right\} \tag{3.53}$$

下面求解 c_j 和 c_{jt} 以使（3.53）取得最小值，即：

$$Q_{c_j, c_{jt}} = \left[\mu(\lambda_j) - c_j - \sum_{i=1}^{k} \sum_{t=1}^{n} c_{jt} x_{it} \right]^2 \tag{3.54}$$

通过对公式（3.54）求导，得公式（3.55）：

$$c_j = E[\mu(\lambda_j)] - \sum_{i=1}^{k} \sum_{t=1}^{n} c_{jt} E(x_{it}) \tag{3.55}$$

将公式（3.55）代入公式（3.54），得：

$$Q = E\left\{ \left[\mu(\lambda_j) - E[\mu(\lambda_j)] - \sum_{i=1}^{k} \sum_{t=1}^{n} c_{jt}(x_{it} - E(x_{it})) \right]^2 \right\} \tag{3.56}$$

对 c_{jrw} 求导，得：

$$E\left\{ \left[\mu(\lambda_j) - E[\mu(\lambda_j)] - \sum_{i=1}^{k} \sum_{t=1}^{n} c_{jt}(x_{it} - E(x_{it})) \right](x_{rw} - E(x_{rw})) \right\} = 0$$

$$\tag{3.57}$$

其中 $r = 1, \cdots, k; w = 1, \cdots, n$。

根据上述假设，得：

$$\text{cov}[\mu(\lambda_j), x_{it}] = a, \quad t = 1, \cdots, n \tag{3.58}$$

$$\text{cov}[x_{rw}, x_{rw}] = a + \delta_{wt}s^2, \quad r = 1, \cdots, w; \ t = 1, \cdots, n; \ w = 1, \cdots, n \tag{3.59}$$

$$\text{cov}[x_{rw}, x_{it}] = 0, \quad \text{当} \ i \neq r \tag{3.60}$$

$$\text{cov}[\mu(\lambda_j), x_{it}] = 0, \quad \text{当} \ i \neq j \tag{3.61}$$

这里，a 和 s^2 是结构参数，a 反映不同保单之间索赔量的方差，s^2 反映同一保单内索赔量的方差。当 $w = t$ 时 $\delta_{wt} = 1$，反之取零。

结合公式（3.57）至公式（3.61），当 $r \neq j$ 时，得：

$$\sum_{t=1}^{n} c_{jrt} \text{cov}(x_{rt}, x_{rw}) = 0, \quad r = 1, \cdots, t; \ w = 1, \cdots, n \tag{3.62}$$

$$(a + s^2)c_{jrw} + a \sum_{t \neq w} c_{jrt} = 0, \quad r = 1, \cdots, t; \ w = 1, \cdots, n \tag{3.63}$$

$$(a + s^2)c_{jrw} + a \sum_{t \neq w} c_{jrt} = ac_{jrw} \tag{3.64}$$

$$c_{jrw} = -\frac{a}{s^2} \sum_{t=1}^{n} c_{jrt} \tag{3.65}$$

从公式（3.65）可看到右边与 w 没有关系，因此得到：

$$c_{jr1} = \cdots = c_{jrn} = 0 \tag{3.66}$$

结合公式（3.57）至公式（3.61），当 $r = j$ 时，得：

$$a - \sum_{t=1}^{n} c_{jjt} \text{cov}(x_{jt}, x_{jw}) = 0 \tag{3.67}$$

类似于公式（3.66），从公式（3.67）可得到：

$$c_{jj1} = \cdots = c_{jjn} = c_{jj} \tag{3.68}$$

将上式代入公式（3.67），结合公式（3.59），得：

$$a - (a + s^2)c_{jj} - a \sum_{t \neq w} c_{jj} = 0 \tag{3.69}$$

其中 $c_{jj} = \dfrac{a}{na + s^2}$。把公式（3.66）和公式（3.69）代入公式（3.55），得：

$$c_j = m - \frac{na}{na + s^2}m = (1 - z)m \tag{3.70}$$

这里 $z = \dfrac{n}{n + s^2/a}$，即为信度因子。m 是结构参数，是集体风险保费，即为保单组合的平均净风险保费。则模型的最优解是：

$$\hat{\mu}(\lambda_j) = c_j + \sum_{i=1}^{k} \sum_{t=1}^{n} c_{jit}x_{it} = (1 - z)m + \sum_{t=1}^{n} c_{jj}x_{jt}$$

$$= (1 - z)m + z\frac{1}{n}\sum_{t=1}^{n} x_{jt} = z\bar{x}_j + (1 - z)m \tag{3.71}$$

公式（3.71）表示保单 j 的净风险保费是在个体风险保费和集体风险保费之间通过信度因子加权得到的。结构参数 a , s^2 和 m 的无偏估计量可通过下面的公式得到：

$$\hat{m} = \frac{1}{k} \sum_{i=1}^{k} \bar{x_j} = \bar{x} \tag{3.72}$$

$$\hat{s}^2 = \frac{1}{k(n-1)} \sum_{i=1}^{k} \sum_{t=1}^{n} (x_{it} - \bar{x_i})^2 \tag{3.73}$$

$$\hat{a} = \frac{1}{k} \sum_{i=1}^{k} (\bar{x_i} - \bar{x})^2 - \frac{1}{n} \hat{s}^2 \tag{3.74}$$

（4）对 Bühlmann-Straub 模型的解读

鉴于本章是对操作风险度量问题的研究，可对 Bühlmann-Straub 信度模型作如下假设：第 i ($i=1$, … , n) 家金融机构第 j ($j=1$, … , m) 年操作风险损失事件的平均金额为 x_{ij} ，它们独立同分布；第 i 家金融机构第 j 年操作风险损失事件的次数为 w_{ij} 。Bühlmann-Straub 信度模型把第 i 家金融机构于第 j 年的操作风险损失总额分解为行业风险水平损失额的总平均值 μ 、第 i 家金融机构的损失额和 μ 的随机偏差 α_i 以及在第 j 年的损失额和 μ 的偏差 ε_{ij} 这三个分量。在此风险结构下对 x_{ij} 作如下分解：

$$x_{ij} = \mu + \alpha_i + \varepsilon_{ij} \tag{3.75}$$

假定 α_i 和 ε_{ij} 相互独立，$E(\alpha_i) = 0$ ，$Var(\alpha_i) = \sigma_\alpha^2$ ，$E(\varepsilon_{ij}) = 0$ ，$Var(\varepsilon_{ij}) = \sigma_\varepsilon^2 / w_{ij}$ ，其中 σ_α^2 是异质方差，σ_ε^2 是同质方差，w_{ij} 是数据 x_{ij} 的权，代表各个观测数据的相对精度。则第 i 家金融机构次年信度风险暴露量的最优无偏估计量为：

$$\hat{L}_{i, j+1} = z_i \bar{x_i} + (1 - z_i) \hat{\mu} \tag{3.76}$$

其中，$z_i = \dfrac{\sum_{j=1}^{m} w_{ij}}{\sum_{j=1}^{m} w_{ij} + \hat{\sigma}_\varepsilon^2 / \hat{\sigma}_\alpha^2}$ （ $\hat{\sigma}_\alpha^2$ 和 $\hat{\sigma}_\varepsilon^2$ 分别为 σ_α^2 和 σ_ε^2 的估计量），$\bar{x_i} = \sum_{j=1}^{m} \dfrac{w_{ij}}{\sum_{j=1}^{m} w_{ij}} \cdot$

x_{ij} ；$\hat{\mu}$ 为通过合理推测和判断得到的先验值；$z_i \in [0, 1]$ 是信度因子，表示 $\bar{x_i}$ 在 $\hat{x}_{i, j+1}$（表示第 i 家金融机构于第 $j+1$ 年的操作风险损失估计量）中的可信程度，反映出不同的风险特征。预测操作风险损失金额的关键是估计出 μ ，σ_α^2 和 σ_ε^2 。

从模型中可看出 $\hat{x}_{i, j+1}$ 具有良好的渐近性质，因为当 $\hat{\sigma}_\alpha^2 \to \infty$ ，完全可信条件成立，$z_i \to 1$ ，表明金融机构次年的操作风险损失金额完全可以根据本机构前期的历史损失金额推算出。当 $\hat{\sigma}_\varepsilon^2 \to \infty$ ，则 $z_i \to 0$ ，表明金融机构次年的操作风险损失金额完全可以参考其他金融机构的历史数据进行推断，就是把行业内金融机构损失金额进行平均分摊。因此，可以认为 Bühlmann-Straub 是相对比较稳健的风险损失估计方法，特别当单个金融机构的损失数据较少时，信度理论所起的作用应当最为显著。

（5）基于 Gibbs 抽样的 MCMC 模拟

正如前文所描述的，Bühlmann-Straub 模型虽然在某种意义上是一种最接近真实风险保费的估计，但也存在一些困难，就是当密度函数比较复杂时直接计算高维数值的后验分布具有很大难度。本章仍然运用 WinBUGS 软件通过 MCMC 模拟来解决这些问题。

MCMC 采用的是贝叶斯分析方法：先对参数构建先验分布并利用实际观测到的数据对先验分布进行调整，然后通过随机模拟的方法生成随机变量或参数，最后不断地进行迭代运算以通过大量的迭代运算来模拟出变量的边缘分布以及后验分布的矩。简言之，MCMC 的基本思想是假定有一个目标分布，并对非周期、不可约的马尔科夫链样本路径进行定义，被估参数的值即是链的状态空间，被估参数的后验分布即为链的极限分布。若马尔可夫链在被进行充分迭代以至足够长后，能够不依赖于原始的状态而收敛于某平稳目标分布，那么去除之前测试期阶段的状态数据，剩余的链可被视作是来自目标后验分布的独立样本数据，后验分布的重要特征即可推断出。

WinBUGS 软件采用 Gibbs 抽样，具体算法为：令 $u = (u_1, u_2, \cdots, u_n)$ 是 n 维随机变量，随机变量的边缘分布为 $f(x)$。给定初始向量 $u^{(0)} = (u_1^{(0)}, \cdots, u_n^{(0)})$，在 $f(u_1 | u_2^{(0)}, \cdots, u_n^{(0)})$ 中抽取样本 $u_1^{(1)}$；在 $f(u_2 | u_1^{(0)}, u_3^{(0)}, \cdots, u_n^{(0)})$ 中抽取样本 $u_2^{(1)}$；最终在 $f(u_n | u_1^{(1)}, u_2^{(1)}, \cdots, u_{n-1}^{(1)})$ 中抽取样本 $u_n^{(1)}$；经过 t 次迭代可以得到 $u^{(t)}$。这样，Gibbs 抽样保证了 $f(x)$ 是马尔可夫链的唯一分布。当 $t \to \infty$，边缘分布收敛时，可认为边缘分布处于平稳状态，收敛后的迭代值可被看作是样本的仿真观测点，以减少初始值对模拟的影响。

2. 模型的构建

部分损失事件发生次数及金额数据的缺失，使得人们难以得到每家金融机构操作风险损失发生事件的总频率，这会使得估计有偏。因此，本章先利用贝叶斯 MCMC 方法在数据不完备的情况下求出损失次数参数的后验分布和相关参数估计，以对损失次数逐年进行校正；再根据校正好的损失次数数据，利用以贝叶斯 MCMC 方法为基础构建的 Bühlmann-Straub 模型，求出损失金额的后验分布，以得到每家金融机构下一年信度风险暴露量的最优无偏估计。

（1）损失次数的模型构建

采用参数的无信息先验分布，假设如下：$w_{ij} \sim possion(\lambda)$，其中 $\lambda = x_{ij}\theta_i$，$x_{ij} \sim \Gamma(a, b)$，$\theta_i \sim \Gamma(c, d)$。参数 a，b，c，d 服从的分布分别为：$a_i \sim U(0, e)$，$b_i \sim U(0, f)$，$c \sim \Gamma(g, h)$，$d \sim \Gamma(k, l)$。根据 Bayes 理论，参数的后验分布为：

$$\pi(\theta_i, c, d | w) \propto \pi(\theta_i, c, d, w_{ij})$$
$$= \prod_{i=1}^{n} \prod_{j=1}^{m} \pi(w_{ij} / x_{ij}\theta_i) \cdot \prod_{j=1}^{m} \pi(\theta_i / c, d) \cdot \pi(c) \cdot \pi(d) \quad (3.77)$$

由公式（3.77）可看出，高维数值积分的方法很难得出参数的后验分布。因此，我们采用基于 Gibbs 抽样的 MCMC 模拟方法将所有未知参数视为未知变量，通过边缘分布的迭代进行 Markov 链的 Monte Carlo 模拟。各参数的边缘分布见公式（3.78）至公式（3.80）：

$$\pi(\theta_i \mid c, d, w) \sim \Gamma\left(c + \sum_{j=1}^{m} w_{ij}, \ d + \sum_{j=1}^{m} x_{ij}\right) \tag{3.78}$$

$$\pi(c \mid \theta, d, w) \propto \left[\frac{d^c}{\Gamma(c)}\right]^n \left[\prod_{i=1}^{n} \theta_i\right]^c c^{g-1} \exp(-hc) \tag{3.79}$$

$$\pi(d \mid \theta, c, w) \propto d^{nc+k-1} \exp\left[-\left(\sum_{i=1}^{n} \theta_i + l\right)\right] \tag{3.80}$$

给定（θ_i，c，d）的任意初始值，经过 Gibbs 抽样迭代后取达到稳态后的 Markov 链为来自后验分布的独立样本，生成分布的均值可视为某金融机构操作风险损失次数的后验估计值。

（2）损失金额模型的构建

假设参数的无信息先验分布为：

$$x_{ij} \sim N(u_i, \sigma_\varepsilon^2 / w_{ij}) \tag{3.81}$$

其中 $\mu_i = \mu + \alpha_i$，$\alpha_i \sim N(0, \sigma_\alpha^2)$。

根据 Bayes 理论，参数的后验分布为：

$$\pi(\alpha_i, \mu, \sigma_\alpha^2, \sigma_\varepsilon^2 \mid x) \propto \pi(\alpha_i, \mu, \sigma_\alpha^2, \sigma_\varepsilon^2, x_{ij})$$
$$= L(x_{ij} \mid \alpha, \mu, \sigma_\alpha^2, \sigma_\varepsilon^2) \cdot \pi(\alpha_i) \cdot \pi(\mu) \cdot \pi(\sigma_\alpha^2) \cdot \pi(\sigma_\varepsilon^2) \tag{3.82}$$

各参数的边缘分布见公式（3.83）至公式（3.86）：

$$\pi(\mu \mid \alpha, \sigma_\alpha^2, \sigma_\varepsilon^2, x) \propto \exp\left[-\frac{1}{2\sigma_\varepsilon^2} \sum_{i=1}^{n} \sum_{j=1}^{m} (x_{ij} - \mu - \alpha_i)^2\right] \tag{3.83}$$

$$\pi(\alpha_i \mid \mu, \sigma_\alpha^2, \sigma_\varepsilon^2, x) \propto \exp\left(-\frac{1}{2\sigma_\alpha^2} \alpha_i^{\ 2}\right) \exp\left[-\frac{1}{2\sigma_\varepsilon^2} \sum_{j=1}^{m} (x_{ij} - \mu - \alpha_i)^2\right]$$
$$\tag{3.84}$$

$$\pi(\sigma_\alpha^2 \mid \alpha, \mu, \sigma_\varepsilon^2, x) \propto \frac{1}{\sigma_\alpha^2} \cdot \frac{1}{\sqrt{2\pi} (\sigma_\alpha^2)^{n/2}} \exp\left(-\frac{1}{2\sigma_\alpha^2} \sum_{i=1}^{n} \alpha_i^{\ 2}\right) \tag{3.85}$$

$$\pi(\sigma_\varepsilon^2 \mid \alpha, \sigma_\alpha^2, \mu, x) \propto \frac{1}{(\sigma_\varepsilon^2)^{\sum_{i}^{n} m/2+1}} \exp\left[-\frac{1}{2\sigma_\varepsilon^2} \sum_{i=1}^{n} \sum_{j=1}^{m} (x_{ij} - \mu - \alpha_i)^2\right]$$
$$\tag{3.86}$$

给定 e，f，g，h，k，l 的任意初始值，经过 Gibbs 抽样迭代后稳态分布的均值可视为某金融机构操作风险损失金额的后验估计值。

第三节　投资银行市场风险经济资本度量

一、自下而上的市场风险经济资本计量方法

（一）基本思想

自下而上的路线是：投资银行先对每一个业务单元的市场风险进行风险计量，确定相应的经济资本需求，再将这些经济资本由底层向上逐级汇总，形成公司的必要经济资本总额。可见，自下而上的方法包括业务单元的风险计量、各个业务相关度的计算、资本汇总等。目前，主要的自下而上的市场经济资本计量模型包括 VaR 模型、CVaR 模型等。

（二）基于 VaR 模型的市场风险经济资本计算

前面给出了基于 VaR 的经济资本计算公式。由于该方法下的经济资本只需要在 VaR 值基础上扣除预期损失，因此其关键便是如何计算 VaR 值。目前，有三种方法计算 VaR 的值，历史模拟法、方差—协方差方法和蒙特卡罗模拟（Monte Carlo）方法。

1. 历史模拟法

历史模拟法的主要思路是利用资产或者资产组合的历史收益率的经验分布来估计经济资本的值。其计算步骤如下：

第一步，确定资产组合中的所有单个资产及其权重，并采集过去一定时期内的收益率数据。

第二步，用收益率样本和权重产生资产组合的收益率，得到资产组合收益率的经验分布；

第三步，直接从经验分布中估计出分布的相应选定分位数，这便是 VaR 值。

第四步，利用收集到的历史损失样本，计算期望损失，再用 VaR 值相减，便得到了经济资本的值。

可见，历史模拟法的优点是不需要对资产的收益率做任何假定，利用经验分布，避免了模型假定、参数估计的误差，规避了模型风险。

但是，由于市场未来的变化未必与历史变化完全一样，即历史模拟法这种"未来会重复过去"的假设，往往不符合实际。同时，历史模拟法也依赖于人们对历史数据的收集。

2. 方差—协方差方法

该方法是计算 VaR 的标准方法，被许多金融机构采用。J. P. Morgan 开发的风险管理产品 Risk Metrics 就是基于这种方法。该方法的计算步骤包括：

第一步，利用历史数据求出资产组合收益率的方差、标准差和协方差等统计值。

第二步，假定资产组合的收益率 Y 服从参数为 (μ, δ^2) 的正态分布，结合特定置信水平 α 下的分位数计算可能发生的最大损失为 $\mu + \delta\Phi^{-1}(\alpha)$，此值即为 VaR 的大小。

第三步，根据经济资本定义，可知代表非预期损失的经济资本应为 $\delta\Phi^{-1}(\alpha)$。

第四步，对于资产组合来说，组合的 VaR 值为：

$$VaR_\alpha = V\delta\Phi^{-1}(\alpha)$$

其中，$\Phi^{-1}(\alpha)$ 表示标准正态分布的 α 分位数，V 则是资产的市场价值。

第五步，若持有期为 t，则收益率的均值为 μt，方差为 $\delta^2 t$，这样资产组合在 t 时间内的 VaR 值为：

$$VaR_{\alpha, t} = V\delta\Phi^{-1}(\alpha)\sqrt{t}$$

对于具有不同分布的资产，各资产组合间的相关性还需要考虑协方差，更加复杂。总体上说，该方法在正态假定下，简单易理解。但通常可以发现，金融资产并非服从正态分布，而呈现尖峰厚尾特征，此时该方法会低估经济资本的大小。后面章节将对这类方法进行改进。

3. 蒙特卡罗模拟法

该方法与历史模拟法的思路类似，只是由于历史数据较少，因此借助于随机模拟方法来产生计算所需的大量数据，再按历史模拟法思路计算经济资本的值。该方法的主要步骤如下：

第一步，根据经验假设资产价格的生成过程，并确定生成过程的分布、参数等关键信息。

第二步，借助于计算机软件，按假定的生成过程模拟资产的价格序列。

第三步，根据上述得到的价格计算资产组合的收益率。

第四步，按确定的分布计算出 VaR 值及相应的经济资本值。

显然，该方法解决了历史样本不足的问题，并且可以模拟极端市场等情形。但由于数据的生产过程依赖于假定的参数，有较大的主观性。

4. VaR 模型计量经济资本的优点

（1）满足单调性

如果 $x \leqslant y$，则 $VaR_\alpha(x) \geqslant VaR_\alpha(y)$，单调性意味着当资产 y 在各种情况下优于资产 x，那么其风险也小于 x。

（2）满足正齐次性

对于任意的 $\lambda > 0$，都有 $VaR_\alpha(\lambda y) = VaR_\alpha(\lambda y)$。正齐次性意味着：相同资产组合，不可能导致风险的分散；度量单位的变换，对 VaR 值不产生实质影响，即 VaR 值对度量函数呈线性关系。这两点与资产管理实践相符。

（3）满足平移的不变性

对常数 c，有 $VaR_\alpha(x + c) = VaR_\alpha(x) - c$，这表示如果组合的收益增加 c（或者成本减少 c），则 VaR 对该组合所度量出来的风险也相应减少 c。

（4）满足分布不变性

如果资产 x，y 存在如下关系：$p(x \leq t) = p(y \leq t)$，则 $VaR_\alpha(x) \geq VaR_\alpha(y)$，该性质表明可以通过已知样本的分布函数来测度风险，实际上方差—协方差方法隐含这一结论。

5. VaR 模型计量经济资本的缺点

第一，从覆盖范围上讲，VaR 模型只是覆盖了分位数以内的损失，忽略了分位数外的尾部风险状况，尤其是当损失分布为厚尾分布时，这种计量方法将低估风险。

第二，从分散化效果来看，VaR（除非两收益率变量的联合分别服从椭圆分布）模型不满足次可加性质。直观上理解，VaR 不能准确反映组合投资可以分散风险的这一实际。

然而，尽管如此，由于 VaR 具有直观、容易理解的优点，目前常常与极值理论、情景分析、压力测试相结合，仍被金融机构广泛用于金融风险尤其是市场风险的度量和管理。

（三）基于 CVaR 模型的市场风险经济资本计算

经过 CVaR 模型计算出来的经济资本，与 VaR 模型所计算出的经济资本，在数量上的关系已在前面做了比较。除此之外，CVaR 还满足一致性风险测度公理（Artzner etc.，1999）。具备如下四个条件的风险度量方法就属于一致性风险测度：

公理一：测度具有次可加性（Subadditivity）

两个资产 x，y，总有 $M(x+y) \leq M(x) + M(y)$，直观含义便是资产组合可以分散风险，这一点是 VaR 模型无法满足的。

公理二：测度具有正齐次性（Positive Homogeneity）

对于任意的 $\lambda > 0$，都有 $M(\lambda y) = M(\lambda y)$，与前面 VaR 满足正齐次性具有相同含义。

公理三：测度具有单调性（Monotonicity）

如果 $x \leq y$，则 $M(\lambda x) \geq M(\lambda y)$，与前面 VaR 满足的单调性具有相同含义。

公理四：测度具有平移不变性（Translation Invariance）

对常数 c，有 $M(x+c) = M(x) - c$，这与前面 VaR 所满足的平移不变性一致。

由于一般情况下 VaR 模型不满足次可加性，因此常常不能作为一致性风险测度方法，用来计算经济资本受到较大限制。而与 VaR 不同，CVaR 属于一致性风险度量方法，在任何条件下都满足次可加性，Acerbi 和 Tasche（2002）均给出了 CVaR 满足次可加性的证明。也就是说，CVaR 模型比 VaR 模型更能真实反映资产组合的风险大小，从而基于 CVaR 的经济资本也更充分测度了非预期损失。

（四）对自下而上方法的总体评价

（1）优点

该种方法能够直接计算出每种资产的非预期损失大小，并满足了一致性风险测度公理。

（2）缺点

第一，不同的资产会面临各种风险，如市场风险、信用风险甚至操作风险等兼而有之，难以穷尽每种资产所面临的全部风险，因而难以精确刻画风险。

第二，不同资产的风险存在相关性，简单加总不同资产所需要的经济资本又未考虑资产分散化效应带来的好处，但相关性的估计又需要大量的历史数据，而且容易产生模型风险。

第三，对投资银行来说，较多的业务部门和众多的资产数量，难以进行全面的度量。而且投资银行直接服务于资本市场，资本市场价格的快速变化导致投资银行自身风险及其头寸频繁调整。因此，经济资本度量频率过低又脱离实际，过高又产生较大的风险管理成本。

二、自上而下的经济资本计算方法

（一）基于在线收益的经济资本度量

1. 基本思想

该方法通过计算不同业务单元收益的波动性与相关性，来计算金融机构的总体必要经济资本。

2. 计算公式

该方法计算经济资本主要分两步进行：首先，计算投资银行的总体和各业务单元的在险收益（Earning at Risk）；其次，将在险收益转化为经济资本。其基本公式为：

$$经济资本 = 风险盈利 × 无风险利率$$
$$风险盈利 = 盈利标准差 × 经济资本乘数 × 时间折算系数$$

其中：经济资本可以表述为"用于弥补潜在的盈利下跌所需要的以无风险利率投资的资金数额"。风险盈利可以根据需要被定义为收入、边际贡献（如收入减去直接成本）、净利润等变量。投资银行采用哪一种变量，取决于分析的目的以及获得有关数据的便利性、准确性。无风险利率可以引用资本资产模型中无风险利率同一概念。时间的折算系数，主要是如按月收益获得的数据，计算时采用根号法将月换算为年。

3. 评价

该方法直接从收益的波动来测度经济资本，不需要从单个业务、单个资产来逐笔加总，简化了经济资本总量的计算环节。同时，收益本身是投资绩效评估的重要内容，这类方法有利于金融机构进行业绩考核。

但是，上述计算过程中，对无风险利率的选择、历史收入数据、成本、利润等财务信息有较大的依赖性，而且这些数据一般难以从金融机构报表中得到，因此不宜将各种业务或产品的成本、利润指标细化。对这种情况，金融机构一般简单测度每个部门收入的相关性，并按总体情况进行调整。这样得到的风险往往会低估多元化的好处，即高估经济资本的总体需求。

除此之外，财务数据方法也属于历史数据估计法范畴，对未来的异常变化无法提供预测。比如极端的事件带来的金融机构收益波动急剧变化，该方法无法进行测度。

（二）基于期权思想的经济资本度量

该方法把投资银行的资产价值视为一个变量，股东享受剩余权益。也就是说，如果资产价值波动导致投资银行的市场价值（A）低于负债的市场价值（L），股东权益（E）为0；如果资产的市场价值大于负债的市场价值，则权益 E＝A-L。因此，从另外一个角度来看，投资银行的债权人实际上持有的资产收益函数为 max [0，A-L]，这种收益结构可以视为标的资产为 A、执行价格为 L 的欧式看涨期权，见图 3.4。进一步利用期权定价原理，便可以得到投资银行整体风险所需要的经济资本数额。有关利用该方法进行的投资银行经济资本配置，见后文。

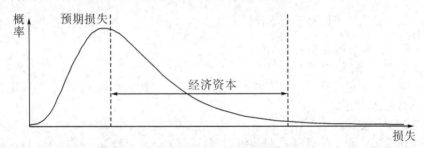

图 3.4　基于期权的自上而下的经济资本度量

（三）对自上而下方法的总体评价

优点：避免了自下而上方法难以穷尽各类风险以及汇总的困难；相对自下而上方法往往只能专注于某类风险或某几类资产，该方法能够形成对投资银行总体风险的认识。

缺点：需要抽象、模型化投资银行的总体资产分布特征，也容易产生模型假设风险；由于没有结合具体的业务结构、资产结构，没有从微观风险入手进行风险的测度，该方法所度量出来的经济资本主要用于总体风险的判断，难以用于资产配置、各个业务部门绩效考核等微观的风险管理与内部控制。

三、两种方法在投资银行经济资本配置中的选择

（一）经济资本配置的方向与原则

经济资本计量可以有上述的自上而下和自下而上两种不同路径，但经济资本配置面临如下问题：①如果风险管理者仅对单个资产（或业务）配置经济资本，此时，需要确定该资产所必须配置的必要经济资本与该业务部门或机构层面可用的剩余经济资本即可用经济资本进行比较，权衡是否进行该项资产的投资。而可用经济资本的确定需要在机构层面（至少是业务部门）进行测度。所以，尽管此时是针对单个资产进行最底层的经济资本配置，但仍需要"自上而下"进行配置。②如果风险管理者面临的是资产组合（或多个业务）的经济资本配置问题，就需要考虑组合投资的分散化效应，以保证组合资产的总体必要经济资本需求小于单个资产的经济资本需求之和。而这种分散效应只有通过在"自上而下"条件下进行全面、通盘考虑。也就是说，当需要对资产组合甚至部门之间进行经济资本配置时，也需要采取自上而下的配置方式。结合以上两个方面来看，经济资本度量可以根据风险管理目的的需要，选择自上而下和自下而上两种方式，但经济资本配置需要采用自上而下的方式开展。另外，Denault（2001）、Kalkbrener（2005）针对经济资本配置原则问题进行了研究。前者认为经济资本配置需要考虑四个方面：全面配置、无缩减配置、对称配置、无风险对冲配置，这样的配置才是一致性配置。后者认为，风险测度满足了线性测度、多样性测度和连续性测度这三个方面，就实现了完全配置和无缩减配置。可见，配置的分散化可以在单个资产经济资本度量的加总阶段解决，也可以在经济资本配置阶段之初再考虑，并没有明确的界限。

（二）投资银行经济资本配置目的与度量方法的选择

通过前面的分析，实际上，上述两种相反路径的经济资本度量方法，可以相互补充、互为检验。理想状态下，由下而上的经济资本度量所得到的汇总值应该和由上而下得到的经济资本总量保持一致。但实际上，面临如此复杂的风险世界，自下而上所进行的度量，不可能也没有必要包罗万象，将所有业务、各种风险考虑进来，往往只是在风险管理者定性认识的基础上，对重要业务的主要风险进行测度；而自上而下方法没有对微观风险进行仔细解剖，并进行了苛刻的模型抽象，对经济资本度量的准确性降低。因此，从现实来看，对两种不同方向下所测度出的经济资本总量进行比较，缺乏可操作性。

于是，经济资本度量方法的选择问题，需要根据风险管理者的配置目的来决定。如果投资银行需要在业务部门范围内，进行单个资产或组合资产的经济资本配置，需要采用自下而上的经济资本度量方法，此时可用经济资本问题需要结合机构层面对该部门风险承担的总体限额来确定。如果投资银行需要从机构层面分析权益资本能否覆盖整体风险即杠杆率水平是否合理，解决资本结构如何优化问题，此时可采用自上而下的经济资本度量方法。①

---

① 严格上说，自下而上的经济资本度量可以针对市场风险进行单独计量，但自上而下的经济资本度量所覆盖的风险不仅仅包括市场风险，源于股价波动的原因不仅仅局限于所持有的资产的市场风险因子。

第四章　基于经济资本的投资银行资产配置理论与实证

本章首先分析我国 94 家投资银行的资产配置特征；其次在梳理资产配置传统理论方法的基础上，构建面临净资本和经济资本双重约束下的投资银行资产配置模型；最后，我们利用我国上市投资银行的自营资产配置数据①，应用 GARCH-VaR 和 GARCH-CVaR 两类方法进行资产配置的实证研究与比较分析。

第一节　我国投资银行资产配置现状

一、资产规模容易受到市场行情影响

我国投资银行的资产对资本市场环境反应极为敏感。从表 4.1 可以看出，2008 年 94 家投资银行的平均资产余额为 132 亿元，相对 2007 年年末 191 亿元的资产余额，缩水比例达 30.7%。

表 4.1　　　　　　　94 家投资银行年末资产情况（均值）　　　　单位：亿元

项目	2007 年	2008 年	2009 年	2010 年
货币资金	139.82	93.15	174.09	126.42
其中：客户资金存款	128.41	73.54	154.28	111.60
结算备付金	20.21	10.80	19.62	40.46
其中：客户备付金	18.62	10.18	17.86	39.73

---

① 如前文分析的，目前我国投资银行的收入主要以服务收入为主。投资银行的风险主要包括操作风险、市场风险和信用风险。其中，投资银行与商业银行的操作风险在产生根源、风险度量、管理上无本质区别；信用风险是商业银行的主要风险，因而对商业银行风险管理的研究也主要集中在信用风险上，但对投资银行来说，信用风险是次要风险；相比较而言，投资银行与商业银行在市场风险的表现形式上存在差异，前者主要是证券价格波动风险，而后者主要是利率风险。因此，相对来说，市场风险对投资银行具有特殊性，在兼顾数据可获得性的同时，本章第四节以自营业务的市场风险为例，对投资银行的经济资本配置进行实证研究。

表4.1(续)

项目	2007 年	2008 年	2009 年	2010 年
拆出资金	7.90	0.01	1.77	3.52
交易性金融资产	12.24	15.51	24.32	25.34
衍生金融资产	14.26	3.75	0.62	2.05
买入返售金融资产	10.96	9.97	8.79	9.16
应收利息	3.10	0.29	0.22	0.42
存出保证金	6.28	4.94	4.56	5.82
可供出售金融资产	9.71	5.58	17.17	19.65
持有至到期投资	0.95	2.97	2.14	2.54
长期股权投资	1.41	1.50	2.90	4.31
投资性房地产	0.65	0.60	0.39	0.50
固定资产	1.97	2.11	2.50	4.39
无形资产	0.29	0.43	0.46	0.73
其中：交易席位费	1.45	0.70	0.33	0.13
递延所得税资产	0.29	0.52	12.42	0.90
其他资产	1.83	1.64	12.40	4.83
资产总额	190.62	132.11	228.27	219.56

资料来源：根据 94 家投资银行资产负债表（2007—2010 年）资料整理。

二、资产规模总体偏小，抗风险能力有限

同时，我国投资银行的总体资产规模很小，2010 年年末的均值为 219 亿元，目前 19 家上市券商的资产规模平均为 403 亿元，最大为中信证券的 1 500 亿元，最小的太平洋证券的资产规模 46 亿元。[①] 摩根士丹利 2011 年末的资产规模达到 7 499 亿美元。

三、货币资金占比高

货币资金占总资产比重从 2007—2010 年分别为 73.3%、70.5%、76.2% 和 57.6%，如果加上结算备付金，这一比重更高。但受监管约束，投资银行对该类资产的配置主动性较弱。此外，交易性金融资产在 2010 年占比 11.5%，而

---

① 相比上市投资银行，目前上市的 16 家商业银行的平均资产规模为 5.23 万亿，最小的南京银行的资产规模为 3 326 亿。

持有至到期投资仅占 1.2%，投资银行自营资产有明显的短期特征。94 家投资银行年末资产结构如表 4.2 所示。

表 4.2　　　　　　94 家投资银行年末资产结构（%）

项目	2007 年	2008 年	2009 年	2010 年
货币资金	0.733	0.705	0.763	0.576
其中：客户资金存款	0.674	0.557	0.676	0.508
结算备付金	0.106	0.082	0.086	0.184
其中：客户备付金	0.098	0.077	0.078	0.181
拆出资金	0.041	0.000	0.008	0.016
交易性金融资产	0.064	0.117	0.107	0.115
衍生金融资产	0.075	0.028	0.003	0.009
买入返售金融资产	0.058	0.075	0.039	0.042
应收利息	0.016	0.002	0.001	0.002
存出保证金	0.033	0.037	0.020	0.027
可供出售金融资产	0.051	0.042	0.075	0.089
持有至到期投资	0.005	0.022	0.009	0.012
长期股权投资	0.007	0.011	0.013	0.020
投资性房地产	0.003	0.005	0.002	0.002
固定资产	0.010	0.016	0.011	0.020
无形资产	0.002	0.003	0.002	0.003
其中：交易席位费	0.008	0.005	0.001	0.001
递延所得税资产	0.002	0.004	0.054	0.004
其他资产	0.010	0.012	0.054	0.022

资料来源：根据 94 家投资银行资产负债表（2007—2010 年）资料整理。

第二节　投资银行资产配置的一般分析

本节分析在未引入经济资本配置的情形下，投资银行的资产配置方式。在此基础上，再加入经济资本约束，其资产配置在本章第四节介绍。

一、资产配置的基本思想

从资产负债表来看，投资银行的资金（权益资金和负债资金）最终通过资产得以体现，因此资产配置的状况在相当大程度上决定了投资银行的风险和收益大小。对投资银行来说，资产配置需要解决如下几个方面的问题：

（1）确定可被用于配置的资金额度，这是资产配置工作的逻辑起点。但需要注意，不同的资金来源结构，有不同的要求权，会直接影响资产配置的风险特征。

（2）确定现有监管政策、市场条件下，投资银行可以用于配置的产品，并对产品的风险、收益特征进行充分计量。这一步工作是资产配置的关键环节，资产配置的有效性，离不开对单个可选资产的风险—收益匹配特征的科学度量。而且，投资银行还需要充分考虑不同资产收益率的相关性，为资产组合权重提供决策依据。

（3）根据股东、高管的风险偏好，进行资产组合决策。在此阶段，投资银行需要借助于后面的资产配置模型。但无论何种模型，都需要兼顾风险管理者的风险态度。

（4）实施资产配置方案，并进行动态评估、资产组合再调整。一个好的资产配置方案，一定是根据环境变化，在考虑资产配置再调整的成本基础上，进行动态的资产配置优化。

二、投资银行资产配置的约束条件

（1）资本金约束

本质上，资本约束也就是风险约束，因为资本金反映了投资银行在资产配置中可承受风险的总体程度。因此，投资银行在制定资产配置策略时，不仅要考虑投资组合内部的收益与风险的平衡关系，还要考虑资本的约束。

（2）监管约束

以自营业务为例，按照我国《证券公司风险控制指标管理办法》（2008年修订）的相关要求，如果投资银行要从事证券自营业务，需要满足下列净资本要求：

自营权益类证券及证券衍生品的合计额≤净资本；

自营固定收益类证券的合计额≤5倍净资本；

持有一种权益类证券的成本≤3倍净资本；

持有一种权益类证券的市值/该权益的总市值≤5%（包销除外）。

同时，《关于证券公司证券自营业务投资范围及有关事项的规定》（2012

年征求意见稿）对自营业务品种投资①、非自营品种投资②进行了重新规定。

三、资产配置方法的比较与选择

（一）基于方差的马克维茨资产配置模型

在组合理论之前，风险管理实践大多依靠投资者的主观、定性分析，没有进行风险量化管理的工具。1952 年，马克维茨的《投资组合选择》一文开创了风险量化管理的先河。马克维茨将投资者持有的资产所产生的收益的不确定性定义为风险，并且对这种不确定性用数学工具进行了准确刻画——方差（或标准差）。从此开始，风险管理实践步入了量化管理阶段，风险管理的技术进步也体现在量化模型的不断改进上。

马克维茨的方差理论非常直观，认为风险管理者主要是在风险—收益之间寻求最佳的平衡点，可以有两个层面的涵义：

（1）风险管理者追求风险特定条件下的资产投资收益最大化；

（2）在收益一定的情况下，风险管理者应尽量使得资产风险最小。

于是，该理论假定用期望值代表收益，用方差大小来代表风险，构建均值—方差框架下的资产配置模型（如下）。于是风险管理问题变为了对单目标规划的求解，所求出的结果便是该理论所认为的最佳资产配置方案。

目标函数：$\min \delta^2(p) = \sum_{i=1}^{n} \sum_{j=1}^{n} x_i x_j \mathrm{cov}(r_i, r_j)$

约束条件：
$$\begin{cases} E(R_p) = \sum_{i=1}^{n} x_i E(R_i) \\ \sum_{i=1}^{n} x_i = 1, \ x_i \geq 0 (\text{不允许卖空}) \\ \sum_{i=1}^{n} x_i = 1 (\text{不允许卖空}) \end{cases}$$

优点：首次进行了风险的量化；其次，所使用的工具——方差有较好的统计特性，表现在对组合方差的求解上，即对组合中的单个资产收益率的方差、各个资产收益率之间的协方差进行加权求解，便于该配置模型在风险管理实践中的应用。

缺点：①资产收益率波动可以有两种不同的情况，一是在高于期望收益率的上方波动，二是在低于期望收益率的下方波动，显然方差方法并未对此加以区分，这与投资者的风险感受不一致（仅仅厌恶资产收益率出现在期望收益率下方的情况）。②为了计算简便，组合方差的计算往往依赖于对资产收益率

---

① 比如，规定证券自营投资品种主要包括已上市证券、银行间证券等。同时，规定证券公司将自有资金投资，当规模不超过净资本的80%时，不需要办理自营资格。

② 规定证券公司可以通过设立子公司的形式，从事自营品种以外的金融产品。

的正态性假设，因为这样保证了联合分布也为正态分布，组合方差的求解才变成可能。但是，从现有的研究来看，资本市场的金融资产收益率（尤其是高频数据）往往具有偏峰后尾的分布特征，方差方法在此情况下难以适用。

（二）基于半方差的哈洛资产配置模型

鉴于前面所述的方差度量风险存在的不足，半方差方法引入风险基准或参照水平来代替方差法中的均值 μ，以重点测度收益分布的左侧波动情况，即低于期望收益时才构成风险。因此，基于该风险度量方法，哈洛（W. V. Harlow）提出了如下资产配置模型：

目标函数：$\min LPM_n = \sum_{R_p = -\infty}^{T} P_p (T - R_p)^n$

约束条件：

$$
\begin{cases}
E(R_p) = \sum_{i=1}^{n} x_i E(R_i) \\
\sum_{i=1}^{n} x_i = 1, \ x_i \geqslant 0 (不允许卖空) \\
\sum_{i=1}^{n} x_i = 1 (不允许卖空)
\end{cases}
$$

其中，P_p 代表收益 R_p 的发生概率。$n = 1$，2，n 的取值不同，LPM 的含义不一样：当 n = 0 时，LPM_0 为小于目标收益的概率；当 n = 1 时，LPM_1 为单边离差的期望值；当 n = 2 时，LPM_2 为目标半方差。

（三）基于 VaR（或 CVaR）模型的资产配置方法

有关 VaR 与 CVaR 模型已经在前一章进行了介绍。实际上，资产配置方法的演变主要以人们对风险的认识观念、风险测度方法的不断改进为主要内容。

一方面，如果说半方差方法对风险的界定使风险理论开始接近人们的心理真实感受的话，VaR（包括 CVaR）模型则通过风险管理者主动设置置信水平、持有期等参数而将人们的风险心理真实感受度进一步强化。另一方面，风险测度方法的改进也使得资产配置模型的适用条件逐步被放宽，从局限于服从标准正态分布的资产组合到非正态的资产组合选择。

但是，无论风险概念、测度方法如何变化，投资者资产配置的基本原则始终是风险—收益的权衡问题[1]。这也就是马克维茨提出的：要么是在一定风险下，希望资产的收益最大化；要么是在一定收益下，资产所暴露的风险最小。

---

[1] 本书没有对"收益"测度方法的变迁进行分析，实际上在经济资本配置中，还需要将预期损失作为成本从收益里面扣减。

第三节 双重资本约束下的投资银行资产配置理论

在前面分析的基础上，本节加入经济资本约束，这样投资银行的资产配置行为将面临净资本和 EC 的双重约束，相应的目标函数也有所不同。

一、投资银行资产配置模型

从前面对 CVaR 和 VaR 模型测度经济资本的优缺点比较来看，本书采用 CVaR 约束破产损失。对于给定的置信水平 $\beta \in (0, 1)$，假设投资者的最低净资产要求为 A^*，则有：

$$VaR_\beta = \inf\{\alpha \in i \mid \Pr(\tilde{A} < \alpha) < \beta\}$$

监管部门对投资银行实施了一系列约束，如前所述。

假定投资银行期初资本金为 E，负债水平为 L，并且资本结构在考察期内保持不变。投资银行需要将资产 A（=E+L）投资于 N 种资产，其中第 i 种资产的收益率为 r_i，投资比重为 α_i。则期末资产 $\tilde{A}$ 为：

$$\tilde{A} = (E + L)\sum_{i=1}^{N}\alpha_i(1 + r_i) - L_\alpha$$

其中，L_α 为融资成本。

于是，仅考虑净资本约束条件下的投资银行资产配置基本模型如下：

目标函数：$\min\delta_p^2 = X'\Sigma X$ 或 $\max E[r_p] = X'(R - kI)$

约束条件：

$$\begin{cases} \sum_{i=1}^{n} x_i = 1, \ x_i \geqslant 0(\text{不允许卖空}) \\ \sum_{i=1}^{n} x_i = 1(\text{不允许卖空}) \\ f(A) \geqslant NE_i(\text{净资本监管约束}) \end{cases}$$

如果引进经济资本配置进行投资银行资产管理，收益率指标可以采用基于经济资本 EC 的 RAROC。该方法最初由美国信孚银行提出。假定投资银行测度出来的经济资本为 EC，则：

$$RAROC = \frac{\text{风险调整后的净收益}}{\text{经济资本}} = \frac{\text{收益} - \text{资金成本} - \text{营运成本} - \text{预期损失}}{\text{经济资本}}$$

如果用 CVaR 来度量经济资本，则上式表示为：

$$RAROC = \frac{\text{风险调整后的净收益}}{CVaR - \text{预期损失}} = \frac{\text{收益} - \text{资金成本} - \text{营运成本} - \text{预期损失}}{CVaR - \text{预期损失}}$$

可见，一方面 RAROC 并不把预期损失作为真正的风险，因而需要在 CVaR 值里扣除，同时预期损失因为计提了损失准备，也应该从收益里面扣除。该方法对风险、收益以及风险—收益相适应的这三个概念进行重新理解，其本质是真正的风险是非预期损失。因此预期损失是业务的必要成本。

下面是引入经济资本后，投资银行在经济资本和净资本双重目标约束下的资产配置模型：

目标函数：$\min(\delta_p^2, -RAROC)$ 或 $\max EVA$

约束条件：

$$\begin{cases} \sum_{i=1}^{n} x_i = 1, \ x_i \geq 0(\text{不允许卖空}) \\ \sum_{i=1}^{n} x_i = 1(\text{不允许卖空}) \\ f(A) \geq NE_i(\text{净资本监管约束}) \\ CVaR_\beta(\bar{A}) \leq A^*(\text{基于 } CVaR \text{ 模型测度经济资本}) \\ VaR_\beta(\bar{A}) \leq A^*(\text{基于 } VaR \text{ 模型测度经济资本}) \end{cases}$$

其中，EVA 为绝对值形式的经济资本增加值。

二、配置步骤

(一) 自下而上的经济资本度量

资产配置的第一步是测度投资银行的预期损失和非预期损失，然后才能计算出经济资本。由于自上而下的度量方法过于宏观，难以对微观的资产结构配置提供多少信息，因此我们需要采用自下而上的经济资本度量方法。

实际上，投资银行风险的测度相当复杂。如果从投资银行的各个业务视角进行测度，就得将其划分为经纪业务、自营业务、资产管理业务等，然后对每个业务的各种风险进行分别度量并加总得到该业务的经济资本需求。以投资银行的经纪业务为例，其风险不仅包括员工操作风险，还包括交易网络故障的技术风险、违反监管规定的法律风险等。另外，即使估计出了经纪业务、自营业务等各业务的经济资本需求（如各个业务的经济资本需求为 EC1，EC2 等），我们同样面临如何将这些不同业务的风险加总的问题。

而反过来，如果我们从不同风险形态出发度量投资银行的经济资本，问题是否变得更容易了？问题似乎没有得到多大改善。投资银行的风险形态包括市场风险、信用风险、操作风险、法律风险等。而单就市场风险而言，还得有承担风险的具体载体——业务或者某个资产，这就又回到上面的问题。

因此，实践中并不存在完美的、穷尽每个业务与每种风险形态的自下而上的经济资本度量方法。犹如商业银行的经济资本管理，目前也主要集中在对信贷资产（或业务）、信用风险的管理上。本书认为，投资银行的经济资本度量需要抓住主要业务的主要风险：针对经纪业务，则主要以操作风险作为其风险度量及经济资本配置的主要对象①；针对自营业务，则主要度量市场风险的非预期损失，并以此来配置经济资本；等等。然后，结合对不同风险相关性的考察，比如借助于 Copula 连接函数，汇总经济资本总量。

（二）机构层面向各业务部门分配经济资本

投资银行机构层面根据实际可用的资本金规模和汇总的必要经济资本总量的比较，确定各业务部门的经济资本额度，用以控制各个业务部门的资本预算分配量。可见，经济资本分配的路径是自上而下进行的。同时，对不需要占用资金如以服务为主的经纪业务来说，该资金并不是要真正分配到经纪部门，而是结构层面以预留形式进行虚拟分配。

（二）各业务部门向业务单元进行分配

各业务部门根据本业务部门的经济资本限额，也就是其所对应的风险承担能力，重新调整自身的业务规模、资产结构。如果限额大于第一步所测度出来的本部门所需要的必要经济资本，则意味着本部门可以按照 RAROC 最大的原则提高相应的资产规模，反之则需要减少本部门 RAROC 最小的资产规模直至满足所分配的限额。

往往按照上述步骤对所有业务都进行经济资本度量，然后再从上而下分配，不具有现实性。因此，投资银行可以在某个业务部门内部，独立进行经济资本的测算，然后以该业务的净资本监管为限额，进行资产的次优配置。这就是下一节所研究的内容。

第四节　双重约束下我国投资银行资产配置实证

美国净资本监管始于 1934 年的《证券交易法》，比 1988 年的《巴塞尔协议》还早了半个世纪。但此次危机表明以净资本为核心的投资银行监管模式并不能替代自我约束机制，其在面临流动性风险时显得无能为力。因此，如何在净资本监管的外部风险管理框架下，实证研究经济资本管理这一内部管理方法的适用性，具有实际意义。

我国净资本监管体系的建立不过近十年时间。监管者通过不断细化、精确

---

① 由于经纪业务不消耗资本或属于低资本消耗型业务，对其的经济资本配置实际上只是虚拟地在机构层面进行配置。

化的净资本计算方法和监管指标①，以期提高风险监管的有效性、改善券商资本配置效率。虽然因目前我国投资银行还处于以传统服务业务为主的阶段，前面所分析的美国现代投资银行所具有的风险特征在我国尚不明显，但是随着融资融券、股指期货等的推出和混业经营趋势逐渐显现所带来的竞争，券商现有业务结构中高资金占用型的新兴业务将逐步增加，其风险特征也将与发达市场投资银行趋同。下面基于 GARCH 模型，用 VaR 和 CVaR 分别来度量并比较我国投资银行所需的必要经济资本与净资本的关系，实证分析净资本监管的有效性和券商的资本配置效率。考虑到数据可获得性，本书仅以上市投资银行的自营业务为例。

一、我国投资银行自营资产配置的一般分析

(一) 自营业务特征分析

由于投资银行在经纪、承销等业务领域面临激烈的竞争，通过这些传统业务来提高收入显得极为有限。以 2007 年为例，如果经纪业务按 0.2% 的平均佣金率计算收入，全国 3 000 多家投资银行营业部的平均收入也不足 214 万元；对于投资银行的承销业务来说，若按 3% 的上限费率计算佣金，拥有主承销资格的投资银行的承销业务收益也只有 3 092 万元。因此，在这种情况下，投资银行为了获得更多的利润，纷纷将业务重心转向收益高、风险大的自营业务，造成投资银行的业务高度雷同。

同时，由于自营业务受到市场条件约束，目前我国债券市场总体规模小，存在多头监管、市场分割等情况。加上金融衍生产品的种类和数量也有限，投资银行的自营业务长期以来主要集中于二级市场股票交易，投资品种中对股票的配置占了很大比重。这种以股票为主要配置内容的投资模式，也容易导致各家投资银行的自营业务高度雷同。在这种投资方式下，投资银行自营业务的盈利模式单一，主要通过对市场行情的趋势判断来获利，因此特别易受制于市场行情。业务规模虽然不大，但风险暴露程度较高，业绩波动幅度却很大。投资的趋势判断往往使得盈利情况依赖于个人能力，业务的核心竞争力缺乏。加上我国证券市场本身发育不完善，其他投资者的投资理念也尚不成熟，在整体上上市公司的获利能力普遍较弱、股票价格波动较大、市场相关的基础设施建设不到位、市场监管也不健全的状况下，投资银行的自营业务风险就更大。

----

① 净资本计算方法方面，我国先后发布了《关于调整证券公司净资本计算规则的通知》(2001)、《关于发布证券公司净资本计算标准的通知》(2006)、《关于调整证券公司净资本计算标准的通知》(2007)、《关于调整证券公司净资本计算标准的规定》(2008) 等；净资本监管指标设计方面，我国先后发布了《证券公司管理办法》(2001)、《证券公司风险控制指标管理办法》(2006)、《关于修改〈证券公司风险控制指标管理办法〉的决定》(2008)、《关于证券公司风险资本准备计算标准的规定》(2008)、《证券公司分类监管规定》(2009)、《关于修改〈证券公司分类监管规定〉的决定》(2010) 等。

从自营业务的收入来看，其波动特征明显。历史比较，2001年行业收入中，自营业务占比13%，2011年，自营业务占比11%，自营业务以股票和债券投资收益为主，自营业务的盈利模式并未发生明显变革。而摩根士丹利2011年的自营业务收入占比达39.5%。我国投资银行自营业务收入占比变化如表4.3所示。

表4.3　　　　我国投资银行自营业务收入占比变化分析（%）

年份	2001	2007	2008	2009	2010	2011	2012年1~6月
自营业务	11	29.72	3.68	11.81	15.40	13.49	27.67

注：自营业务收入包括投资收益和公允价值变动。

长期以来，我国投资银行的自营业务主要以方向性投资为主。股指期货推出后，创造了投资银行自营业务从传统高风险的投机、单向盈利方式转化到双方向对冲投资盈利形式，有了套期保值的交易机制。同时，监管者也逐步放开约束。2011年6月，中国证监会发布相关规定，进一步明确了券商自营业务的投资范围，指出证券公司可以设立子公司，从事《证券公司证券自营投资品种清单》所列品种以外的金融产品等投资。这有利于改善自营投资的品种结构和风险属性，对于投资银行加大力度发展自营业务、增加业绩增长点具有积极作用。《关于证券公司证券自营业务投资范围及有关事项的规定》（2012年10月）进一步将投资银行的自营品种增加一类、扩大两类，将银行理财计划、集合资金信托计划等纳入自营投资范围。

（二）自营业务风险分析

（1）自营业务的市场风险。投资银行市场风险主要存在于自营业务，它是指其持有的股票、债券、基金等金融资产头寸因为股价、利率等金融价格波动给其带来潜在损失的可能性。同时，市场风险也是投资银行自营业务面临的主要风险，自营业务的高风险特点也主要由它引起。资本市场上的宏微观因素，都有可能引起金融资产价格的波动。比如宏观层面的紧缩性政策往往对资本市场带来不利影响，引起资产价格下跌；中观层面的产业政策，也对投资银行所持股票或债券的公司带来影响，进而引起其资产价格变化；微观层面的公司经营政策调整、高管异动等对资产价格也会产生影响。宏观层面的原因，投资银行无法通过组合投资的形式来规避。但就微观和中观因素引起的非系统性风险，投资银行则一般运用风险管理技术（如VaR方法）进行组合投资，可以降低风险的程度。

（2）自营业务的经营风险。投资银行在自营业务过程中，可能由于资产组合选择的偏差、投资方向的误判等原因，使自营业务收益遭受损失。从成因上讲，经营风险可能是由于内部控制不严导致决策失误而引起；也可能是由于员工与部门经理、部门经理与投资银行高管之间存在委托代理问题，致使操作风险甚至道德风险频发所引起。除此之外，投资银行既进行自营投资，又提供资产管理业务、咨询服务。这种道德风险甚至法律风险，可能会给自营部门甚至整个投资银行带来不利影响。

（3）自营业务的监管风险。我国证券监管以合规管理为重点。自营业务的监管风险（又称为合规风险）指的是投资银行工作人员在自营投资中，有意识或无意违反监管部门的相关规定，导致投资银行可能因此受到行政处罚、罚金、禁入市场等损失，而且这类损失往往会有连带的声誉影响。在我国，监管部门对自营业务的品种、规模、交易制度、信息披露等都做了严格规定。

（三）自营资产配置的一般思路

从上面来看，我国投资银行的自营投资品种主要限于上市的股票、债券、基金等少数几种监管部门许可的范围，并受到债市规模不大、基础资产及其衍生品较少等环境约束。投资银行的自营资产配置以合规为主要特征，价值投资和量化风险约束下的资产配置能力仍处于较低水平，风险控制的能力也有待提升。

但随着监管部门对投资品种的相关政策规定放宽、股指期货推出、直接金融市场的比重扩大等外部环境的改善，投资银行的自营资产配置逐步具备了投资结构优化、能防范系统性风险的外部条件和相应机制。这将有利于投资银行对自营业务的风险进行更好的管理。自营资产配置也进入数量化和技术化配置的新阶段，资产配置专业化程度和技术将成为各家投资银行竞争的关键。具体来说，投资银行在资产配置时需要兼顾以下几个目标：

第一，在资产配置理念上，不仅要重视策略投资，也需要进行以较长投资期限为目的的价值投资。这反映在风险管理技术上，就是对资产配置的持有期的考察。相对其他投资者来说，投资银行在自营业务上拥有信息、人才等优势，具有价值评估和价值投资的基础。从前面对我国投资银行的资产配置的情况来看，我国投资银行还处于以短期投资、价差收益为目的的投机性或技术性投资阶段，市场风险巨大。因此，投资银行需要兼顾不同的投资期限，并在满足考虑流动性管理的需要条件下，更加注重策略的研究和运用，并通过不同的组合和配置分散风险，通过衍生工具对冲风险，从而实现与可承受风险相匹配的投资收益。

第二，在资产配置品种上，兼顾固定收益、权益类证券不同的风险、收益特征，进行合理化搭配。随着债券市场的纵深发展，投资银行应加大债券等相对低风险产品的配置，达到整体上平滑组合资产的收益波动。同时，从扩大品种的条件上看，我国投资银行的融资机制、负债业务等相关的制度性规定被逐步放松，也为投资银行适度扩大配置规模以增加绝对收益创造了外部条件。

第三，在资产配置的具体技术上，创新投资方式，如引进对冲机制等。随着自营业务在范围、品种选择上的逐步扩大，自营投资的收入来源可能会逐步增加。如套利交易机制所带来的低风险收益、信托产品投资、资产证券化产品、银行理财产品等收入渠道，缓解了来自银行竞争的压力。同时，这也要求投资银行要根据不同产品的性质、不同风险特征选择相适应的资产组合，并采取相应的投资形式，通过投资品种多样化、投资方式的多元化实现自营资产价值的增值、投资风险的分散。

第四，加强各个业务部门、人员在不同类型资产配置业务单元的整体协同能力，提高配置的总体效率。在资本金总体规模有限的条件下，投资银行需要降低内部的代理问题产生的额外成本，通过进行股票约定式购回业务、债券质押购回业务等进行业务联动，为进一步提高其自有资金的使用效率、更好地创造股东价值提供保障。

无论是上述投资品种的优化，还是资金使用效率的提升，在既定外部约束下，投资银行自营资产配置的关键还是在于对资产配置方法、风险管理技术的掌握上。下面结合经济资本配置方法，实证研究我国上市投资银行的自营资产配置。

二、数据选取与描述性分析

证券类资产分为权益类、固定收益类和基金类。相应地根据数据可获得性，我们选取了2008—2009年①的沪深300指数、债券指数（上证国债指数、上证企业债指数）、上证基金指数（预处理为日收益率形式）。各序列共得到样本490个。

首先进行变量的正态性、平稳性检验，结果见表4.4。4个指数收益率的峰度系数都大于3，具有明显尖峰厚尾的特征，由JB统计量可判定它们皆不符合正态分布，ADF统计量表明各序列在1%的显著水平下平稳。

表4.4　　　4个指数收益率序列的描述性统计量和单位根检验

	沪深300指数	上证国债指数	上证企业债指数	上证基金指数
均值	−0.047 281	0.020 164	0.033 813	0.013 976
标准差	2.624 902	0.104 687	0.198 035	2.313 982
偏度系数	−0.055 409	1.033 877	2.150 717	0.262 172
峰度系数	3.921 277	14.202 28	21.369 21	4.890 529
JB统计量	17.579 41	2 649.403	7 266.906	78.584 47
ADF统计量②	−21.465 19	−17.152 37	−14.567 44	−21.510 56

---

① 目前执行的净资本计算标准从2008年12月1日开始，同时后文计算的是月VaR值，故为保证连贯性和样本量，实证使用2008—2009年的样本数据。另外，由于沪深综合债券及基金指数的数据可获得性问题，债指和基金指数用上交所数据。

② 1%的临界值为−3.443 496。

三、基于 GARCH-VaR 模型的投资银行资产配置实证

1. GARCH-VaR 模型

GARCH 模型常用的分布有正态分布、学生 t-分布和广义误差分布（GED）等。徐炜和黄炎龙（2008）、陈林奋和王德全（2009）等学者实证发现，对具有尖峰厚尾特征的时间序列数据，GED 分布能较好刻画这些风险特征，而且残差分布选择也不会对模型结果产生很大差异。本书假设 GARCH 模型残差服从 GED。根据 AIC 准则，确定均值方程采用无常数项的 AR（1）形式，GARCH 模型采用 GARCH（1，1），其均值方程和方差方程分别为：

$$\gamma_t = \mu_{t-1} + \varepsilon_t$$
$$h_t = \omega + \alpha \varepsilon_{t-1}^2 + \beta h_{t-1}$$

其中 y_t 为指数日收益率，h_t 为条件方差，$\varepsilon_t \sim GED(0, h_t, r)$，其概率密度函数为：

$$f(\varepsilon) = \frac{r \exp(-|\varepsilon/\lambda h|^r / 2)}{\lambda 2^{1+1/r} \Gamma(1/r) h}$$

$$\lambda = \left[\frac{2^{-2/r} \Gamma(1/r)}{\Gamma(3/r)} \right]^{1/2}$$

其中 Γ 为 Gamma 函数，r 是尾部厚度参数。当 0<r<2 时，GED 分布为厚尾分布，当 r=2 时，GED 为正态分布，当 r>2 时，GED 则为瘦尾分布。

然后，将上面 GARCH 模型估计出来的方差和均值，带入前面所介绍的 VaR 的公式：$VaR_{\alpha, t} = V\delta\Phi^{-1}(\alpha)\sqrt{t}$，便可得到 VaR 值。

2. 计算指数 VaR

根据上述步骤，首先检验 GARCH 方程的系数项之和小于 1，满足宽平稳性；ARCH-LM 检验表明消除残差序列中的自回归条件异方差成分；GARCH（1，1）-GED 的尾部厚度指标 r 为 1.434 904，呈现厚尾分布。由 Eviews7.2 软件计算可得 99% 置信水平下 GARCH（1，1）-GED 的分位数为 2.526 348。从而，预测下一交易日（t）沪深 300 指数收益率的波动率公式为：

$$\hat{\delta}_t^2 = 0.205\,092 + 0.088\,384\,(hs\,300_{t-1} - 0.045\,997hs\,300_{t-2})^2 + 0.886\,144\delta_{t-1}^2$$

$$(4.1)$$

根据 GARCH（1，1）自动生成的条件方差序列，可知 $\delta_{t-1}^2 = 3.968\,992$。将 2009 年前和 2009 年第一交易日的指数收益率（$hs300_{t-2} = 1.660\,220$，$hs300_{t-1} = 0.472\,623$）代入式（4.1），可得：$\delta_t^2 = 3.748\,828$。这就是 2010 年第一个交易日（t）沪深 300 指数收益率的方差预测值。

最后，计算 VaR 值。净资本计算表是每月进行一次计算并上报证监会，相应的持有期 T 也按月计算。2010 年 1 月有 20 个交易日，从而可计算出沪深 300 指数在 99% 置信水平下的月 VaR 值（采用百分比的相对形式）为 21.875 397。限于篇幅，其他 3 个指数的 VaR 计算过程不复述，计算结果见表 4.5。

表 4.5　　　　　　　　　　4 个指数的月 VaR 计算结果

	沪深 300 指数	上证国债指数	上证企业债指数	上证基金指数
VaR（%）	21.875 397	1.146 083	0.941 316	19.890 935

3. 经济资本的计算

本书以 11 家上市投资银行作为对象，原始数据见附录二。为方便，我们把 11 家公司 2009 年年末持有的自营证券相应地分为权益类、债券类和基金类，结合其投资规模和表 4.5，可计算出各投资银行每类资产的 VaR 值（见表 4.6），但因其还未剔除预期损失，故还不是经济资本。我们知道，投资银行是通过计提损失准备来应付预期损失的。为此，我们简化地用损失准备作为预期损失，将上述 VaR 值减去公司所计提的该项资产的损失准备，差额便可以用于度量该类资产的非预期损失——经济资本。结果见表 4.6。

表 4.6　　　　　11 家上市投资银行自营证券的 VaR 与经济资本　单位：百万元

序号	公司名称	VaR			经济资本			
		权益类证券	固定收益类证券	基金类证券	权益类证券	固定收益类证券	基金类证券	总额
1	宏源证券	274.89	32.01	237.74	165.12	32.01	237.74	434.88
2	东北证券	278.29	0.00	208.96	278.29	0.00	208.96	487.26
3	国元证券	186.78	4.28	142.01	186.78	4.28	142.01	333.07
4	长江证券	467.09	51.36	271.40	440.49	51.36	271.40	763.24
5	中信证券	3 810.49	377.21	0.00	—	—	—	3 772.37
6	国金证券	28.25	0.54	110.84	28.25	0.54	110.84	139.63
7	西南证券	303.72	2.22	258.47	303.72	2.22	258.47	564.42
8	海通证券	1 733.03	66.88	916.23	1 732.83	66.88	916.23	2 715.94
9	招商证券	681.96	165.74	0.00	681.96	165.74	0.00	847.71
10	太平洋	111.27	5.66	19.21	111.27	5.66	19.21	136.15
11	光大证券	185.34	20.03	1 051.13	—	—	—	1 256.40

注：①数据来源：各家投资银行 2009 年年报。②中信证券和光大证券 2009 年年报未将相应的损失准备细分，故无法计算出各类投资的经济资本。

4. 净资本的计算及比较

按照相关监管规定①，分别计算各类投资对应的净资本要求②。再结合表4.6，便可计算出净资本要求与经济资本要求的差额，见表4.7。

表4.7　　11家上市投资银行自营证券的净资本与经济资本比较

单位：百万元

序号	公司名称	净资本-经济资本			
		权益类证券	固定收益类证券	基金类证券	总额
1	宏源证券	1 091.51	581.43	0.00	1 672.94
2	东北证券	993.89	—	0.00	993.89
3	国元证券	667.07	77.71	0.00	744.78
4	长江证券	1 694.74	932.76	0.00	2 627.50
5	中信证券	—			20 874.92
6	国金证券	100.89	9.90	0.00	110.78
7	西南证券	1 084.70	40.38	0.00	1 125.08
8	海通证券	6 189.46	1 214.80	0.00	7 404.26
9	招商证券	2 435.53	3 010.34	—	5 445.87
10	太平洋	397.39	102.86	0.00	500.25
11	光大证券	—	—		1 025.78

注：①东北证券和招商证券2009年报表披露的固定收益类证券和基金类证券为0；②中信证券和光大证券的经济资本要求因数据可获得性无法细分，因此差额只能计算出总值。

四、基于 GARCH-CVaR 模型的投资银行资产配置实证

1. 不同分布下的 CVaR 模型

根据 CVaR 的定义，其计算的是大于 VaR 的极端值的平均值，即条件期望值。用 α 表示对应于置信水平 c 的分位数，q 表示大于 α 的分位数，则有：

$$CVaR = E[\,p_{t-1}q\delta_t \mid p_{t-1}q\delta_t > p_{t-1}\alpha\delta_t\,]$$
$$= p_{t-1}\delta_t E[\,q > \alpha\,]$$
$$= p_{t-1}\delta_t E[\,-q \mid -q < -\alpha\,]$$

---

① 《关于修改〈证券公司风险控制指标管理办法〉的决定》（2008）第二十二条对投资银行经营证券自营业务的相关规定：自营权益类证券及证券衍生品的合计额≤净资本；自营固定收益类证券的合计额≤5倍净资本。

② 《证券公司风险控制指标管理办法》第四十一条规定，股票类基金计入权益类证券，债券类基金计入固定收益类证券。考虑到数据可获得性，本书将基金类债券视为权益类证券，其净资本要求按照权益类的净资本要求计算方法进行计算。

$$= p_{t-1}\delta_t \frac{\int_{-\infty}^{-\alpha} - qf(q)\,dq}{\int_{-\infty}^{-\alpha} f(q)\,dq}$$

$$= \frac{p_{t-1}\delta_t}{1-c} \int_{-\infty}^{\alpha} qf(q)\,dq$$

（1）正态分布下的 CVaR 值

将正态分布的密度函数 f（q）带入上式，有：

$$CVaR = \frac{p_{t-1}\delta_t}{1-c} \int_{-\infty}^{\alpha} q \frac{1}{\sqrt{2\pi}} e^{-q^2/2}\,dq = \frac{p_{t-1}\delta_t}{1-c} \frac{1}{\sqrt{2\pi}} e^{-\alpha^2/2}$$

（2）t 分布下的 CVaR 值

$$CVaR = \frac{p_{t-1}\delta_t}{1-c} \int_{-\infty}^{-\alpha} q \frac{\Gamma((d+1)/2)}{\sqrt{d\pi}\,\Gamma(d/2)} \left(1+\frac{q^2}{d}\right)^{-\frac{d+1}{2}}\,dq$$

$$= \frac{p_{t-1}\delta_t}{1-c} \frac{\sqrt{d}}{(d-1)\sqrt{\pi}} \frac{\Gamma((d+1)/2)}{\Gamma(d/2)} (^1+) - \frac{d-1}{2}$$

（3）在 GED 分布条件下的 CVaR 值

$$CVaR = \frac{p_{t-1}\delta_t}{1-c} \int_{-\infty}^{-\alpha} q \frac{d\exp\left[-\frac{1}{2}\mid q/\lambda\mid^d\right]}{\lambda 2^{[d+1/d]}\Gamma(1/d)}\,dq$$

GED 分布下 CVaR 的计算更加复杂，采用 Matlab 软件求解。

2. 指数 CVaR 计算

按照上述方法，指数的月 CVaR 计算结果见表 4.8。

表 4.8　　　　　　　　　　4 个指数的月 CVaR 计算结果

	沪深 300 指数	上证国债指数	上证企业债指数	上证基金指数
CVaR（%）	74.82	4.34	4.38	48.97

3. 基于 CVaR 的经济资本计算

利用 Matlab 软件，基于 CVaR 的经济资本计算结果见表 4.9。

表 4.9　　　　　　11 家上市投资银行自营证券的 CVaR 与经济资本

单位：百万元

序号	公司名称	CVaR			经济资本			
		权益类证券	固定收益类证券	基金类证券	权益类证券	固定收益类证券	基金类证券	总额
1	宏源证券	940.21	133.73	585.30	830.44	133.73	585.30	1 549.47
2	东北证券	951.85	0.00	514.45	951.85	0.00	514.45	1 466.30

表4.6(续)

序号	公司名称	CVaR			经济资本			
		权益类证券	固定收益类证券	基金类证券	权益类证券	固定收益类证券	基金类证券	总额
3	国元证券	638.85	17.87	349.61	638.85	17.87	349.61	1 006.33
4	长江证券	1 597.58	214.54	668.16	1 570.98	214.54	668.16	2 453.67
5	中信证券	13 032.94	1 575.76	0.00	—	—	—	14 193.37
6	国金证券	96.62	2.28	272.88	96.62	2.28	272.88	371.78
7	西南证券	1 038.82	9.29	636.33	1 038.82	9.29	636.33	1 684.44
8	海通证券	5 927.46	279.41	2 255.68	5 927.26	279.41	2 255.68	8 462.35
9	招商证券	2 332.50	692.39	0.00	2 332.50	692.39	0.00	3 024.89
10	太平洋	380.58	23.66	47.30	380.58	23.66	47.30	451.54
11	光大证券	633.91	83.67	2 587.80	—	—	—	3 305.28

注：①数据来源：各家投资银行2009年年报。整理后的数据见附表。②中信证券和光大证券2009年年报未将相应的损失准备细分，故无法计算出各类投资的经济资本。

11家上市投行自营证券净资本与基于CVaR方法的经济资本比较见表4.10。

表4.10 11家上市投行自营证券净资本与基于CVaR方法的经济资本比较

单位：百万元

序号	公司名称	净资本-经济资本			
		权益类证券	固定收益类证券	基金类证券	总额
1	宏源证券	426.19	479.72	−347.56	558.35
2	东北证券	320.34	0.00	−305.49	14.85
3	国元证券	215.00	64.12	−207.60	71.52
4	长江证券	564.25	769.58	−396.76	937.07
5	中信证券	—	—	—	10 453.92
6	国金证券	32.52	8.16	−162.04	−121.36
7	西南证券	349.61	33.31	−377.86	5.05
8	海通证券	1 995.03	1 002.28	−1 339.45	1 657.86
9	招商证券	784.98	2 483.70	0.00	3 268.68
10	太平洋	128.08	84.87	−28.09	184.86
11	光大证券	—	—	—	−1 023.10

五、两种模型的实证结论与比较

基于 CVaR 的方法比 VaR 方法对经济资本的要求更高。同时，11 家券商的总监管资本要求大于经济资本要求，其中权益类和固定收益类证券投资的监管资本要求均大于经济资本要求，而基金类证券投资的监管资本要求与经济资本要求相等。[①] 这一实证结论，与宋永明（2009）对商业银行的研究和田玲、张岳（2010）对保险公司的实证相一致。出于审慎监管的考虑，监管者一般要求被监管者持有超过其意愿的资本金水平。实证说明，我国券商的净资本监管体系在风险防范上是有效的，但投资银行自身的资本配置效率有待提高。这为我国投资银行开展 ECM 提供了依据。

首先，净资本与经济资本之差为券商实施监管资本套利提供了空间。上述差额为正，可以被视为券商被迫缴纳的监管税。因此，券商总是希望差额越小越好，就倾向于调整资产配置，持有监管资本要求更低的资产以节约监管税。这样，净资本监管套利所引起的资产重新配置问题，就需要考察这一差额的动态变化，而基于经济资本的资产配置战略为此提供了技术方案。

其次，经济资本为我国券商业绩评估提供了新思路。通过查找 2010 年 2 月 1 日各指数的收盘价，我们计算出 11 家券商三类投资的会计利润和经济利润（见表4.11）。如果按照传统的业绩考核方法，固定收益部门获得了正的会计利润，可以获得较高的薪酬奖励。但从经济资本角度，固定收益部门所实现的利润占用了较高的经济资本，在剔除其给机构总体带来的非预期损失风险即经济资本后，其经济利润亦为负（基于 CVaR 的情况会更低）。因此过高的薪酬激励并不恰当，反而会鼓励部门主管的冒险行为。

表4.11　11 家上市投资银行自营证券的会计利润与经济利润的比较

单位：百万元

序号	公司名称	会计利润			经济利润（以 VaR 为例）		
		权益类证券	固定收益类证券	基金类证券	权益类证券	固定收益类证券	基金类证券
1	宏源证券	−148.65	30.29	−95.62	−313.77	−1.72	−333.36
2	东北证券	−150.49	0.00	−84.05	−428.78	0.00	−293.01
3	国元证券	−101.00	4.05	−57.12	−287.79	−0.23	−199.12
4	长江证券	−252.58	48.59	−109.16	−693.07	−2.77	−380.56
5	中信证券	−2 060.51	356.88	0.00	−5 476.00*		

---

① 上证基金 VaR 值为 19.9%，而这几乎等于基金类债券的净资本要求比例 20%，加上各家券商对基金类证券都未提取损失准备，因此基金类证券两者的差额几乎为零。

表4.11(续)

序号	公司名称	会计利润			经济利润（以 VaR 为例）		
		权益类证券	固定收益类证券	基金类证券	权益类证券	固定收益类证券	基金类证券
6	国金证券	−15.28	0.52	−44.58	−43.53	−0.03	−155.42
7	西南证券	−164.24	2.10	−103.96	−467.96	−0.12	−362.43
8	海通证券	−937.13	63.28	−368.53	−2 669.97	−3.60	−1 284.75
9	招商证券	−368.77	156.81	0.00	−1 050.73	−8.93	0.00
10	太平洋	−60.17	5.36	−7.73	−171.44	−0.31	−26.94
11	光大证券	−100.22	18.95	−422.79	−1 760.45**		

注：因公司财报中数据未细分，*和**指该数值为中信证券和光大证券三类投资的经济利润总额。

第五节　小结

本部分遵循"资产配置现状—资产配置传统方法—引入经济资本的资产配置模型—我国投资银行配置实证"这样的思路展开研究。首先，通过对我国 94 家投资银行的研究发现，投资银行的资产规模总体偏小，抗风险能力有限。从资产结构上看，货币资金是其最大资产，其中以客户资金存款为主，市场风险大。其次，建立了双重约束下投资银行资产配置模型，并利用我国上市投资银行的自营资产配置数据进行了实证研究。研究发现自营部分的净资本要求大于经济资本要求、会计利润大于经济利润、基于 GARCH-CVaR 模型的配置方法比 GARCH-VaR 模型更为有效等。这验证了理论分析得出的经济资本配置可以在一定程度上抑制投资银行激进的风险文化的结论。

第五章 基于经济资本的投资银行资本结构优化理论与实证

本章先运用面板数据对我国投资银行资本结构的影响因素进行实证分析，并研究投资银行资本结构优化的必要性。然后，本章从理论上建立投资银行如何运用期权方法建立基于经济资本的资本结构优化模型。最后，本章运用我国券商数据进行实证研究与讨论。

第一节 投资银行的资本结构、影响因素与优化问题

一、资本结构的定义

资本结构是企业在过去的筹资过程中所有融资决策以及经营活动最后形成的结果，是基于财务数据得到的权益与负债的相对比值，因此是个静态、存量概念。简单地讲，杠杆率就是公司的资本结构。但就资本结构是否重要这一问题，自从 Modigliani 和 Miller（1958）提出资本结构无关论以来，一直是公司金融研究的经典问题，也形成了丰硕的研究成果。

二、投资银行资本结构的影响因素

资本结构受到投资银行的规模、业绩、监管情况等因素影响。本节我们通过建立实证模型，对我国投资银行资本结构的影响因素进行分析。

（一）数据来源及样本选择

本书所使用的样本为 2007—2010 年我国 94 家投资银行的财务数据，并剔除了数据不完整或不连续的样本。

（二）变量选择与描述性分析

变量设置情况见表 5.1。限于本书的研究目标，以资本结构变量为被解释变量，用 CS 表示，界定为 CS=资产/权益，即杠杆倍数。

解释变量包括：

（1）投资银行的资产规模（SIZE）。资产规模大的投资银行，抗风险能力更强，更容易进行负债融资，在理论上与杠杆倍数成正比。

（2）投资银行的盈利能力（EP），用"净利润/总资产"衡量。一方面，

财务杠杆可以增加投资银行的盈利能力，两者存在正比因素；另一方面，对不同的投资银行而言，盈利能力高的投资银行也可能有较充裕的现金流，因而对外部融资需求不强烈，杠杆率较低，两者有可能存在反比情况。

（3）净资本情况（NC），用投资银行的净资本值代替。一般来说，净资本充裕的投资银行，杠杆倍数可以更高。但由于净资本数据不完全可获得，本书根据《关于发布证券公司净资本计算标准的通知》（2006）提供的净资本计算方法，再结合数据情况，按以下式子计算：净资本=净资产-0.1×交易性金融资产-0.1×可供出售金融资产-0.5×投资性地产。

表5.1　　　　　　　　　变量选择

	变量	符号	说明
被解释变量	资本结构	CS	资产/权益
解释变量	资产规模	SIZE	总资产：可间接计算
	盈利能力	EP	"净利润/总资产"的对数
	净资本情况	NC	净资本的对数值

各变量的描述性分析见表5.2。2007—2010年94家投资银行的平均杠杆率为4.7。

表5.2　　　　　　　　　各变量的描述统计

统计量	CS	SIZE	EP	NC
均值	4.737 846	22.901 86	0.044 521	21.405 82
中值	4.420 000	22.925 00	0.040 000	21.485 00
最大值	16.250 00	26.060 00	1.190 000	24.910 00
最小值	1.010 000	19.560 00	-0.180 000	18.410 00
标准差	2.140 404	1.291 306	0.068 708	1.254 340
偏度	1.250 893	-0.113 392	12.292 54	0.058 781
峰度	5.806 598	2.944 636	207.192 5	3.148 458

（三）实证结果

本书建立面板模型。由于数据的时间较短，本书进行面板最小二乘回归。回归结果如下：

$$\hat{CS}_{it} = 1.786\,669 + 4.284\,542SIZE_{it} - 0.881\,694EP_{it} - 4.444\,284NC_{it}$$
$$(2.601\,785)\ (50.829\,46)\qquad(-1.555\,657)\quad(-51.456\,22)$$

$R^2 = 0.880\,149$　F-statistic = 910.616 8

从上面的结论可以看出，资产规模与投资银行的杠杆倍数成正比，这与预期一致；但投资银行的盈利能力、净资本情况与投资银行的杠杆倍数成反比，这或许从侧面说明我国投资银行的杠杆受到严格监管，没有实施与自身风险状况相适应的资本结构战略。

三、投资银行资本结构调整的理论比较：动态与静态

（一）静态资本结构理论

企业是否存在着最优的资本结构？1958 年 Modigliani 和 Miller 提出 MM 理论，认为公司的价值和资本成本与资本结构无关，但考虑到所得税因素、破产成本，资本结构将受到负债水平影响。

权衡理论认为，最优的资本结构是在负债的节税效果与破产的成本之间进行取舍的。该理论从是否考虑资本结构的调整成本角度，分为静态资本结构理论与动态资本结构理论。静态资本结构理论认为资本结构的调整成本很小，因此无须特别考虑。静态优化分析部分地解释了资本结构静态优化的一些特点，例如多数静态优化理论认为公司存在固定不变的债务股权比例。但静态分析的重要前提是：外界环境保持不变，这越来越不适合现实经济状况，最终导致它能够解释的内容远小于不能解释的部分。

（二）动态资本结构理论

该理论的基本观点是：最优的资本结构不是固定在某个水平上一成不变，而是需要根据企业的外部环境变化做相应调整。相对于静态资本结构理论，该理论更符合企业实际。因为企业尤其是金融机构面临复杂多变的外部环境，其资产风险状况、负债成本等都可能在短期内发生较大变化。资产方的变化在前面已经做了较多论述。就金融机构负债融资的条件变化来说，同样受到市场总体资金供求情况、国家货币政策走向等干扰，出现融资成本的波动。

但是，需要注意的是，动态资本结构理论尽管认为需要不断优化资本结构以适应外界环境变化，但也要考虑资本结构调整的成本，尤其是在外部信息不对称和监管约束条件下，投资银行的资本成本调整需要兼顾调整成本。正因为如此，该理论认为金融机构的实际资本结构是动态波动的，甚至常态下是偏离了合意的资本结构水平的，但长期来看以合意水平为波动的均值点或接近它。

该理论对我们进行投资银行的资本结构优化提供了启示：投资银行的资本结构需要根据其资产、负债的波动特征，同时兼顾净资本监管进行动态调整，但这种调整成本的存在使得实际资本结构并非长期处于最优水平。同时，前面所介绍的自上而下的经济资本度量可用以动态反应投资银行整体风险，有利于这种动态优化资本结构的实现。

第二节 基于经济资本的投资银行资本结构优化模型

目前在金融机构风险管理领域广泛应用的经济资本管理，主要有以下几个方面：风险度量、配置、绩效评估等，其中整体风险度量实际上就是公司资本结构问题。投资银行要为股东创造价值，就需要在有效的风险管理条件下提高投资银行的杠杆水平，并维持较低的投资银行违约概率。

一、投资银行资本结构优化的步骤

资本结构问题主要是关于投资银行应该用多少债务和多少股权为其资产融资的问题。确定资本结构的过程主要包括以下几个步骤：

（1）确定最低的目标清偿标准和债务成本

确定资本结构的主要目标是将投资银行的违约率降低到能够保证其经济生存能力并且使投行资本成本最小化的水平。为了达到这个目标，投资银行必须制定一个最小的偿付能力标准，并且使投资者的投资收益率与每个投资者所承受的风险联系起来。

在决定一个可接受偿付能力标准的时候，应该将资本总额标准设定为某个特定时段破产概率的函数。例如，标准普尔信用评级为 AA 的公司一年期的历史违约率为 0.03%。如果一个公司制定了一个 AA 级的目标偿付能力标准，那么经济资本应被确定为在一年内能够使公司的偿付能力保持在 99.97% 的必要缓冲水平。

投资银行应该选择一个目标偿付能力标准，在这个标准上，最大违约概率能够被敏感客户所接受。然后，投资银行应该寻找到一种通过产生最低加权平均资本成本使得股东价值最大化的债权和股权的融资组合。

（2）选择违约模型

投资银行应拥有足够的可支配经济资本，以此吸收其在无违约责任情况下的组合中因风险的实现而造成的最糟糕的财务损失。给定现行净资产价值分布，投资银行在决定能够将其违约概率降低到目标水平的必要经济资本量的时候，需要使用违约风险模型。

（3）确定必要经济资本的测量方法和数量

必要经济资本是理论上需要用来覆盖潜在的未预期损失的资本量。也就是说，必要经济资本是一种最小股权数量的估计值。投资银行必须持有该数额以使债务持有人确信，其净资产价值绝对不可能降低到这一点：股票的持有者不会行使对自身资产的看涨期权，从而导致公司违约，以及由于破产使得流向债务持有人的现金流减少。必要经济资本是测算出来的达到违约临界值的风险资本，它是在给定投资银行净资产波动率、资产价值和负债水平下，能够将违约概率降低到特定违约模型所确定的目标水平的必要股权数量。

（4）确定可用经济资本的数额

David（2009）认为，用于可用经济资本代理指标的可支配资本指标有：第一，即监管资本，监管者计算的，可以符合他们最低监管标准的资本；第二，调整后的账面资本，即当前可对违约起缓冲作用的资本，是指账面资本加有形盯市调整额，再加上有可能保值的"硬"的无形资产；第三，内部经济资本，即资产负债表内与表外资产的市场价值或模型价值减去表内与表外负债的市场价值或模型价值。显然，投资银行的可用经济资本可以选择调整后的账面资本与净资本作比较。

（5）评估可用经济资本数额与必要数额之间的差额，确定资本结构

如果可用经济资本少于必要经济资本，投资银行处于资本不足状态。这时投资银行应该发行额外股票或次级债务，或者降低资产的风险并减少那些风险回报不能达到或超过必要股权收益率的业务。反之，如果可支配经济资本高于必要经济资本，可在那些能够获得较高风险调整收益的领域拓展风险业务，或者进行股权回购。上述资本结构调整都会使投资银行在目标违约概率范围内，最大化地创造股东价值。

可见，经济资本用于优化资本结构，需要先测度必要经济资本。下面先给出基于自上而下期权的总体必要经济资本测度模型，再分析其影响因素及资本结构优化战略。

二、投资银行总体必要经济资本的测度模型与影响因素

张仕英（2008）从理论上阐释了保险公司可以通过经济资本模型来优化资本结构，但没有给出具体的计算模型。杨继光（2009）则从理论和实证两个方面，根据期权定价原理提出了商业银行在无存款保险、部分存款保险和完全存款保险三种情形下总体必要经济资本测度方法，并应用我国 14 家上市银行 2000—2007 年度数据进行了实证研究。但该方法存在以下方面的不足：①由于经济资本是非预期损失所需要的最低资本金，因此期权方法直接计算出来的"经济资本"并不是真正的"经济资本"，即没有扣除预期损失部分；②没有考虑红利分配对经济资本测度的影响；③只是给出了初始时刻的经济资本测度模型，没有考虑资本预算的动态调整。

下面在修正杨继光（2009）提出的测度模型基础上，扣除非预期损失，研究了三种不同条件下投资银行的经济资本测度模型：未考虑红利分配的投资银行总体必要经济资本测度模型、考虑红利分配的投资银行总体必要经济资本测度模型、投资银行总体必要经济资本测度静态模型。然后，我们分析了投资银行总体必要经济资本的影响因素。

（一）不同情形下的投资银行总体必要经济资本测度模型

1. 不考虑红利的投资银行总体必要经济资本测度模型

如果不考虑红利分配的影响，在未来任意时刻 t（$0<t<T$），投资银行的总体必要经济资本 EC_t 为：

$$EC_t = V_t \Phi(d_1) - ML_T e^{-r(T-t)} \Phi(d_2) - EL_t \tag{1}$$

其中：$d_1 = \dfrac{\ln\left[\dfrac{V_t}{ML_T}\right] + (r + \dfrac{\sigma^2}{2})(T-t)}{\sigma\sqrt{T-t}}$，$d_2 = \dfrac{\ln\left[\dfrac{V_t}{ML_T}\right] + (r - \dfrac{\sigma^2}{2})(T-t)}{\sigma\sqrt{T-t}} = d_1$

$- \sigma\sqrt{T-t}$，EL_t 为资产的期望损失。

证明：

公司的股东实际上拥有资产减去负债后的净剩余要求权。这一要求权具有如下特征：当公司资产价值小于负债价值时，出现违约，在破产保护下，股东收益为零；反之，股东的收益等于资产价值减去负债价值的差额。这样的收益结构类似于期权。投资银行可以通过期权定价思想，求得给定置信水平下投资银行出现不违约所需要的总体必要经济资本金额，从而与资本金作比较，判断资本结构的优化方向。

设 v_t 为投资银行的资产价值，并且服从几何布朗运动：

$$dV_t = \mu V_t d_t + \sigma V_t dw$$

其中，μ、δ 是常数，指投资银行资产的瞬间期望收益率（简称资产收益率）、投资银行资产收益率波动的标准差（常简称资产波动率）；w 为标准维纳过程；$t \in [0, T]$，0 为决策期初，T 为决策期末；v_t 表示 t 时刻投资银行资产的价值。

进而，根据伊藤引理（Ito's Lemma），我们可以将投资银行的资产价值调整过程表述为如下形式：

$$V_t = V_0 \exp\left[(\mu - \frac{\sigma^2}{2})t + \sigma\sqrt{t}\,dw\right]$$

如果令 ML_T 为其发生偿付风险的临界点，则我们可以计算出投资银行在 T 时刻的违约概率 p_d 大小，具体为：

$$p_d = p[V_T \leqslant ML_T] = p\left[V_0 \exp\left[(\mu - \frac{\sigma^2}{2})T + \sigma\sqrt{T}\,dw\right] \leqslant ML_T\right]$$

$$= p\left[-dw \geqslant \frac{\ln(\frac{V_0}{ML_T}) + (\mu - \frac{\sigma^2}{2})T}{\sigma\sqrt{T}}\right]$$

$$- p[dw \leqslant -f_2]$$

$$= \Phi(-f_2) \tag{5.2}$$

其中：$dw \sim \Phi(0, 1)$；$f_2 = \dfrac{\ln(\frac{V_0}{ML_T}) + (\mu - \frac{\sigma^2}{2})T}{\sigma\sqrt{T}}$；$\Phi(\cdot)$ 表示标准正态分布的累积分布函数。

反过来，如果确定了投资银行的目标风险（目标评级），即假定投资银行的违约置信水平为 p_d，然后，由前面的式（5.2）便可以计算出 p_d 概率下的偿

付临界点 ML_T：

$$\Phi^{-1}(p_d) = -f_2 = -\frac{\ln(\frac{V_0}{ML_T}) + (\mu - \frac{\sigma^2}{2})T}{\sigma\sqrt{T}}$$

进而可得：

$$ML_T = V_0 \exp\left[(\mu - \frac{\sigma^2}{2})T + \sigma\sqrt{T}\Phi^{-1}(p_d)\right] \tag{5.3}$$

ML_T 表示在目标违约概率下，投资银行 T 时刻的最大偿付额（Maximum Liability）。如果 T 时刻投资银行的实际负债额（Actual Liability）AL_T 大于最大负债额 ML_T，则意味着投资银行的市场价值 V_T 将以大于 p_d 的概率小于 AL_T，即出现资不抵债的偿付危机，陷入破产境地。

由式（5.3）可知，投资银行在债务期末（或者下一阶段的评级变动初期）T 时刻的最大负债额为 ML_T。投资银行面临两种债务偿还可能：①当投资银行资产价值 $V_T > ML_T$ 时，此时投资银行只需要偿还 ML_T，并保持偿付能力（即信用评级）不变；②当资产价值 $V_T < ML_T$ 时，投资银行出现资不抵债的情况，需偿还部分债务 V_T。于是，上述现金流类似于一笔欧式看跌期权：以 V_T 作为标的资产，以 ML_T 作为行权价的欧式看跌期权。因此，该负债额 ML_T 在 t 时刻（$0 \leqslant t < T$）的价格就可以根据期权的定价原理进行计算。具体来说：

首先，在期末 T 时刻最大负债额 ML_T 的期望价值为 $E\min[V_T, ML_T]$，连续复利情况下，该期望价值按无风险利率折现，在 t 时刻其折现值为 $e^{-r(T-t)}E\min[V_T, ML_T]$。

然后，t 时刻的总体必要经济资本等于 t 时刻的资产期望价值 V_t 减去 t 时刻的负债价值 $e^{-r(T-t)}E\min[V_T, ML_T]$ 以及非预期损失 EL_t，即：

$$
\begin{aligned}
EC_t &= E(V_t) - e^{-r(T-t)}E\min[V_T, ML_T] - EL_t \\
&= E(V_t) - e^{-r(T-t)}E\min[V_T - V_T + V_T, ML_T - V_T + V_T] - EL_t \\
&= E(V_t) - e^{-r(T-t)}E(V_T) - e^{-r(T-t)}E\min[V_T - V_T, ML_T - V_T] - EL_t \\
&= E(V_t) - e^{-r(T-t)}E(V_T) - e^{-r(T-t)}E\min[0, ML_T - V_T] - EL_t \\
&= E(V_t) - e^{-r(T-t)}E(V_T) + e^{-r(T-t)}E\max[0, V_T - ML_T] - EL_t \\
&= E[V_t - e^{-r(T-t)}V_T] + e^{-r(T-t)}E\max[0, V_T - ML_T] - EL_t \\
&= e^{-r(T-t)}E\max[0, V_T - ML_T] - EL_t
\end{aligned}
\tag{5.4}
$$

其中，$E\max[0, V_T - ML_T]$ 为风险中性世界里，标的资产为 V_T、执行价格为 ML_T 的欧式看涨期权到期日 T 的期望价值。其贴现值 $e^{-r(T-t)}E\max[0, V_T - ML_T]$ 为欧式看涨期权在 t 时刻的价格，减去非预期损失 EL_t 即对 t 时刻经济资本总体需求的预测值。

最后，我们应用 Black and Scholes（1973）和 Merton（1974）的期权定价公式，有：

$$E\max[0, V_T - ML_T] = V_T\Phi(d_1) - ML_T\Phi(d_2) \tag{5.5}$$

其中，$d_1 = \dfrac{\ln\left[\dfrac{V_t}{ML_T}\right] + \left(r + \dfrac{\sigma^2}{2}\right)(T-t)}{\sigma\sqrt{T-t}}$; $d_2 = \dfrac{\ln\left[\dfrac{V_t}{ML_T}\right] + \left(r - \dfrac{\sigma^2}{2}\right)(T-t)}{\sigma\sqrt{T-t}} = d_1 - $

$\sigma\sqrt{T-t}$ 。

将式（5.5）代入式（5.4）可得：

$$EC_t = V_T e^{-r(T-t)}\Phi(d_1) - ML_T e^{-r(T-t)}\Phi(d_2) - EL_t$$

又因 $V_t = V_T e^{-r(T-t)}$ ，故：

$$EC_t = V_t\Phi(d_1) - ML_T e^{-r(T-t)}\Phi(d_2) - EL_t$$

可得总体必要经济资本测度公式（5.1），证毕。

2. 考虑红利的投资银行总体必要经济资本测度模型

在考虑分红情况下，任意 t（$t<T$）时刻投资银行的总体必要经济资本额度 EC_t 根据红利政策而不同。

①如果红利政策固定，t 时刻的红利按 D 进行支付，则：

$$EC_t = (V_t - D)\Phi(d_1) - ML_T e^{-r(T-t)}\Phi(d_2) - EL_t \qquad (5.6)$$

②如果按以连续复利计算的红利率 q 进行红利分配，则：

$$EC_t = V_t e^{-q(T-t)}\Phi(d_1) - ML_T e^{-r(T-t)}\Phi(d_2) - EL_t \qquad (5.7)$$

其中：$d_1 = \dfrac{\ln\left[\dfrac{V_t}{ML_T}\right] + \left(r + \dfrac{\sigma^2}{2}\right)(T-t)}{\sigma\sqrt{T-t}}$; $d_2 = \dfrac{\ln\left[\dfrac{V_t}{ML_T}\right] + \left(r - \dfrac{\sigma^2}{2}\right)(T-t)}{\sigma\sqrt{T-t}} = d_1 - $

$\sigma\sqrt{T-t}$; EL_t 为资产的期望损失。

证明从略。

3. 投资银行总体必要经济资本静态测度模型

T 时刻投资银行在承担最大债务水平下所支付的债务为 $\min[V_T, ML_T]$，则 0 时刻投资银行的必要经济资本 EC 为：

$$EC_0 = V_0 N(d_1) - DP(p_d)e^{-rT}N(d_2) - EL_0$$

其中：$d_1 = \dfrac{\ln\left[\dfrac{V_0}{DP(p_d)}\right] + \left(r + \dfrac{\sigma^2}{2}\right)T}{\sigma\sqrt{T}}$; $d_2 = \dfrac{\ln\left[\dfrac{V_0}{DP(p_d)}\right] + \left(r - \dfrac{\sigma^2}{2}\right)T}{\sigma\sqrt{T}} = d_1 - \sigma$

$\sqrt{T}$; EL_0 为资产的期望损失。

证明从略。

（二）投资银行总体必要经济资本的影响因素

（1）投资银行总体必要经济资本需求与资产价值成正比。

证明：

对公式（5.1）求微分，得：

$$\frac{\partial EC_t}{\partial V_t} = \Phi(d_1) + V_t\frac{\partial\Phi(d_1)}{\partial d_1}\frac{\partial d_1}{\partial V_t} - ML_T e^{-r(T-t)}\frac{\partial\Phi(d_2)}{\partial d_2}\frac{\partial d_2}{\partial V_t} \qquad (5.8)$$

因 $\dfrac{\partial \Phi(d_1)}{\partial d_1} = \dfrac{\partial \Phi(d_2)}{\partial d_2}$，$\dfrac{\partial d_1}{\partial V_t} = \dfrac{\partial d_2}{\partial V_t}$，所以式（5.8）变为：

$$\frac{\partial EC_t}{\partial V_t} = \Phi(d_1) + (V_t - ML_T e^{-r(T-t)})\frac{\partial \Phi(d_2)}{\partial d_2}\frac{\partial d_2}{\partial V_t} \qquad (5.9)$$

同理，由于企业存在破产保护制度，因此任何时刻企业资产均大于负债价值，即：

$$V_t - ML_T e^{-r(T-t)} > 0$$

从而式（5.9）中的两项均大于 0，即：

$$\frac{\partial EC_t}{\partial V_t} > 0$$

证毕。资产规模越大，在其波动率及收益率不变的假定下，相应损失发生时的绝对损失值越大，因而投资银行需要提高必要经济资本额度。

（2）总体必要经济资本随投资银行资产的预期收益率的增加而减少。

证明：

因为：$\dfrac{\partial DP}{\partial \mu} = TV_0 \exp\left[(\mu - \dfrac{\sigma^2}{2})T + \sigma\sqrt{T}N^{-1}(p_d)\right] = TDP(p_d)$

所以：

$$\frac{\partial EC}{\partial \mu} = V_0\frac{\partial N(d_1)}{\partial d_1}\frac{\partial d_1}{\partial \mu} - \frac{\partial DP}{\partial \mu}e^{-rT}N(d_2) - DP(p_d)e^{-rT}\frac{\partial N(d_2)}{\partial d_2}\frac{\partial d_2}{\partial \mu}$$

$$= V_0\frac{\partial N(d_1)}{\partial d_1}\frac{\partial d_1}{\partial \mu} - TDP(p_d)e^{-rT}N(d_2) - DP(p_d)e^{-rT}\frac{\partial N(d_2)}{\partial d_2}\frac{\partial d_2}{\partial \mu}$$

$$\qquad (5.10)$$

其中：

$$\frac{\partial d_1}{\partial \mu} = \frac{\partial\left\{\dfrac{\ln\left[\dfrac{V_0}{DP(p_d)}\right] + (\mu + \dfrac{\sigma^2}{2})T}{\sigma\sqrt{T}}\right\}}{\partial \mu}$$

$$= \frac{DP(p_d)}{V_0}\frac{\partial\dfrac{V_0}{DP(p_d)}}{\partial \mu}\frac{1}{\sigma\sqrt{T}} + \frac{T}{\sigma\sqrt{T}}$$

$$= \frac{DP(p_d)}{V_0}\left(-\frac{V_0}{DP(p_d)^2}\right)\frac{\partial DP(p_d)}{\partial \mu}\frac{1}{\sigma\sqrt{T}} + \frac{\sqrt{T}}{\sigma}$$

$$= \frac{DP(p_d)}{V_0}\left(-\frac{V_0}{DP(p_d)^2}\right)TDP(p_d)\frac{1}{\sigma\sqrt{T}} + \frac{\sqrt{T}}{\sigma}$$

$$= -\frac{\sqrt{T}}{\sigma} + \frac{\sqrt{T}}{\sigma}$$

$$= 0 \qquad\qquad (5.11)$$

同理可得：

$$\frac{\partial d_2}{\partial \mu} = 0 \qquad\qquad (5.12)$$

将式（5.11）、式（5.12）代入式（5.10）可得：

$$\frac{\partial EC}{\partial \mu} = - TDP(p_d) e^{-rT} N(d_2) < 0 \qquad\qquad (5.13)$$

证毕。这说明当投资银行资产的预期收益率 μ 增加时（资产规模及收益波动率均不变），投资银行所需的经济资本就会减少。

（3）总体必要经济资本数额与资产收益率的波动率 $\frac{\partial EC}{\partial \sigma} = V_0 \frac{\partial N(d_1)}{\partial d_1} \frac{\partial d_1}{\partial \sigma} -$ $\frac{\partial DP(p_d)}{\partial \sigma} e^{-rT} N(d_2) - DP(p_d) e^{-rT} \frac{\partial N(d_2)}{\partial d_2} \frac{\partial d_2}{\partial \sigma}$ 成正比例。

证明：

$$\frac{\partial EC}{\partial \sigma} = V_0 \frac{\partial N(d_1)}{\partial d_1} \frac{\partial d_1}{\partial \sigma} - \frac{\partial DP(p_d)}{\partial \sigma} e^{-rT} N(d_2)$$
$$- DP(p_d) e^{-rT} \frac{\partial N(d_2)}{\partial d_2} \frac{\partial d_2}{\partial \sigma} \qquad\qquad (5.14)$$

其中，$\frac{\partial DP(p_d)}{\partial \sigma} = - \sigma TDP(p_d)$，$\frac{\partial d_1}{\partial \sigma} = \sqrt{T}$，$\frac{\partial d_2}{\partial \sigma} = 0$。

将上述等式代入式（5.13），可得：

$$\frac{\partial EC}{\partial \sigma} = V_0 \frac{\partial N(d_1)}{\partial d_1} \sqrt{T} + \sigma TDP(p_d) e^{-rT} N(d_2) > 0$$

证毕。这说明经济资本与投资银行的资产收益率的风险状况成正比例。也就是说，资产风险越大，投资银行更应提高经济资本以覆盖更大的非预期损失风险。

（4）总体必要经济资本数额与投资银行的目标违约概率 $\frac{\partial EC}{\partial p_d} = V_0 \frac{\partial N(d_1)}{\partial d_1}$ $\frac{\partial d_1}{\partial p_d} - \frac{\partial DP(p_d)}{\partial p_d} e^{-rT} N(d_2) - DP(p_d) e^{-rT} \frac{\partial N(d_2)}{\partial d_2} \frac{\partial d_2}{\partial p_d}$ 成反比例，与 T 时刻最大负债额 $\frac{\partial EC}{\partial p_d} = V_0 \frac{\partial N(d_1)}{\partial d_1} \frac{\partial d_1}{\partial p_d} - \frac{\partial DP(p_d)}{\partial p_d} e^{-rT} N(d_2) - DP(p_d) e^{-rT} \frac{\partial N(d_2)}{\partial d_2} \frac{\partial d_2}{\partial p_d}$ 成正比。

证明：

$$\frac{\partial EC}{\partial p_d} = V_0 \frac{\partial N(d_1)}{\partial d_1} \frac{\partial d_1}{\partial p_d} - \frac{\partial DP(p_d)}{\partial p_d} e^{-rT} N(d_2)$$
$$- DP(p_d) e^{-rT} \frac{\partial N(d_2)}{\partial d_2} \frac{\partial d_2}{\partial p_d} \qquad\qquad (5.15)$$

又：

$$d_1 = \frac{\ln\left[\dfrac{V_0}{DP(p_d)}\right] + (\mu + \dfrac{\sigma^2}{2})T}{\sigma\sqrt{T}}$$

$$= \frac{\ln\left[\dfrac{V_0}{V_0\exp\left[(\mu - \dfrac{\sigma^2}{2})T + \sigma\sqrt{T}N^{-1}(p_d)\right]}\right] + (\mu + \dfrac{\sigma^2}{2})T}{\sigma\sqrt{T}}$$

$$= \frac{-\left[(\mu - \dfrac{\sigma^2}{2})T + \sigma\sqrt{T}N^{-1}(p_d)\right] + (\mu + \dfrac{\sigma^2}{2})T}{\sigma\sqrt{T}}$$

$$= \frac{-(\mu - \dfrac{\sigma^2}{2})T - \sigma\sqrt{T}N^{-1}(p_d) + (\mu + \dfrac{\sigma^2}{2})T}{\sigma\sqrt{T}}$$

$$= \frac{\sigma^2 T - \sigma\sqrt{T}N^{-1}(p_d)}{\sigma\sqrt{T}}$$

$$= \sigma\sqrt{T} - N^{-1}(p_d)$$

$$d_2 = \frac{\ln\left[\dfrac{V_0}{DP(p_d)}\right] + (\mu - \dfrac{\sigma^2}{2})T}{\sigma\sqrt{T}} = d_1 - \sigma\sqrt{T} = -N^{-1}(p_d)$$

所以：

$$\frac{\partial d_1}{\partial p_d} = \frac{\partial d_2}{\partial p_d} = -\frac{\partial N^{-1}(p_d)}{\partial p_d} < 0$$

$$\frac{\partial DP(p_d)}{\partial p_d} = DP(p_d)\sigma\sqrt{T}\frac{\partial N^{-1}(p_d)}{\partial p_d} > 0$$

将其代入式（5.14）可得：

$$\frac{\partial EC}{\partial p_d} = V_0\frac{\partial N(d_1)}{\partial d_1}\frac{\partial d_1}{\partial p_d} - \frac{\partial DP(p_d)}{\partial p_d}e^{-rT}N(d_2)$$

$$- DP(p_d)e^{-rT}\frac{\partial N(d_2)}{\partial d_2}\frac{\partial d_2}{\partial p_d}$$

$$= \left[V_0 - DP(p_d)e^{-rT}\right]\frac{\partial N(d_1)}{\partial d_1}\frac{\partial d_1}{\partial p_1} - \frac{\partial DP(p_d)}{\partial p_d}e^{-rT}N(d_2)$$

因在期初股权价值大于 0，即 $V_0 > DP(p_d)e^{-rT}$，所以上述两项均小于 0，即：

$$\frac{\partial EC}{\partial p_d} < 0$$

又因 $\dfrac{\partial ML_T}{\partial p_d} > 0$，易得 $\dfrac{\partial EC_t}{\partial ML_T} < 0$。

证毕。该推论意味着，投资银行的违约概率越小（有可能是追求更高的目标信用评级，或者管理者的风险厌恶程度越高），或者最大负债额越小，则投资银行的总体必要经济资本额度就越高。这间接反映了经济资本与投资银行风险偏好的关系。

（5）总体必要经济资本需求随无风险利率

$$\frac{\partial EC_t}{\partial r} = \frac{\partial V_t}{\partial t}\Phi(d_1) + V_t\frac{\partial\Phi(d_1)}{\partial d_1}\frac{\partial d_1}{\partial r} - \frac{\partial ML_T}{\partial r}e^{-r(T-t)}\Phi(d_2)$$

$$+ ML_T e^{-r(T-t)}(T-t)\Phi(d_2) - ML_T e^{-r(T-t)}\frac{\partial\Phi(d_2)}{\partial d_2}\frac{\partial d_2}{\partial r}$$

$$= \frac{\partial V_t}{\partial t}\Phi(d_1) + V_t\frac{\partial\Phi(d_1)}{\partial d_1}\frac{\partial d_1}{\partial r} - \frac{\partial ML_T}{\partial r}e^{-r(T-t)}\Phi(d_2)$$

$$+ ML_T e^{-r(T-t)}(T-t)\Phi(d_2) - ML_T e^{-r(T-t)}\frac{\partial\Phi(d_2)}{\partial d_2}\frac{\partial d_2}{\partial r}$$

$$= \frac{\partial V_t}{\partial t}\Phi(d_1) + V_t\frac{\partial\Phi(d_1)}{\partial d_1}\frac{\sqrt{T}}{\sigma} - \frac{\partial ML_T}{\partial r}e^{-r(T-t)}\Phi(d_2)$$

$$+ ML_T e^{-r(T-t)}(T-t)\Phi(d_2) - ML_T e^{-r(T-t)}\frac{\partial\Phi(d_2)}{\partial d_2}\frac{\sqrt{T}}{\sigma}$$

$$= V_t\frac{\partial\Phi(d_1)}{\partial d_1}\frac{\sqrt{T}}{\sigma} + ML_T e^{-r(T-t)}(T-t)\Phi(d_2) - ML_T e^{-r(T-t)}$$

$$\frac{\partial\Phi(d_2)}{\partial d_2}\frac{\sqrt{T}}{\sigma}$$

$$= \left[V_t - ML_T e^{-r(T-t)}\right]\frac{\partial\Phi(d_1)}{\partial d_1}\frac{\sqrt{T}}{\sigma} + ML_T e^{-r(T-t)}(T-t)\Phi(d_2)$$

上升而增加。

证明：

$$\frac{\partial EC_t}{\partial r} = \frac{\partial V_t}{\partial t}\Phi(d_1) + V_t\frac{\partial\Phi(d_1)}{\partial d_1}\frac{\partial d_1}{\partial r} - \frac{\partial ML_T}{\partial r}e^{-r(T-t)}\Phi(d_2)$$

$$+ ML_T e^{-r(T-t)}(T-t)\Phi(d_2) - ML_T e^{-r(T-t)}\frac{\partial\Phi(d_2)}{\partial d_2}\frac{\partial d_2}{\partial r}$$

$$= \frac{\partial V_t}{\partial t}\Phi(d_1) + V_t\frac{\partial\Phi(d_1)}{\partial d_1}\frac{\partial d_1}{\partial r} - \frac{\partial ML_T}{\partial r}e^{-r(T-t)}\Phi(d_2)$$

$$+ ML_T e^{-r(T-t)}(T-t)\Phi(d_2) - ML_T e^{-r(T-t)}\frac{\partial\Phi(d_2)}{\partial d_2}\frac{\partial d_2}{\partial r}$$

$$= \frac{\partial V_t}{\partial t}\Phi(d_1) + V_t\frac{\partial\Phi(d_1)}{\partial d_1}\frac{\sqrt{T}}{\sigma} - \frac{\partial ML_T}{\partial r}e^{-r(T-t)}\Phi(d_2)$$

$$+ ML_T e^{-r(T-t)}(T-t)\Phi(d_2) - ML_T e^{-r(T-t)}\frac{\partial\Phi(d_2)}{\partial d_2}\frac{\sqrt{T}}{\sigma}$$

$$= V_t \frac{\partial\Phi(d_1)}{\partial d_1}\frac{\sqrt{T}}{\sigma} + ML_T e^{-r(T-t)}(T-t)\Phi(d_2) - ML_T e^{-r(T-t)}\frac{\partial\Phi(d_2)}{\partial d_2}\frac{\sqrt{T}}{\sigma}$$

$$= \left[V_t - ML_T e^{-r(T-t)} \right]\frac{\partial\Phi(d_1)}{\partial d_1}\frac{\sqrt{T}}{\sigma} + ML_T e^{-r(T-t)}(T-t)\Phi(d_2) \qquad (5.16)$$

由于企业存在破产保护制度，因此任何时刻企业的资产均大于负债价值，即：

$$V_t - ML_T e^{-r(T-t)} > 0$$

又因 $\dfrac{\partial\Phi(d_1)}{\partial d_1} > 0$，从而式（5.15）的两项均大于0，即：

$$\frac{\partial EC_t}{\partial r} > 0$$

证毕。

（6）考虑存在红利时，投资银行总体必要经济资本需求与红利（绝对值或红利率）大小成反比。

证明：

对式（5.6）、式（5.7）分别求微分易得：

$$\frac{\partial EC_t}{\partial D} = -\Phi(d_1) < 0$$

$$\frac{\partial EC_t}{\partial q} = -(T-t)V_t e^{-q(T-t)}\Phi(d_1) < 0$$

显然，红利分配导致可用资本金减少，因而从抵御偿债风险的角度，投资银行需要增加经济资本的持有额，即相应提高资本总额。

三、基于经济资本的投资银行资本结构优化战略

投资银行要进行资本结构优化，还需要将上面计算出来的总体必要经济资本与可用经济资本进行比较，得到投资银行资本结构的优化方向。由于可用经济资本并不能直接观测出来，因此必须使用代理指标来测度。David（2009）在研究商业银行可用经济资本测度时，定义了可用经济资本测度的特征：①它计算了服从于任何存款保险人、债券持有人或其他机构债权人要求权的资本；②它计算了所有资金的稳定来源，这些资金不会在银行发生危机或出现机构信用恶化时撤出；③它关注表内或者表外资产，这些资产可以很容易地转化为现金来弥补损失；④它对资本和资产进行动态评估，因此当市场环境（特别是利率）变化时，能够不断进行调整；⑤它应当是一个保守的估计，这样可以同谨慎的财务管理原则相一致。

在David研究的基础上，本书采用调整后的账面资本作为可用经济资本的

代理变量，将其定义为账面资本与无形资产价值之和。然后，将调整后的账面资本进行比较：①如果必要经济资本大于账面资本，意味着投资银行应该增加权益融资的占比，或者减少风险资产的数量；②如果必要经济资本小于账面资本，投资银行杠杆过低，可以提高杠杆率，或者增加风险资产的数量。具体见图 5.1。

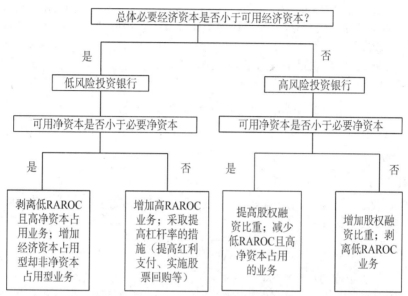

图 5.1　基于净资本和经济资本双重约束的投资银行资本结构优化战略

第三节　基于经济资本的我国投资银行资本结构优化实证研究

一、相关参数的选择与计算

总体必要经济资本 EC 的测度需要确定 6 个变量，其中资产价值和资产收益率标准差不能从市场中直接得到。这 6 个变量如下：

r ——无风险回报率，可由存款或国债利率近似替代；

p_d ——目标违约概率或投资银行的目标信用评级，可根据管理者的风险偏好来设定；

T ——考察期限，由资产性质、负债期限和资本结构战略综合决定，不宜超过 1 年；

V_0 ——在 0 时刻投资银行的资产价值，等于 0 时刻的负债价值与股权价值之和；

μ——投资银行资产的期望收益率，不能直接观察，需要估计；

σ——投资银行资产收益率的波动率，不能直接观察，需要估计。

具体来说，6个参数分别按以下方式确定：

1. 无风险利率

我们一般用国债收益率作为无风险利率的代理变量。但考虑到我国国债市场规模较小的现实情况，本书采用国内学者相对使用较多的中国人民银行公布的银行业一年期定期存款利率来代替无风险利率。2011年，人民银行4次调整存款利率，为此本书采用了加权平均的方法计算无风险利率。其中权重等于该时间段内利率在2011年实际执行的天数占2011年的总天数之比，即无风险利率等于以时间为权重的一年期存款基准利率加权值。计算结果见表5.3。

表5.3　　　　　　2011年中国银行业一年期定期存款执行利率

调整日期	2010.12.26	2011.02.09	2011.04.06	2011.07.07
利率（%）	2.75	3.00	3.25	3.50
执行天数（天）	39	56	92	178
权重	0.106 8	0.153 4	0.252 1	0.487 7
加权平均利率（%）	3.28			

资料来源：根据中国人民银行网站数据计算整理。

2. 投资银行的目标偿付能力

我们用目标信用评级来反映其偿付能力，偿付能力越高，投资银行的违约概率便越低，必要经济资本应该越高。本书采用99.9%的支付概率[1]。

3. 时间 T 与 t 的选择

投资银行评级是一年一次，目标违约期的考察时间以年为单位，但资本结构优化以季度为单位，即 T=1年，t=0.25年。

4. 资产收益率及其波动率

对投资银行而言，其资产收益率及其波动率值无法直接获得。但其上市投资银行的股权价值与资产价值，以及股权的波动性与资产价值的波动性之间存在联系。我们可以利用股权以及股权的波动性来估计资产的价值和资产价值的波动性。联立方程组（5.11）、（5.12），可以求解出 μ、σ。本书利用 KMV 模型求解。KMV 模型是由美国旧金山 KMV 公司于20世纪90年代建立的用来估计借款企业违约概率的方法。该模型借助于期权模型和资本市场的信息进行预测。该模型把违约债务看作企业的或有权益，把所有者权益视为看涨期权，将负债视为看跌期权，而把公司资产作为标的资产。

---

[1] 《巴塞尔协议Ⅲ》计算最低监管资本时采取的置信水平就是99.9%。

（1）公司股价收益率预测模型选择

波动率的估计模型已有了很大发展，其中包括自回归移动平均模型（AR-MA）、自回归条件异方差族模型（ARCH）、随机波动率模型（SV）、Switch-Regime 模型等。根据波动率的计算原理，上述波动率模型可以分为两类：一是以历史数据、历史波动率为基础，进行波动性的预测，这类模型有固定的函数形式，如 GARCH 类模型；二是以参数估计为基础的波动率模型，如 SV 模型。由于 GARCH 模型需要进行 ARCH 效应检验，因此，本书以 GARCH 模型作为基本的预测模型，在不存在 ARCH 效应时，使用简单的指数平滑预测模型。指数平滑公式如下：

$$\delta_t^2 = \lambda \delta_{t-1}^2 + (1 - \lambda) r_{t-1}^2$$

其中 λ 为衰减因子，J. P. Morgan 建议日数据取值 0.94，月数据为 0.97。

（2）股价波动率的预测过程

下面以我国 A 投资银行为例，建立基于 GARCH 模型的股价波动率预测模型，所用收益率为对数收益率数据。我们以流通股股价的波动率来替代股权价值的波动率。

描述性统计见图 5.2。可知，该公司股价序列均值（Mean）为 18.173 80；标准差（Std. Dev.）为 3.357 222；偏度（Scenes）为 0.469 886，大于 0 意味着左偏；峰度（Kurtosis）为 2.684 688，小于正态分布的峰度值 3，说明价格序列比正态分布平坦。再从 Jarque-Bera 统计量来看，其值为 29.232 16，P 值接近于 0，说明拒绝该对数收益率序列服从正态分布的假设。

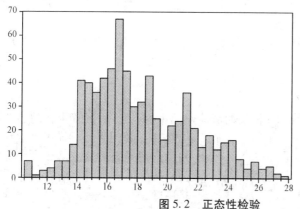

Series: HYZQ01	
Sample 1 714	
Observations 714	
Mean	18.17380
Median	17.41500
Maximum	27.58000
Minimum	10.51000
Std. Dev.	3.357222
Skewness	0.469886
Kurtosis	2.684688
Jarque-Bera	29.23216
Probability	0.000000

图 5.2　正态性检验

由于股票价格通常呈现带漂移的随机游走过程，本书先用最小二乘法估计，基本形式为：

$$p_t = \mu + \beta p_{t-1} + \varepsilon_t$$

估计结果如下：

$$\hat{p}_t = 0.183\ 869 + 0.989\ 754 p_{t-1} + \hat{\varepsilon}_t$$

$$(1.738\ 611)\ (173.039\ 6)$$
$$R^2 = 0.976\ 805 \quad \text{F-statistic} = 29\ 942.69$$

然后,我们对残差序列 $\{\hat{\varepsilon}_t\}$ 进行条件异方差的 ARCH LM 检验,得到了在滞后阶数取 L=2 时的 ARCH LM 检验结果,见表 5.4。

表 5.4　　　　　　　　　ARCH LM 检验结果

F-statistic	0.312 435	Prob. F (2, 709)	0.731 8
Obs * R-squared	0.627 841	Prob. Chi-Square (2)	0.730 6

此处 P 值显著不为 0,说明残差序列 $\{\hat{\varepsilon}_t\}$ 不存在 ARCH 效应,没有必要建立 GARCH 模型预测其波动率,而可以采用指数平滑法预测股价波动率,预测结果见表 5.5。

表 5.5　　　　　　　　　波动率预测结果

月方差	月标准差	季度方差	季度标准差
1.493 6	1.222 1	2.100 9	1.449 4

(3) 利用 KMV 模型确定资产收益率及其波动率

Duan (1994) 对 Merton 模型的发展主要体现在对银行资产收益率的估算上。他运用极大似然法来估计银行资产收益率的值。本书利用 Matlab 软件,运用 KMV 模型计算得到季度标准差 σ 为 0.02、资产收益率 μ 等于 6%。

5. 投资银行的公司价值

我们采用 2011 年的期末市场价值,该公司 2011 年年末的市场价值为 21 287 018 897 元。

二、计算结果

本书使用短期负债加 0.5 倍长期负债作为违约点[1]。A 投资银行的违约点为 14 165 955 147 元。一方面,通过查找历史数据,该投资银行经规模调整后的历史平均损失为 2 735 339 395 元,从而扣除预期损失后的总体必要经济资本为 6 127 560 605 元。另一方面,根据调整后的账面资本确定的该投资银行可用经济资本为 7 160 473 071 元。因此,总体必要经济资本大于可用经济资本,即杠杆率过低。实际上该投资银行年末杠杆率仅为 3。

再结合该投资银行净资本监管的情况,可以发现当年该投资银行被监管部门评为 A 级,间接表明其很好地满足了净资本监管要求。所以,结合图 5.1,可以知道该投资银行属于低风险投资银行。其资本结构战略为:一方面可以增

---

① KMV 公司在对大量公司样本进行分析时发现,违约临界点大部分集中在流动负债与长期负债一半的和这一点上。

加高 RAROC 业务，提高投资银行的总体风险承担水平；另一方面，可以采取提高杠杆率的措施，比如，增加红利支付水平，实施股票回购等方式。

第四节　小结与讨论

　　本章对我国投资银行资本结构的影响因素进行实证分析，发现投资银行资产规模与投资银行的杠杆倍数成正比。但投资银行的盈利能力、净资本情况与投资银行杠杆倍数成反比。这间接表明我国投资银行的杠杆受到严格监管。同时第三节的实证分析也证明了案例投资银行的杠杆率偏低。

　　需要注意的是，尽管该方法避免了自下而上测度经济资本的实际困难，相对简单、可操作性强，但其也存在缺点。该方法有如下的缺点：第一，由于没有对单个资产或者业务的风险进行测度，因此不能计算单个资产或业务所需要的经济资本；第二，与所有风险测度模型一样，存在模型误差，这既产生于模型的假定与现实的不符，也可能是模型使用者所输入的参数存在偏误。具体来说，在该模型中，经济资本的计算包括分红情形下的经济资本计算、无分红情形下经济资本的计算以及当期经济资本计算。实际上，前两种情形需要对时刻 t 的资产价值进行预测。在接下来的实证分析中，我们利用 KMV 模型对资产收益率及其波动率进行预测，计算了当期的经济资本，用于评估资本结构现状。同时，由于损失数据样本量限制，本书使用经济资产规模调整的历史平均损失作为预期损失的代理变量。这实际上是基于以下严格的假设：投资银行的历史损失可以重演，且与资产规模成正比。否则，计算结果及相应的资本结构优化结论会受到影响。

　　实际上，基于当期的经济资本测度模型始终是一种事后的评价方法，其结果告诉了管理者目前的资本结构水平相对所承担的总体风险是否相适应，对未来的资本结构优化提供不了多少信息，因为未来的资本结构取决于将来的总体风险分布。因此，基于任意时刻 t 的经济资本预测有助于对资本结构的动态优化提供更多有用信息。在基本模型及两个扩展模型中，需要注意三个时间点的区别：0、t、T。其中 T 是指债务到期时间，或者评级时间。由于我国使用的是分类管理的监管模式，而从 2010 年开始由证监会每年进行一次评级工作，并以此作为"奖惩"，设定不同的净资本监管指标的标准，因此我们建议 T 取值 1 年。t 则是指资本结构优化的时间，其取值反映了资本结构调整的频率，如果 t 值越小，优化频率越高，可能越精确，但这没有考虑资产负债的调整成本问题。结合我国投资银行的实际，我们建议可以采用季度作为资本结构的动态调整周期。当然，其关键技术除了前面实证中如何对收益率、波动率的预测，还需要预测时刻 t 的资产价值和资本结构调整成本。

第六章 投资银行风险对冲理论框架

第一节 投资银行风险对冲的基本形式

对冲是投资银行等金融机构发展最迅猛的风险管理方法之一，这可以从风险管理的发展阶段得到证实。风险管理理论经历了四次重大的发展（Steinherr，2003），依次是：分散化及抵押，有限责任制和破产法，创造可交易的工具和有组织市场的流动性，衍生品与金融工程。其中，分散化是最为传统的风险管理方法。20 世纪 50 年代资产组合理论的出现为分散化奠定了定量化研究的理论基础。而衍生品与金融工程的快速发展，为投资银行等金融机构提供了风险转移工具。如果说分散化是投资银行利用不同业务或投资项目的风险不完全正相关这一统计特征进行自然对冲的话，衍生品则为其积极利用衍生品对冲风险提供了更加广阔的选择空间。

通常，狭义的对冲是指投资银行利用衍生产品来降低风险暴露，是一种表外风险管理方法。而广义的投资银行风险对冲除了包括衍生品对冲外，还包括表内的自然对冲，即针对投资银行特有的一些风险在资产负债表上寻找可互相抵消的项目，以此控制相应的风险。本书所指的投资银行风险对冲既包括表内自然对冲也包括表外的衍生品对冲。我们将前者称为自然对冲而将后者称为市场对冲。

自然对冲通过对投资银行的业务结构（包括收入结构、地域结构等）进行调整，从风险产生的源头改变风险的性质，是一种内生角度的风险管理。市场对冲则是在自身风险已经给定的情况下，使用市场工具来改变自身所承受的风险状况，但并不会改变整体风险的产生和实现，因而是一种外生角度的风险管理。自然对冲需要重新安排业务、优化表内资产负债结构，面临较高的决策时滞和调整成本。衍生品对冲则更加方便和快捷，而且衍生品交易的杠杆性具有低资金耗用特点，有助于投资银行实现风险的动态管理，具有更高的准确性及时效性。长期来说，投资银行可以通过自然对冲安排来获得足够稳健的经营表现，但短期风险的对冲则更加依赖于市场对冲。

第二节　投资银行的自然对冲理论

一、自然对冲的定义及相关研究

注意到投资银行不同业务的非线性相关性，可以考虑不同业务风险之间的对冲，我们将其定义为自然对冲，相关的说法还有"经营对冲"。这一定义同学术界对商业银行风险对冲的相关研究类似。商业银行存在的"自我对冲"是指商业银行利用资产负债表或某些具有收益负相关性质的业务组合本身所具有的对冲特性进行风险对冲。我们这里所谈到的投资银行业务自然对冲，更多的是考虑了企业业务之间的相互关系对企业经营风险的影响。

关于投资银行风险的自然对冲，一个突出的现实证据就是多元化经营的风险分散效应。业务多元化发展是否带来了金融企业经营的规模经济效应？我们可以考虑金融企业在更大范围内（商业银行、证券、保险、信托等）提供金融产品及服务的成本与收益问题。这方面的研究自 20 世纪 60 年代中期便陆续出现，成果也较丰富，形成的结论较一致：银行业经营存在一定的规模效应，业务多元化对商业银行的经营行为产生深刻的影响。相关的研究见 Benston（1965，1972）、Humphrey（1990）、Berger 和 Humphrey（1991）、Lawrence（1989）、Ashton（1998）等。

业务多元化发展对金融机构的风险影响如何？这一问题可以从金融机构多元化经营与其经营风险之间关系的研究来得到答案。国外早期研究更多地支持多元化经营提高了银行经营绩效，降低了风险，如 Boyd 等（1980）、Kwast（1989）、Templeton 和 Severiens（1992）、Gallo 等（1996）的文献。后期研究则显示商业银行同时经营利息业务和非利息收入业务不能产生分散化收益，甚至可能导致风险上升，详见 Boyd 和 Graham（1986）、Demsetz 和 Strahan（1997）、Kwan（1998）、DeYoung 和 Roland（2001）、Stiroh（2004）、Stiroh 和 Rumble（2006）以及 Lepetit 等（2008）。

国内对商业银行业务多元化及其风险关系的研究较多，结论也比较一致。如魏成龙和刘建莉（2007）、周开国和李琳（2011）等的文献均发现我国商业银行多元化经营未有效分散风险。国内单独对证券公司业务结构或者业务风险进行分析的文献较多，但将业务收入结构和证券公司风险结合起来的文献相对较少，且主要以定性研究为主，如王聪和汤大杰（2000）、张向前（2001）、杨树林和王晓明（2005）、祝玉斌（2007）等的研究。实证分析方面唯有马琳琳（2010）参考 Lepetit 等（2008）研究欧洲银行的回归模型，选择我国 14 家资本较为雄厚的证券公司 2008 年的业务数据进行实证分析，但未能发现国内证券公司业务结构与风险之间的显著关系。

国内外对证券公司业务多元化与经营风险之间关系的研究很少，主要有以下原因：

第一，欧洲全能型银行制度导致其证券业务主要作为银行的非利息收入的部分进行研究，很少单独就证券相关的业务多元化进行风险效应分析。美国、日本等传统分业经营国家从 20 世纪 80 年代开始也逐步向混业经营发展，业务集团化、国际化趋势不断增强，证券业务经营环境的变化导致国外相关研究缺乏。

第二，国内证券公司研究数据的缺失导致国内定量研究无法展开，无数据支持的定性研究深度不够。现有少量的关于证券公司业务结构和风险关系定量研究的文献仅选取部分上市证券公司进行分析，样本不足以及研究期间短是国内进行类似研究的主要问题。

二、基于 Copula 技术的投资银行自然对冲模型

（一）Copula 技术与投资银行的业务风险整合

Copula 理论的提出要追溯到 1959 年。Sklar 提出一个联合分布可以分解为多个边缘分布和一个 Copula 连接函数，这个 Copula 函数描述了变量间的相关性。较简单的二元 Copula 函数 C 性质如下[①]：

（1）$C(x, y)$ 的定义域为 $(0 \leqslant x \leqslant 1, 0 \leqslant y \leqslant 1)$；

（2）$C(x, y)$ 有零基面，且为二维单调不减函数；

（3）对 $\forall x$（或 y）$\in (0, 1)$，都有 $C(x, 1) = x$，$C(1, y) = y$。

设金融企业仅开展业务 A 和 B，受到相互联系的风险影响，业务的资产收益率分别为 r_A 和 r_B，两者的边际分布函数分别为 $F_A(x)$ 和 $F_B(x)$，对应的概率密度函数分别为 $f_A(x)$ 和 $f_B(x)$。

根据 Sklar 定理，金融企业总体风险收益的联合分布函数及概率密度函数可由 Copula 函数（连接函数）C 表示如下：

$$F(x, y) = C(F_A(x), F_B(y)), f(x, y)$$
$$= f_A(x) * f_B(y) * c(F_A(x), F_B(y))$$

其中 $c(F_A(x), F_B(y)) = \dfrac{\partial C(F_A(x), F_B(y))}{\partial F_A(x) * \partial F_B(y)}$。

设金融企业投入业务 A 和 B 的资产分别为 w_A 和 w_B，显然这里有 $w_A + w_B = 1$。金融企业总的收益率为 $r = w_A \times x_A + w_B \times x_B$。其分布函数为：

$$F_r(z) = P(r \leqslant z) = P(w_A \times x_A + w_B \times x_B \leqslant z)$$
$$= \iint\limits_{w_A \times x_A + w_B \times x_B \leqslant z} f(x, y) dx dy$$
$$= \iint\limits_{w_A \times x_A + w_B \times x_B \leqslant z} f_A(x) \times f_B(y) \times c(F_A(x), F_B(y)) dx dy$$

---

① 韦艳华，张世英. Copula 理论及其在金融分析上的应用 [M]. 北京：清华大学出版社，2008.

显著性为 α 的风险测度值 $VaR_{\alpha} = -F^{-1}(\alpha)$。

由以上步骤可知，计算金融企业的整合风险价值最主要有两个问题：一是确定不同业务收益率的边际分布，二是选择合适的 Copula 连接函数，求得整合的联合分布函数。

（二）投资银行的业务收益率边际分布拟合

业务收益率主要受到业务风险影响，风险大小与业务收益率波动幅度密切相关。因此，投资银行业内相同的业务收益率呈现相同的分布特征，可以用相同的统计分布描述。

业界在拟合业务收益率的分布主要有描述股票收益的正态分布（赵桂芹，曾振宇，2002）、描述再保险业务收益特征的指数分布（杨旭，聂磊，2008）、描述金融资产收益的混合高斯分布（张明恒，程乾生，2002）与广义 Pareto 分布（魏宇，2006；王新宇，宋学锋，2006）、描述汇率业务收益的 Laplace 分布（曾振宇，谢冰，2003）

（三）Copula 函数性质及其选择①

Copula 函数族主要包括椭圆族（Elliptical Copulas）连接函数和阿基米德族（Archimedean Copulas）连接函数两类。椭圆族连接函数主要有正态分布 Copula 与 t-Copula，阿基米德族函数主要有 Clayton Copula，Gumbel Copula 和 FrankCopula。

当业务收益率数据具有明显的对称性时，二元正态分布 Copula 可以比较好地拟合样本数据。与二元正态分布 Copula 函数类似，二元 t-Copula 函数也具有对称性，只能捕捉业务收益率之间对称的相关关系；与二元正态 Copula 函数不同的是，二元 t-Copula 函数具有更厚的尾部，因此对收益率间尾部相关的变化更为敏感，能够更好地捕捉其中的尾部相关关系。

Gumbel Copula 函数对变量在分布上尾部的变化十分敏感，能够快速捕捉到上尾部相关的变化。而在分布的下尾部，由于变量是渐近独立的，因此 Gumbel-Copula 函数对变量在下尾部的变化不敏感，不能捕捉到下尾部相关的变化。

Clayton Copula 函数也具有非对称性，但与 Gumbel Copula 函数相反，其对变量在下尾部的变化敏感，能够捕捉到下尾部相关的变化；其对变量在分布上尾部的变化不敏感，不能够快速捕捉到上尾部相关的变化。

Frank Copula 函数具有对称性，它可以描述变量间负的相关关系，对变量间上下尾部的变化均不敏感，难以捕捉尾部相关的变化。

经过对比，Gumbel、Clayton 以及 Frank 三类阿基米德 Copula 函数对相关结构的描述涵盖了尾部相关的三种典型情况，即上尾相关、下尾相关和上下尾对称相关，这些分布特点与风险业务收益之间相关性的变化特征恰好相符。

---

① 韦艳华，张世英. Copula 理论及其在金融分析上的应用 [M]. 北京：清华大学出版社，2008.

三、投资银行自然对冲的风险整合步骤

一个基于 VaR 模型的金融业务风险整合主要包括金融业务风险识别、整合以及总体风险计算三个步骤，如基于 Copula 的投资银行业务风险整合研究主要有以下步骤：

1. 业务分布及其风险测度

根据研究对象的差异，金融业务的风险测度有多种类型，如基于收入增长率、业务销售利润率以及业务资产收益率等的风险测度。以资产收益率为基础的 VaR 测度，有着更大的实际应用价值。受内外部客观因素限制，金融企业往往无法决定自己的收入增长、销售利润等指标，内部能够控制的往往是不同业务的资源分配，即业务资产配置。使用以资产收益率为基础的 VaR 测度，可以为后续通过调控业务资产配置进而控制企业总体风险奠定基础。

2. 金融业务风险整合

本课题选择以二元 copula 函数来测度业务之间的相关关系，主要是与现阶段我国投资银行业务现状相对应。我国商业银行主营的利息业务，与其非利息业务在业务本质上存在差异，前者主要受信用风险影响，而后者主要是服务收费。现阶段我国投资银行以经纪与承销业务为主，其收入在财务报表上体现为手续费（佣金）收入，本质上属于服务收费，而同自营等非手续费收入存在较大差异。

3. 总体风险计算

由于 Copula 函数特征复杂，本章选择 Montel Carlo 模拟方法来计算投资银行的总体风险。

第三节　投资银行的市场对冲

一、理论

《新帕尔格雷夫经济学大辞典》[①] 将市场对冲定义为通过购买其他资产或者资产组合保护自己的财富，以免因为财富波动而遭受损失。根据这一定义，投资银行市场对冲是投资银行根据自己资产状况和风险偏好主动进行的跨期资源安排。尽管随着自身资产禀赋、风险偏好和可用对冲工具的变化，其对冲策略也会有所不同，但这些对冲策略都可以看作是资产定价理论的应用，能够用一个统一的分析框架来表示。本节我们将在连续时间环境下展示对冲的这一理论基础。

[①] "Hedging is the purchasing of an asset or portfolio of assets in order to insure against wealth fluctuation from other sources." ——The New Palgrave Dictionary of Economics.

假设投资银行持有某种市场价值依赖的资产组合（可以包括衍生产品），资产组合价值是随时间变化的随机过程。在时刻 t 资产价值为 $V_{(t)}$。投资银行希望通过构建市场组合来完全对冲风险。对冲是指投资银行以一定的初始投入，构建股票以及无风险资产的组合，维持自融资，使得这一资产组合在任意时刻以概率 1 等于其原本的资产价值 $V_{(t)}$。利用这样的完全对冲组合对原有资产进行反向操作，投资银行就完全（几乎必然）避免资产价格波动带来的风险。

（一）市场环境

假设市场上存在 m 种股票，股票价格由概率空间 (Ω, F, P) 上的 d 维布朗运动 $B_{(t)}$ 驱动，$B_{(t)}$ 对应的域流为 $\{F_{(t)}\}$，对于 $\forall 0 \leq s \leq t \leq T$，有 $F_{(s)} \in F_{(t)}$。每种股票价格过程 $S_{i, t}$ 符合广义几何布朗运动[①]，满足随机微分方程：

$$dS_{i, t} = a_{i, t} S_{i, t} dt + \sum_{j=1}^{d} \sigma_{ij, t} S_{i, t} dB_{j, t}, \ 0 \leq t \leq T \qquad (6.1)$$

其中 $a_{i, t}$ 为第 i 种股票 t 时间的瞬时漂移率，$\sigma_{ij, t}$ 为第 i 种股票在 t 时刻由第 j 种布朗运动驱动的瞬时波动率，$\sigma_{ij, t}$ 的取值几乎必然为正。

投资者还可以在市场上买入或者卖出无风险债券。连续复利形式的无风险利率为适应随机过程 $R_{(t)}$。因此，任意证券的贴现过程为 $D_{(t)} = e^{-\int_0^t R_{(u)} du}$，微分过程满足：

$$dD_t = - R_t D_t dt \qquad (6.2)$$

股票价格的贴现过程则为 $D_t S_{i, t}$，其微分过程（一阶以上均方收敛为 0）为：

$$\begin{aligned}
d[D_t S_{i, t}] &= S_{i, t} dD_t + D_t dS_{i, t} \\
&= - S_{i, t} D_t R_t dt + D_t \left[a_{i, t} S_{i, t} dt + \sum_{j=1}^{d} \sigma_{ij, t} S_{i, t} dB_{j, t} \right] \\
&= S_{i, t} D_t \left[(a_t - R_t) dt + \sum_{j=1}^{d} \sigma_{ij, t} dB_{j, t} \right] \\
&= S_{i, t} D_t \sum_{j=1}^{d} \sigma_{ij, t} [\Theta_{j, t} dt + dB_{j, t}] \qquad (6.3)
\end{aligned}$$

设 Radon – Nikodym 导数过程为 $Z_{(t)}$，$Z_{(t)} = e^{-\int_0^t \Theta_{(u)} \cdot dW_{(u)} - \frac{1}{2} \int_0^t \|\Theta_u\|^2 du}$，$\Theta_t = (\Theta_{1, t}, \Theta_{2, t}, ..., \Theta_{d, t})^T$，$\|\Theta_t\|^2 = \Theta_t^T \cdot \Theta_t$，概率测度从真实概率 P 变为风险中性概率 Q，即 $Q_{(A)} = \int_A Z_t dP$，$\forall A \in F_{(t)}$。

设 $\tilde{B}_{j, t} = \int_0^t \Theta_{j, u} du + B_{j, t}$，其微分形式满足 $d\tilde{B}_{j, t} = \Theta_{j, t} dt + dB_{j, t}$。根据 Girsanov 定理，在风险中性测度 Q 下 $\tilde{B}_{(t)}$ 是一个标准布朗运动。因此，股价贴现过程的微分形式变为：

---

① 事实上由布朗运动驱动的几乎必然为正的连续适应随机过程必为广义几何布朗运动。

$$d[D_t S_{i,t}] = S_{i,t} D_t \sigma_{i,t} \, d\tilde{B}_{j,t} \qquad (6.4)$$

其伊藤积分形式为：

$$D_t S_{i,t} = S_{i,0} + \int_0^t S_{i,u} D_u \sigma_{ij,u} \cdot d\tilde{B}_{j,u}$$

由伊藤积分的性质可以得出，贴现股价过程在 Q 测度下是一个鞅。

（二）对冲组合构建

资产定价第一定理表明在风险中性概率 Q 下，资产价格贴现过程是由 d 维布朗运动驱动的鞅，即 $E^Q[D_s V_s \mid F_t] = D_t V_t$，$\forall s \geq t$。而根据鞅表示定理，在 d 维布朗运动 $B_{(t)}$ 生成的域流 $\{F_{(t)}\}$ 上的鞅可以表示为其初始值和一个 d 维伊藤积分的和：

$$D_t V_t = D_0 + \int_0^t \Gamma_u \cdot d\tilde{B}_u$$

其微分形式为：

$$d[D_t V_t] = \Gamma_t \cdot d\tilde{B}_t$$
$$= \sum_{j=1}^{d} \Gamma_{j,t} \cdot d\tilde{B}_{j,t} \qquad (6.5)$$

对冲策略由初始投入 X_0 和动态资产组合构成，资产组合包括了股票以及无风险资产，整个对冲组合的价值随机过程为 X_t。股票持有策略由 $F_{(t)}$ 可测的股票持有过程 $\Delta_t \in R^m$ 构成，其分量 $\Delta_{i,t}$ 指在 t 时刻持有的第 i 种股票的头寸，无风险资产持有量为 $X_{(t)} - \Delta_{(t)} S_{(t)}$，无风险资产收益率过程为 $R_{(t)}$。初始投入和对冲策略构成的价值流满足自融资过程，即：

$$dX_t = \sum_{i=1}^{m} \Delta_{i,t} dS_{i,t} + R_t (X_t - \sum_{i=1}^{m} \Delta_{i,t} S_{i,t}) dt$$

持有价值的贴现过程满足随机微分方程：

$$d[D_t X_t] = X_t dD_t + D_t dX_t$$
$$= -R_t D_t X_t dt + D_t [\sum_{i=1}^{m} \Delta_{i,t} dS_{i,t} + R_t (X_t - \sum_{i=1}^{m} \Delta_{i,t} S_{i,t}) dt]$$
$$= \sum_{i=1}^{m} \Delta_{i,t} [D_t dS_{i,t} - D_t R_t S_{i,t} dt]$$
$$= \sum_{i=1}^{m} \Delta_{i,t} d[D_t S_{i,t}] \qquad (6.6)$$

结合式（6.3）和式（6.6）可以得到：

$$d[D_t X_t] = \sum_{i=1}^{m} \Delta_{i,t} S_{i,t} D_t \sum_{j=1}^{d} \sigma_{ij,t} [\Theta_{j,t} dt + dB_{j,t}]$$
$$= \sum_{i=1}^{m} \sum_{j=1}^{d} \Delta_{i,t} S_{i,t} D_t \sigma_{ij,t} d\tilde{B}_{j,t} \qquad (6.7)$$

如果对冲组合完全对冲了原有资产价值过程，则有：

$$\sum_{j=1}^{d} \Gamma_{j,t} d\tilde{B}_{j,t} = \sum_{j=1}^{d} \sum_{i=1}^{m} \Delta_{i,t} S_{i,t} D_t \sigma_{ij,t} d\tilde{B}_{j,t}, \quad \forall t, \ a.s$$

即：

$$\Gamma_{j,t} = \sum_{i=1}^{m} \Delta_{i,t} S_{i,t} D_t \sigma_{ij,t}, \quad a.s \qquad (6.8)$$

等式（6.8）构成了对冲方程，该方程是关于 m 维变量 $\Delta_{i,t}$ 的 d 个方程，初始投入 V_0 结合任意满足该方程的策略过程 $\Delta_{i,t}$，都能够对投资银行持有的风险资产进行完全对冲。

方程（6.8）可以重写为矩阵形式 $Ax = b$，其中：

$$A = \begin{pmatrix} S_{1,t}\sigma_{11,t} & \cdots & S_{m,t}\sigma_{m1,t} \\ \vdots & \ddots & \vdots \\ S_{1,t}\sigma_{1d,t} & \cdots & S_{m,t}\sigma_{md,t} \end{pmatrix}, \quad x = \begin{bmatrix} \Delta_{1,t} \\ \Delta_{2,t} \\ \cdots \\ \Delta_{m,t} \end{bmatrix}, \quad b = \begin{bmatrix} \dfrac{\Gamma_{1,t}}{D_t} \\ \dfrac{\Gamma_{2,t}}{D_t} \\ \cdots \\ \dfrac{\Gamma_{d,t}}{D_t} \end{bmatrix}$$

求解该方程就得到了对冲策略 $x = A^{-1}b$，A^{-1} 为 A 的广义左逆。

我们并没有对可交易金融资产和自然状态施加限制，分析既适合市场是完全的情况也适合市场不完全的情况。如果市场是完全的，投资者理论上总可以通过资产组合合成任何一种支付，因此可以完全锁定风险。如果市场不完全，则总存在一些证券无法得到完全对冲。金融衍生品（包括场内交易的标准化衍生品和场外非标准的衍生品）的灵活性极大丰富了可交易金融资产的种类，使得完全市场（完全对冲）成为可能。此外，不同投资者对不确定性还存在不同的预期，通常仅利用原生资产构造对冲策略并不容易。衍生品为投资者构造对冲组合提供了极大的便利。投资者可以利用衍生品轻松构造出各种需要的投资组合，甚至不需要太多其他原生资产的分析。正是出于这两方面的原因，金融衍生品在市场对冲中扮演了重要的角色，市场对冲在很大程度上就是衍生品对冲。

（三）常用对冲策略

对冲理论表明市场对冲是一个不断调整的动态过程。投资银行需要通过连续调整自己的资产组合来实现风险的完全对冲。但是这样连续调整的方式将会带来巨大的交易成本，甚至使得完全对冲不可能实现。在现实中，风险管理人员往往采用了某些指标中性的方式对市场风险进行管理。

1. Delta 中性

Delta 是指市场变量的微小变化带来的资产组合价值变化，定义为 $\Delta = \dfrac{\partial p}{\partial s}$。投资者可以运用主成分分析等方法计算出资产组合中对应于特定风险因素的 Delta 值，然后反向买入相应的资产，使得 Delta 值为零，保持 Delta 中性，从而避免风险因素变化带来的资产价值损失。

2. Gamma 中性

Gamma 值定义为 $\Gamma = \dfrac{\partial^2 p}{\partial s^2}$，是资产组合价值对相应基础因素的二阶偏导，测量了 Delta 值对特定风险因素变动的反应程度。根据 Delta 的定义，Delta 中性的对冲组合只能避免市场变量微小变化带来的损失。而对已经 Delta 中性的资产组合进行 Gamma 中性化则保证了资产组合价值不会受到风险因素较大变化的影响。

3. Vega 中性

一个交易组合的 Vega 是指交易价值组合变化对标底资产价格波动率变化的比率，定义为 $\nu = \dfrac{\partial p}{\partial \sigma}$。一些资产组合（尤其是期权类的资产）对标的资产价格的波动性十分敏感，构建 Vega 中性的组合避免了因为基础资产波动性变化带来的损失。

二、市场对冲的内在风险

尽管合理利用衍生品市场对冲能够降低投资银行所面临的风险，但如果衍生品使用不合理也会带来不小的风险。衍生品带来的风险包括两个方面：其一是单个投资银行对冲策略不当导致的企业个体风险，其二是对整个经济的宏观风险。

（一）个体风险

表 6.1 列出了近年来比较著名的衍生品交易亏损案例。这些事件都给参与衍生品交易的企业带来了巨额亏损，一些资产负债状况原本非常良好的企业（如巴林银行）甚至仅仅因为衍生品交易亏损就陷入了破产境地。

市场对冲对参与企业的个体风险主要缘于衍生品高杠杆特性。金融衍生品往往是通过杠杆交易，如果投资银行又使用了保证金回购这样的杠杆融资方式的话，其投资杠杆率将会变得非常大。以美国五大投行为例，在 2008 年次贷危机之前，它们的杠杆率全部都超过了 25 倍。在这样的高杠杆率条件下，原生资产的小幅度波动就会引起投资银行资产价值的极大变动。由于衍生品具有高杠杆性，如果投资银行衍生品头寸过大，资产价格向不利方向变动就可能给投资银行带来巨大损失。巴林银行、法兴银行、J. P. 摩根在衍生品上的巨亏（见表 6.1）都是这方面的著名案例。此外，在杠杆融资的环境中，即使原生资产价格仅仅只是在短期内向不利方向变动，也会因为流动性约束而给参与衍生品交易的企业造成实亏，长期资本管理公司（LTCM）的倒闭就是这方面的例子。因此，投资银行使用衍生品对冲风险必须使得衍生品规模与原生资产持有规模相适应，而且必须与自己的融资方式相适应。

衍生品交易的高杠杆特性还会放大投资银行的操作风险。在缺少良好的内控措施的情况下，衍生品对冲还可能会演化成为单方面的投机行为，可能给投资银行带来很大的亏损。表 6.1 所列的国外企业失败案例几乎全部（仅有摩根大通的亏损是由于策略失败所造成）都是由于内控存在问题引起的。著名的巴林银行、大和银行以及法兴银行衍生品交易巨亏都是由于交易员的不当行为导致企业持有了太多的衍生品单方面头寸而没有相应的对冲措施，企业持有了太多的衍生品单方面头寸而没有相应的对冲措施。薄弱的内控制度使得企业没有能够及时发现并阻止交易员的冒险行为，使得原本的对冲策略变成了纯粹的投机行为，价格的不利波动最终带来了巨额亏损。

表 6.1　　　　　　　　　近年来衍生品失败著名案例

公司	时间	涉及衍生品	事件原因	后果
巴林银行	1995 年	日经指数期货	巴林银行新加坡衍生品交易员超额交易投机失败	巴林银行巨亏 14 亿美元倒闭，后以 1 英镑的象征价格出售
大和银行	1983—1995 年	美国国债期货	纽约分行交易员违规操作国债衍生品	大和银行亏损 11 亿美元，被 Fed 重罚并撤出美国市场
法兴银行	2008 年	欧洲股票指数期货	交易员未经许可多次交易欧洲股票指数期货	法兴银行损失超过 49 亿欧元
摩根大通公司（J. P. Morgan）	2012 年	信用违约掉期（CDS）	衍生品持仓量过大，风险控制不当	摩根大通已宣称的损失超过 20 亿美元，最终损失最多可能达到 75 亿美元
中国航空油料集团公司	2004 年	原油期权	中航油出售了大量看涨期权而未做对冲，在原油价格上涨的情况下资金链断裂导致账面亏损变为实际亏损	中航油当期亏损超过 5.5 亿美元
中国国家物资储备局	2005 年	铜期货	建立了大量的铜期货空头头寸而未做相应对冲	国家物资储备局损失超过两亿美元
中信泰富集团	2008 年	外汇期权	对澳大利亚元单边看多，卖出大量的累积看跌期权	亏损超过 150 亿元港币

（二）宏观风险

单个投资银行合理利用衍生品进行对冲能够有效降低企业所面对的风险，但对单个企业足够稳健的衍生品对冲策略却可能增加整个宏观经济所面对的风险。长期资本管理公司危机和次贷危机就是衍生品宏观风险的一个具体体现。

通过分散化的风险管理策略，不同金融资产之间的相互担保能够规避非系统性风险，而衍生品的灵活性可以让单个投资银行实现风险的完全对冲，即使是系统性风险也能够通过各种衍生品加以规避。但金融衍生品实现的是风险在不同投资人之间的不同分配。从整个宏观层面而言，衍生品不能规避系统性风险，而只是改变了系统性风险最终的承担者。如果最终系统性风险落到了少数企业，系统性风险承担者就会在整个风险对冲中承担极其重要的角色，如果系统性冲击让这些企业陷入困境则风险很容易传染到整个经济体系。次贷危机之前，美国国际集团（AIG）和花旗集团等保险巨头为 CDS 等信用衍生品提供了大量的担保，成了最终的系统性风险承担者。当次级贷款违约率上升，这些保险巨头陷入了困境，美国联邦政府被迫投入超过千亿资金（其中 AIG 的救助资金为 850 亿美元，花旗集团的救助资金为 150 亿美元）救助这些公司以避免市场崩溃对经济带来的巨大冲击。

对冲策略的相似性是衍生品宏观风险的第二个来源。现实中同类衍生品对冲交易很多都使用了类似的对冲策略。在这样的情况下某些不利于对冲策略的小概率事件一旦出现，便会给整个市场带来很大的震动，长期资本管理公司（LTCM）危机就是这样的例子。长期资本管理公司在 20 世纪 90 年代中期利用七大工业国政府债券之间的利差进行套利。该公司采用了杠杆融资的方式积累了巨大的头寸并取得了丰厚的回报。这一策略被大量的对冲基金模仿。1998年 7 月俄罗斯主权债务发生违约，大量的资金为了避险而涌向美国国债，因而扩大了七大工业国国债之间的利差导致了长期资本管理公司巨额亏损。由于其他对冲基金和长期资本管理公司之间的策略相似性，如果长期资本公司被迫清盘抛售资产的话，其巨大的资产头寸可能会导致金融市场崩溃，将整个经济拖入金融危机。纽约联邦储备局统筹了 LTCM 的主要债权人（包括高盛、摩根士丹利、J. P. 摩根等几乎所有华尔街的主要金融机构）对债务进行了重组，进行了一笔 36.25 亿美元的援助，最终避免了市场崩溃。

第七章 基于 Copula 的投资银行业务自然对冲

考虑到投资银行各个业务之间的复杂联系，本章尝试利用第六章的连接函数（Copula）方法整合投资银行业务风险。我们提出了从业务角度研究投资银行风险整合的基本框架、研究模型和分析步骤，并以我国投资银行财务数据为数据基础，采用二元 Copula 连接投资银行服务业务与投资业务两大风险，整合得到投资银行的风险，并进行业务自然对冲效果的实证分析。以上研究试图从业务风险整合的角度回答为什么投资银行业务结构会影响投资银行风险这一核心问题，同时为后续的从业务角度探讨投资银行自然对冲策略提供了理论基础。

第一节 固定业务资产比例下的投资银行风险对冲效应测度

为了直观检验投资银行业务的风险对冲效应，本节设定投资银行业务的资产比例固定，通过实证研究测度风险对冲效应。本节首先通过样本数据估计业务的边际分布，然后选取多个 Copula 函数并估计其参数，采用 Monte Carlo 方法模拟产生业务组合收益率数据，进而计算不同 Copula 函数下的业务组合 VaR，与完全正相关假设下以及真实的业务 VaR 进行对比分析。

一、边际分布的估计

投资银行服务类业务与投资类业务具有显著不同的收入来源。服务类业务以提供劳务服务为主，收入来源主要属于佣金及手续费收入；投资类业务主要以用自有资产进行投资为主，收入来源主要属于投资收益。

投资银行两大类业务在收入性质上的差异也体现在业务收益率的分布上。图 7.1 和图 7.2 分别为投资银行服务类业务以及投资类业务收益率分布情况。服务类业务收益率呈右偏，收益率分布更为均匀；投资类业务收益率呈左右对称情况，收益率分布更加集中。

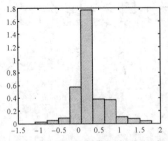
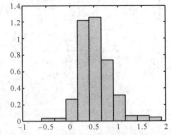

图 7.1 投资银行服务类业务收益率分布　　图 7.2 投资银行投资类业务收益率分布

边际分布的估计首先可以用现有的分布形式去拟合业务收益分布，然后利用数据估计分布参数。这种参数判别分析中，需要假定作为判别依据的、随机取值的数据样本在各个可能的类别中都服从特定的分布。但经验和理论说明，参数模型的这种基本假定与实际模型之间常常存在较大的差距，所得结果也往往不令人满意。

由于上述缺陷，Rosenblatt（1955）提出了非参数估计方法。核密度估计方法不利用有关数据分布的先验知识，对数据分布不附加任何假定，是一种从数据样本本身出发研究数据分布特征的方法，因而，在统计学理论和应用领域均受到高度的重视。本章直接对边际分布进行核密度估计，避免出现先验分布假设错误。

二、Copula 函数的选取

不同 Copula 函数能够表述边际分布的不同分布特征。为了全面了解业务收益率的加总特征，同时为增强本章研究的鲁棒性，本章选取不同类型 Copula 函数整合投资银行业务收益率，并分别得到不同 Copula 函数的参数估计结果，具体如表 7.1 所示。

表 7.1　　　　　　　　二元 Copula 函数的参数估计值列表

Copula 函数类型	Gaussian Copula	T Copula	Clayton Copula	Frank Copula	Gumbel Copula
参数估计值	Rho = 0.10	Rho = 0.10 nu = $4.75 * 10^{-6}$	0.13	0.83	1.05

三、业务组合收益模拟

我们分别用直接加总法以及不同的 Copula 函数方法进行了投资银行业务 VaR 的模拟分析，同投资银行业务收益率的真实 VaR 进行对比分析，每种模拟分别进行 10 000 次。服务业务和投资业务的资产权重设定为 0.5 和 0.5。图 7.3 是真实的投资银行以及采用不同 Copula 函数模拟的投资银行业务收益

投资银行风险管理理论与中国的实践

分布。

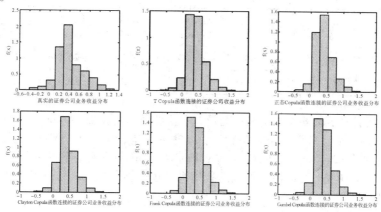

图 7.3　采用不同 Copula 函数模拟整合的投资银行业务收益分布与真实情况对比

表 7.2 给出了各种相依性假设下的业务收益 VaR 测度模拟结果。我们选取 99%、95% 以及 90% 三种置信水平情况。

表 7.2　　　各种相依性假设下的业务收益 VaR 测度模拟结果

假设	Gaussian Copula	T Copula	Clayton Copula	Frank Copula	Gumbel Copula	完全正相关	真实情况
VaR99	−0.205 3	−0.204 2	−0.248 0	−0.244 1	−0.201 7	−0.401 9	−0.253 0
VaR95	0.031 1	0.034 4	0.032 7	0.037 6	0.050 3	−0.027 3	0.068 2
VaR90	0.120 2	0.119 0	0.113 4	0.107 7	0.122 8	0.101 1	0.136 7

四、实证结果解释说明

我们在表 7.3 中计算了各种相依性假设下的业务收益 VaR 测度模拟误差情况。从表 7.3 中我们可以看到同真实情况的 VaR 测度相比较，采用各种 Copula 函数整合的投资银行业务资产收益的风险 VaR 要明显优于完全正相关的假设情况。这说明在实践中可以应用连接函数（Copula）整合业务风险，进而考虑业务间相关性及其产生的风险分散效应，改进以往简单加总得到业务总体风险的方式。

表 7.3　　　各种相依性假设下的业务收益 VaR 测度误差表

假设	Gaussian Copula	T Copula	Clayton Copula	Frank Copula	Gumbel Copula	完全正相关
VaR99	−18.9%	−19.3%	−2.0%	−3.5%	−20.3%	58.9%

表7.3(续)

假设	Gaussian Copula	T Copula	Clayton Copula	Frank Copula	Gumbel Copula	完全正相关
VaR95	−54.4%	−49.6%	−52.1%	−44.9%	−26.2%	−140.0%
VaR90	−12.1%	−12.9%	−17.0%	−21.2%	−10.2%	−26.0%

就总体误差而言，善于捕捉变量在下尾部敏感变化的 Clayton Copula 在置信水平 99%模拟 VaR 与真实情况仅有 2.0%的误差，善于捕捉变量在上尾部敏感变化的 Gumbel Copula 在置信水平 99%模拟 VaR 与真实情况仅有−10.2%的误差。这说明我们可以根据不同的置信水平选用不同的 Copula 函数测度金融业务风险。

第二节　变动业务资产比例下的投资银行风险对冲效应测度

一、业务资产权重与金融企业风险关系模型

投资银行业务风险对冲效应与投资银行业务资产的配比有关系。设金融企业仅开展业务 A 和 B，受到相互联系的风险影响，两种业务的资产收益率分别为 r_A 和 r_B，两者的边际分布函数分别为 $F_A(x)$ 和 $F_B(x)$，对应的概率密度函数分别为 $f_A(x)$ 和 $f_B(x)$。

根据 Sklar 定理，金融企业总体风险收益的联合分布函数及概率密度函数可由 Copula 函数（连接函数）C 表示如下：

$$F(x, y) = C(F_A(x), F_B(y))$$

$$f(x, y) = f_A(x) \times f_B(y) \times c(F_A(x), F_B(y))$$

其中 $c(F_A(x), F_B(y)) = \dfrac{\partial C(F_A(x), F_B(y))}{\partial F_A(x) \times \partial F_B(y)}$。

设金融企业投入业务 A 和 B 的资产分别为 w_A 和 w_B，显然这里有 $w_A + w_B = 1$。金融企业总的收益率为 $r = w_A \times x_A + w_B \times x_B$，其分布函数为：

$$F_r(z) = P(r \le z) = P(w_A \times (r_A - r_B) + r_B \le z)$$

$$= \iint\limits_{w_A \times (r_A - r_B) + r_B \le z} f(x, y) \, dxdy$$

$$= \iint\limits_{w_A \times (r_A - r_B) + r_B \le z} f_A(x) \times f_B(y) \times c(F_A(x), F_B(y)) \, dxdy$$

则置信水平为 α 的企业风险测度：

$$VaR_\alpha = -F^{-1}(\alpha)$$

有以上模型可知，金融企业的整合风险价值可以由以下因素确定：

（1）不同业务收益率的边际分布 $f_A(x)$，$f_B(y)$；

（2）Copula 连接函数 C；

（3）业务资产的权重 w_A。

为探究业务资产权重配置对企业风险的影响，本章将（1）和（2）两个因素设定为已知，设定业务资产权重为本章研究对象，重点探讨权重变化对企业总体风险的影响。

本节设定投资银行业务的资产比例变动，通过实证研究测度风险对冲效应。本节首先通过样本数据估计业务的边际分布，然后选取多个 Copula 函数并估计其参数，采用 Monte Carlo 方法模拟产生业务组合收益率数据，进而计算不同 Copula 函数下的业务组合 VaR，与完全正相关假设下以及真实的业务 VaR 进行对比分析。

二、业务权重决定的投资银行 VaR 模拟

鉴于通过业务资产权重求解投资银行风险 VaR 的中间过程较复杂，本章采用 Montel Carlo 模拟的方法演示业务权重改变对企业风险 VaR 的影响，模拟次数定为 1 000 次。

三、不同 Copula 假设下的业务权重与 VaR

表 7.4 给出了不同连接函数（Copula）和业务权重下的投资银行风险价值 VaR 列表。表 7.4 中假设这一列给出了 5 种不同的连接函数设定，置信水平列中分别列出了 99.5%、99.0%、95% 以及 90%4 种置信水平情况，服务业务资产比例与投资业务资产比例相对应，两者和为 1。

我们分析了同一 Copula 假设及置信水平下不同资产比重的投资银行 VaR，表 7.4 的结论显著支持投资银行业务多元化发展的风险分散效应。如在第一行的 VaR 值中，我们发现绝对值最小的 VaR 值为 -0.276，此时投资银行服务业务资产比例为 60%，对应的投资银行投资类资产的比例为 40%。类似的现象在表 7.4 中其他行同样存在。

表 7.4　　　不同 Copula 假设与业务权重下的投资银行风险 VaR

假设	置信水平	服务业务资产比例										
		0%	10%	20%	30%	40%	50%	60%	70%	80%	90%	100%
正态 Copula	99.5%	-0.851	-0.712	-0.655	-0.460	-0.410	-0.305	-0.276	-0.281	-0.279	-0.418	-0.499
	99.0%	-0.678	-0.558	-0.476	-0.368	-0.297	-0.235	-0.196	-0.134	-0.103	-0.191	-0.211
	95.0%	-0.137	-0.082	-0.043	-0.006	0.009	0.038	0.048	0.066	0.085	0.077	0.068
	90.0%	-0.014	0.031	0.058	0.082	0.099	0.118	0.125	0.142	0.154	0.160	0.157

表7.4(续)

假设	置信水平	服务业务资产比例										
		0%	10%	20%	30%	40%	50%	60%	70%	80%	90%	100%
T Copula	99.5%	−0.800	−0.707	−0.647	−0.458	−0.408	−0.315	−0.268	−0.246	−0.320	−0.429	−0.429
	99.0%	−0.680	−0.576	−0.502	−0.340	−0.307	−0.215	−0.168	−0.156	−0.124	−0.182	−0.152
	95.0%	−0.165	−0.120	−0.052	−0.008	0.008	0.041	0.062	0.070	0.072	0.074	0.067
	90.0%	−0.018	0.026	0.057	0.084	0.102	0.116	0.139	0.144	0.148	0.160	0.151
Frank Copula	99.5%	−0.889	−0.727	−0.556	−0.529	−0.390	−0.276	−0.244	−0.279	−0.340	−0.341	−0.452
	99.0%	−0.691	−0.585	−0.437	−0.353	−0.293	−0.202	−0.147	−0.163	−0.158	−0.121	−0.127
	95.0%	0.164	−0.098	−0.052	−0.022	0.002	0.030	0.059	0.069	0.080	0.084	0.075
	90.0%	−0.014	0.027	0.052	0.078	0.095	0.114	0.132	0.143	0.154	0.154	0.157
Clayton Copula	99.5%	−0.941	−0.697	−0.688	−0.505	−0.464	−0.355	−0.304	−0.296	−0.350	−0.310	−0.477
	99.0%	−0.723	−0.553	−0.517	−0.398	−0.305	−0.246	−0.192	−0.166	−0.156	−0.113	−0.166
	95.0%	−0.148	−0.085	−0.050	−0.018	0.011	0.034	0.052	0.068	0.078	0.077	0.065
	90.0%	−0.012	0.028	0.061	0.082	0.102	0.117	0.133	0.148	0.153	0.162	0.148
Gumble Copula	99.5%	−0.874	−0.731	−0.578	−0.512	−0.365	−0.294	−0.273	−0.266	−0.328	−0.406	−0.462
	99.0%	−0.684	−0.566	−0.464	−0.369	−0.267	−0.204	−0.151	−0.147	−0.165	−0.158	−0.197
	95.0%	−0.164	−0.110	−0.061	−0.012	0.024	0.042	0.065	0.067	0.080	0.082	0.061
	90.0%	−0.017	0.027	0.058	0.082	0.104	0.121	0.136	0.149	0.158	0.159	0.154
完全正相关	99.5%	−1.085	−1.036	−0.987	−0.938	−0.889	−0.839	−0.790	−0.741	−0.692	−0.643	−0.594
	99.0%	−0.681	−0.625	−0.570	−0.514	−0.458	−0.402	−0.346	−0.290	−0.234	−0.178	−0.122
	95.0%	−0.165	−0.138	−0.110	−0.083	−0.055	−0.027	0.000	0.028	0.056	0.083	0.111
	90.0%	0.028	0.042	0.057	0.072	0.086	0.101	0.116	0.130	0.145	0.160	0.175
真实情况	99.5%	−1.085	−0.949	−0.812	−0.675	−0.538	−0.401	−0.321	−0.389	−0.457	−0.525	−0.594
	99.0%	−0.681	−0.572	−0.463	−0.355	−0.246	−0.253	−0.241	−0.128	−0.065	−0.080	−0.122
	95.0%	−0.165	−0.108	−0.055	−0.014	0.025	0.068	0.077	0.083	0.136	0.130	0.111
	90.0%	0.028	0.045	0.073	0.088	0.109	0.137	0.151	0.152	0.171	0.171	0.175

考虑 Copula 假设与业务资产比例相同条件下不同置信水平的 VaR,我们发现随着置信水平的降低,VaR 绝对值呈现逐渐降低的趋势,说明风险水平降低,与理论上的 VaR 与置信水平之间的关系一致。

四、不同假设下的业务权重与风险 VaR 关系对比

为了对比不同假设下的 VaR 结果,本书根据表 7.1 的结果计算不同假设条件下风险测度 VaR 的误差值,列入表 7.2 中。其中 VaR 误差率的计算公式为:

$$\frac{某假设下置信水平 \alpha 的 VaR}{真实情况下置信水平 \alpha 的 VaR} - 1$$

从表 7.5 显示的不同 Copula 假设与真实的业务权重及风险 VaR 误差率列表来看，连接函数（Copula）假设下的 VaR 误差率总体要低于完全正相关情况，证明了采用 Copula 连接业务风险的优越性。

表 7.5　　不同 Copula 假设与真实的业务权重及风险 VaR 误差率

假设	置信水平	服务业务资产比例									
		0%	10%	20%	30%	40%	50%	60%	70%	80%	90%	100%
正态 Copula	99.50%	−21.6%	−25.0%	−19.3%	−31.9%	−23.8%	−23.9%	−14.0%	−27.8%	−38.9%	−20.4%	−16.0%
	99.00%	−0.4%	−2.4%	2.8%	3.7%	20.7%	−7.1%	−18.7%	4.7%	58.5%	138.8%	73.0%
	95.00%	−17.0%	−24.1%	−21.8%	−57.1%	−64.0%	−44.1%	−37.7%	−20.5%	−37.5%	−40.8%	−38.7%
	90.00%	−150.0%	−31.1%	−20.5%	−6.8%	−9.2%	−13.9%	−17.2%	−6.6%	−9.9%	−6.4%	−10.3%
T Copula	99.50%	−26.3%	−25.5%	−20.3%	−32.1%	−24.2%	−21.4%	−16.5%	−36.8%	−30.0%	−18.3%	−27.8%
	99.00%	−0.1%	0.7%	8.4%	−4.2%	24.8%	−15.0%	−30.3%	21.9%	90.8%	127.5%	24.6%
	95.00%	0.0%	11.1%	−5.5%	−42.9%	−68.0%	−39.7%	−19.5%	−15.7%	−47.1%	−43.1%	−39.6%
	90.00%	−164.3%	−42.2%	−21.9%	−4.5%	−6.4%	−15.3%	−7.9%	−5.3%	−13.5%	−6.4%	−13.7%
Frank Copula	99.50%	−18.1%	−23.4%	−31.5%	−21.6%	−27.5%	−31.2%	−24.0%	−28.3%	−25.6%	−35.0%	−23.9%
	99.00%	1.5%	2.3%	−5.6%	−0.6%	19.1%	−20.2%	−39.0%	27.3%	143.1%	51.3%	4.1%
	95.00%	−0.6%	−9.3%	−5.5%	57.1%	−92.0%	−55.9%	−23.4%	−16.9%	−41.2%	−35.4%	−32.4%
	90.00%	−150.0%	−40.0%	−28.8%	−11.4%	−12.8%	−16.8%	−12.6%	−5.9%	−9.9%	−9.9%	−10.3%
Clayton Copula	99.50%	−13.3%	−26.6%	−15.3%	−25.2%	−13.8%	−11.5%	−5.3%	−23.9%	−23.4%	−41.0%	−19.7%
	99.00%	6.2%	−3.3%	11.7%	12.1%	24.0%	−2.8%	−20.3%	29.7%	140.0%	41.3%	36.1%
	95.00%	−10.3%	−21.3%	−9.1%	28.6%	−56.0%	−50.0%	−32.5%	−18.1%	−42.6%	−40.8%	−41.4%
	90.00%	−142.9%	−37.8%	−16.4%	−6.8%	−6.4%	−14.6%	−11.9%	−2.6%	−10.5%	−5.3%	−15.4%
Gumble Copula	99.50%	−19.4%	−23.0%	−28.8%	−24.1%	−32.2%	−26.7%	−15.0%	−31.8%	−28.2%	−22.7%	−22.2%
	99.00%	0.4%	−1.0%	0.2%	3.9%	8.5%	−19.4%	−37.3%	14.8%	153.8%	97.5%	61.5%
	95.00%	−0.6%	1.9%	10.9%	−14.3%	−4.0%	−38.2%	−15.6%	−19.3%	−41.2%	−36.9%	−45.0%
	90.00%	−160.7%	−40.0%	−20.5%	−6.8%	−4.6%	−11.7%	−9.9%	−2.0%	−7.6%	−7.0%	−12.0%
完全正相关	99.50%	0.0%	9.2%	21.6%	39.0%	65.2%	109.2%	146.1%	90.5%	51.4%	22.5%	0.0%
	99.00%	0.0%	9.3%	23.1%	44.8%	86.2%	58.9%	43.6%	126.6%	260.0%	122.5%	0.0%
	95.00%	0.0%	27.8%	100.0%	492.9%	−320.0%	−139.7%	−100.0%	−66.3%	−58.8%	−36.2%	0.0%
	90.00%	0.0%	−6.7%	−21.9%	−18.2%	−21.1%	−26.3%	−23.2%	−14.5%	−15.2%	−6.4%	0.0%

由表 7.5，我们发现在服务业务与投资服务比重相对均衡的情况下，采用 Copula 假设下的 VaR 误差率明显低于完全正相关情况。而在服务业务比重较低（小于 10%）以及比重较高（大于 90%）的情况下，采用 Copula 假设对比于完全正相关情况，不具有比较优势。这一特点同 Copula 的理论出发点一致。

第三节　考虑风险收益的业务资产最优配置模拟

一、考虑风险收益的业务资产最优配置模型

参照组合投资理论，本章考虑在权衡企业收益和风险下求解企业业务资产最优配置。这样的最优化问题，可以表述为风险一定条件下的收益最高的企业业务权重，或者收益一定条件下的风险最低的企业业务权重。我们将分别进行分析。

考虑 $VaR_\alpha = -F^{-1}(\alpha) = \sigma$，考虑调整业务比重 w_A，使得 $E(r) = w_A \times r_A + w_B \times r_B = w_A \times E(r_A - r_B) + E(r_B)$ 最大，即为风险一定条件下的收益最高的企业业务权重问题，表述如下：

$$\operatorname*{Max}_{w_A} w_A \times E(r_A - r_B) + E(r_B)$$
$$\text{st. } VaR_\alpha = \sigma$$

考虑 $E(r) = w_A \times r_A + w_B \times r_B = w_A \times E(r_A - r_B) + E(r_B) \leqslant \pi$，考虑调整业务比重 w_A，使得 $VaR_\alpha = -F^{-1}(\alpha)$ 最小。收益一定条件下的风险最低的企业业务权重，即为以下问题：

$$\operatorname*{Min}_{w_A} VaR_\alpha$$
$$\text{st. } w_A \times E(r_A - r_B) + \pi$$

二、基于 Copula 的业务资产配置有效边界

利用 Montel Carlo 模拟的方法研究不同业务的资产比重与投资银行总体风险的同时，我们加入对投资银行总体收益率的计算。在利用 Matlab 软件进行 Montel Carlo 编程时，我们考虑业务资产权重变化最小幅度为 1%，并将计算所得的结果列入图 7.4 至图 7.6 中。

图 7.4 至图 7.6 中，横坐标为公司总体收益率，而纵坐标是公司的风险测度 VaR。分别用不同符号代表不同情况，计算得到投资银行收益与 VaR。"+"代表真实的投资银行层面的收益与 VaR，"×"代表业务完全正相关情况下整合的投资银行收益与 VaR，"▽"代表业务正态 Copula 相关假设情况，"◁"代表 T Copula 假设情况，"▷"代表 Frank Copula 假设情况，"☆"代表 Clayton Copula 假设情况，而"∗"代表 Gumble Copula 假设情况。

图 7.4 为 99.5% 置信水平下投资银行业务整合假设下的收益与 VaR。我们将不同连接函数假设情况下的投资银行总体风险和收益与真实情况做对比，对比包括正态 Copula，T Copula，Frank Copula，Clayton Copula 和 Gumble Copula 假设，以及业务完全正相关情况。

对于理性的经营管理者，仅有风险随着收益增长而降低的这一段属于业务资产有效配置的区域。投资银行在实际经营过程中，应在此区域进行业务资产

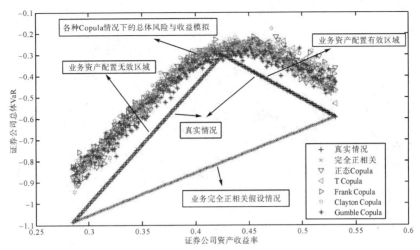

图 7.4 99.5%置信水平下投资银行业务整合假设下的收益与 VaR

的有效选择，此时投资银行的总体收益率为 0.45~0.55。

分析图 7.4，对比于完全正相关情况，Copula 假设连接下的投资银行总体收益与风险情况更加接近于真实情况。类似的结论适用于在 99% 和 95% 置信水平下的投资银行风险和收益模拟计算，如图 7.5 所示。

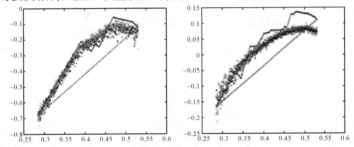

图 7.5 99%（左）和 95%（右）置信水平下投资银行业务整合假设下的收益与 VaR

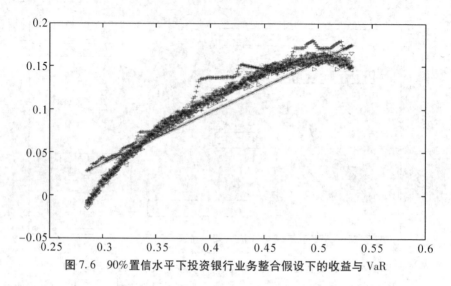

图 7.6　90%置信水平下投资银行业务整合假设下的收益与 VaR

　　例外的情况出现在图 7.6 中业务收益较低和较高的两端。对比于完全正相关情况，Copula 假设连接下的模拟得到的投资银行总体收益与风险情况要劣于完全正相关假设情况。Copula 的目的在于连接不同业务风险使其成为投资银行总体风险。如果某业务权重太低或太高，这种连接误差就显著增大。

三、考虑收益和风险的业务资产最优权重模拟

　　将图 7.4 显示的不同 Copula 函数假设下的投资银行业务资产比例及其对应的资产收益率、风险表示出来，我们就可以从中找到考虑风险和收益的投资银行业务资产最优权重。

　　以二元正态 Copula 连接的证券业务为例，表 7.6 中给出了 99.5% 置信水平下的投资银行不同业务比例及其对应的投资银行资产收益率和风险 VaR 测度。其中前 4 行是二元正态 Copula 假设下的投资银行资产收益率和风险 VaR 测度，第 5 行计算了相同业务资产比例和收益率下的真实投资银行 VaR 测度。

表 7.6　二元正态 Copula 下和真实情况下证券业务的比例、收益率与风险对比

服务业务资产比例	0.000	0.100	0.200	0.300	0.400	0.500	0.600	0.700	0.800	0.900	1.000
投资业务资产比例	1.000	0.900	0.800	0.700	0.600	0.500	0.400	0.300	0.200	0.100	0.000
投资银行资产收益率	0.285	0.310	0.334	0.359	0.383	0.408	0.433	0.457	0.482	0.506	0.531
Copula 下 VaR 测度	−0.877	−0.752	−0.645	−0.487	−0.428	−0.323	−0.267	−0.227	−0.349	−0.360	−0.440
真实 VaR 测度	−1.085	−0.949	−0.812	−0.675	−0.538	−0.401	−0.321	−0.389	−0.457	−0.525	−0.594

表 7.6 显示，投资银行资产收益率随着服务业务资产比例升高而上升，投资银行 VaR 测度的绝对值则先降低随后升高。在同时考虑风险和收益的情况下，正态 Copula 假设下的模拟结果显示服务业务资产比例在 0.7～1.0 的 4 列是有效的，实现了给定投资银行资产收益率情况下的风险测度 VaR 最小的要求。比如，我们设定投资银行资产收益率应该达到 0.482，此时只要服务业务与投资业务资产比重为 2∶8，则可以达到最小的投资银行风险 VaR，此时等于−0.349。

换个角度来看，我们也可以认为表 7.6 中最后 4 列，实现了给定投资银行 VaR 测度要求下投资银行资产收益率达到最高的情况。根据表 7.6，我们设定投资银行 VaR 测度为−0.349，则同样只需设定服务业务和投资业务资产比例为 2∶8，同样可以实现资产收益率最高，此时投资银行资产收益率为 0.482。

与真实 VaR 测度相对比，二元 Copula 假设模拟计算的结果还存在一定误差。如按照真实的 VaR 测度，服务资产比例达到 0.6 以上时，考虑风险和收益的业务资产组合配置即进入有效区域。同样误差情况也出现在表 7.7 显示的其他 Copula 假设下的 VaR 计算结果中。这表明应进一步研究采用 Copula 连接业务方法进而求取最优业务资产比例的方法，改进相关过程，更好地拟合现实情况。

表 7.7　不同假设和真实情况下证券业务比例、收益率与风险对比

服务业务资产比例	0.000	0.100	0.200	0.300	0.400	0.500	0.600	0.700	0.800	0.900	1.000
投资业务资产比例	1.000	0.900	0.800	0.700	0.600	0.500	0.400	0.300	0.200	0.100	0.000
投资银行资产收益率	0.285	0.310	0.334	0.359	0.383	0.408	0.433	0.457	0.482	0.506	0.531
真实情况下的 VaR	−1.085	−0.949	−0.812	−0.675	−0.538	−0.401	−0.321	−0.389	−0.457	−0.525	−0.594
完全正相关假设 VaR	−1.085	−1.036	−0.987	−0.938	−0.889	−0.839	−0.790	−0.741	−0.692	−0.643	−0.594
T Copula 下 VaR 测度	−0.837	−0.718	−0.656	−0.494	−0.411	−0.295	−0.275	−0.281	−0.322	−0.379	−0.426
Frank Copula 下 VaR 测度	−0.826	−0.699	−0.580	−0.486	−0.397	−0.261	−0.293	−0.239	−0.321	−0.391	−0.444
Clayton Copula 下 VaR 测度	−0.832	−0.774	−0.631	−0.478	−0.445	−0.371	−0.270	−0.281	−0.253	−0.406	−0.466
Gumble Copula 下 VaR 测度	−0.889	−0.830	−0.637	−0.538	−0.368	−0.316	−0.244	−0.267	−0.322	−0.374	−0.456

第八章　投资银行市场对冲

　　根据前面对风险对冲的划分，本书将投资银行的市场对冲定义为通过投资或购买与标的资产（Underlying Asset）收益波动负相关的某种资产或衍生产品，来冲销标的资产潜在的风险损失的一种风险管理策略。现代的金融衍生品（Derivatives）是指从传统的基础金融工具，如货币、利率、股票等交易过程中，衍生发展出来的新金融工具，是价值依赖于基础资产（Underlyings）价值变动的合约（Contracts）。这种合约可以是标准化的，也可以是非标准化的。标准化合约是指其标的物（基础资产）的交易价格、交易时间、资产特征、交易方式等都是事先标准化的，因此此类合约大多在交易所上市交易，如期货。非标准化合约是指以上各项由交易的双方自行约定，因此具有很强的灵活性，比如远期协议。

　　20 世纪 70 年代以后，随着金融衍生品市场的飞速发展，衍生品业务已经成为推动国际投资银行发展的主推力，并对行业的发展模式和战略演变产生了重要作用。但 2008 年美国五大投资银行由于过度涉足衍生品市场，最终未能逃脱破产或转型的命运。目前，我国金融衍生品市场的发展才刚刚起步，投资银行参与金融衍生品的程度相对有限。如何吸收美国投资银行衍生品对冲风险中的经验与教训，对我国投资银行利用金融衍生品进行市场对冲具有重要借鉴。本章先简要分析美国五大投行衍生品对冲，然后围绕我国投资银行衍生品对冲现状展开讨论。

第一节　美国投资银行的市场对冲

　　随着市场的发展，金融衍生品在海外投资银行的日常业务中占据了越来越重要的位置。这些银行往往通过衍生品来实现积极的个险管理策略，用以对冲其在做市商或者发行、投资等其他业务的风险暴露。

一、对盈利模式的影响

　　金融衍生品拓宽了国际银行控股集团的盈利模式，许多大的投资银行渐渐将注意力转向主要交易、证券投资（相当大的一部分投入了金融衍生品市场）等高风险高收益业务，其代表机构是所谓的在前两年先后倒下或转型的华尔街五大投资银行高盛、摩根士丹利、美林、雷曼和贝尔斯登。

　　在海外的现代投行业务模式中，传统业务的占比很低，交易业务是现代投行的核心业务内容。以高盛为例，2011 年交易业务的收入占其总收入的 30%以上，其中大部分为金融衍生品交易和投资收益，而传统的投资银行业务和商务咨询的服务收入仅仅占到总收入的 17%；美林和摩根士丹利的这一占比也分别达到 21% 和 40%。

二、衍生品结构

投资银行们用以对冲风险的衍生品不但包括场内交易的标准品种，还包括在场外（OTC）市场交易的非标准衍生品，而且后者的规模往往远大于前者。以高盛公司为例，其 2012 年、2013 年期末场外衍生品资产价值都超过了场内衍生品资产价值的 10 倍，如表 8.1、表 8.2 所示。

表 8.1　　　　　　　高盛公司 2012 年、2013 年年末总衍生品头寸

单位：百万美元

	2012 年		2013 年	
	衍生品资产	衍生品负债	衍生品资产	衍生品负债
场内衍生品	3 772	2 937	4 277	6 366
场外衍生品	67 404	47 490	53 602	43 356
总计	71 176	50 427	57 879	49 722

来源：高盛公司 2013 年度财务报表。

表 8.2　　　　　　高盛公司用于对冲的场外衍生品头寸　　　单位：百万美元

	2013 年 12 月			2012 年 12 月		
	衍生资产	衍生负债	名义金额	衍生资产	衍生负债	名义金额
用于对冲的衍生品						
利率类衍生品	11 403	429	132 879	23 772	66	128 302
已清算 OTC 衍生品	1 327	27	10 637	—	—	—
双边清算 OTC 衍生品	10 076	402	122 242	23 772	86	128 302
货币类衍生品	74	56	9 296	21	86	8 452
已清算 OTC 衍生品	1	10	869			3
双边清算 OTC 衍生品	73	46	8 427	21	86	8 449
商品类衍生品	36	—	335	—	—	—
已清算 OTC 衍生品	—	23				
双边清算 OTC 衍生品	36		312			
小计	11 513	485	142 510	23 793	152	136 754
总公允价值/衍生品名义金额	858 933	781 294	53 618 940	839 124	749 523	44 453 684

来源：高盛公司 2013 年年报。

尽管不同公司有着不同的风险管理结构和风险对冲模型，投资银行市场对冲的基石都是通过审慎的资产购买行为，提升企业风险调整后的回报。鉴于投资银行在市场中的特殊角色，它们往往参与了多种资产的交易和发行，其资产结构非常复杂，衍生品对冲种类也非常丰富，按照其基础资产包括利率、货币、信用、商品和股票等各种衍生品。还是以高盛公司为例，其利率衍生品和货币衍生品的头寸还高于股票衍生品，如表8.3所示。

表 8.3　　　　　高盛公司 2013 年度场外衍生品资产—负债结构

单位：百万美元

一、资产类别	0~12 个月	1~5 年	5 年以上	总计
利率类	7 235	26 029	75 731	108 995
信用类	1 233	8 410	5 787	15 430
货币类	9 499	8 478	7 361	25 338
商品类	2 843	4 040	143	7 026
股权类	7 016	9 229	4 972	21 217
跨类别净额调整	-2 559	-5 063	-3 395	-11 017
小计	25 267	51 123	90 599	166 989
跨期限净额调整				-19 744
现金担保				-93 643
总计				53 602
二、负债类别				
利率类	5 019	16 910	21 903	43 832
信用类	2 339	6 778	1 901	11 018
货币类	8 843	5 042	4 313	18 198
商品类	3 062	2 424	2 387	7 873
股权类	6 325	6 964	4 068	17 357
跨类别净额调整	-2 559	-5 063	-3 395	-11 017
小计	23 029	33 055	31 177	87 261
跨期限净额调整				-19 744
现金担保				-24 161
总计				43 356

来源：高盛公司 2013 年年报。

三、衍生品风险管理

同样是大规模地进行金融衍生品自营交易，华尔街五大投行的结局却迥然不同，其根本原因在于风险控制。高盛优秀的风险控制技巧使得其在这次由次级贷款引发的金融危机中存活了下来。2006年年底，高盛使用的风险管理模式平均每天要收集2.5万个数据进行风险测试，当次级债风险尚未充分暴露时，风险控制系统已经发出了预警信号。在2006年12月，高盛的各种指标包括VaR及其他风险模型，开始显示有某种错误发生。虽不是很大的错误，但是错误足以警告需要开展更仔细的观察。在接下来的2007年剩下的大部分时间里，高盛与其他投行做着相反的事情——利用衍生工具在抵押贷款市场上保持净空头部位，从而在最大程度上减轻了金融危机的冲击。

五大投行不同的结局是它们不同的风险控制结构造成的。正是由于高盛在风险控制方面的努力使得其在危机中并没有遭受太大的损失，而贝尔斯登和雷曼则遭遇了灭顶之灾。

在组织结构方面，高盛对其分支机构的管理采取了扁平化管理的模式，主要体现在总部的期货衍生品部门统一结算、统一财务管理。此外，高盛对于同一个客户涉及的不同业务，包括衍生品业务、资产管理业务、股票业务等，其风险头寸、风险敞口、资金运用情况等，可以由独立于衍生品部门的信贷部统一监测。如此，当客户某项交易资金不足的时候，投资银行可以用别的金融资产进行冲抵，效率比较高，风险也得到有效控制。

在衍生品管理方面，高盛将其持有的衍生品按照其基础资产和市场状况分为了三个等级，并对不同等级衍生品实施了不同的定价要求。第一级（Level 1）衍生品的原生资产为第一类资产（按照高盛的分类）的短期合约以及成交活跃（能够按照其市场报价及时成交）的交易所标准化衍生品。第二级（Level 2）衍生品包括所有重要定价环境相关参数（例如价格、期限、利率期限结构等）均由市场条件（Market evidence）支持的OTC产品，交易不活跃的场内衍生品以及（或者）那些定价模型是经过市场出清条件校准的OTC衍生品。除第一级和第二级以外的衍生品为第三级（Level 3）衍生品。高盛对衍生品的划分（以及相应的定价）充分考虑到了市场状况以及模型风险，因而能够进行足够稳健的风险管理。高盛公司2013年年末各种衍生品分级头寸如表8.4所示。

表8.4　　　　　高盛公司2013年年末各类衍生品分级头寸

单位：百万美元

	2013年12月衍生资产公允价值				
	一级	二级	三级	跨级别净额调整	总计
利率类	91	652 104	394	—	652 589

表8.4(续)

	2013 年 12 月衍生资产公允价值				
	一级	二级	三级	跨级别净额调整	总计
信用类	—	52 834	7 917		60 751
货币类	—	70 481	350	—	70 831
商品类	—	17 517	526	—	18 043
权益类	3	55 826	890		56 719
衍生资产总公允价值	94	848 762	10 077	—	858 933
对手调整净额		−702 703	−3 001	−1 707	−707 411
小计	94	146 059	7 076	(1 707)	151 522
现金担保					−93 643
公允价值（含自持产品）					57 879

	2013 年 12 月衍生负债公允价值				
	一级	二级	三级	跨级别净额调整	总计
利率类	93	586 966	408	—	587 539
信用类	—	52 599	3 741		56 340
货币类	—	63 165	550		63 715
商品类	—	177 762	466		18 228
权益类	6	53 617	1 849		55 472
衍生资产总公允价值	99	774 109	7 086	—	781 294
对手调整净额	—	−702 703	−3 001	−1 707	−707 411
小计	99	71, 406	4, 085	(1 707)	733 883
现金担保					−24 161
公允价值（含已售出但尚未回购的产品）					49 722

来源：高盛公司 2013 年年报。

四、投资银行衍生品道德风险

投资银行是金融衍生品的主要设计者和参与者，起初设计金融衍生品是为了规避金融市场风险。但是随着经济的发展，加上和商业银行的残酷竞争，投资银行的生存环境发生了巨大的变化。为了追求盈利，美国投资银行纷纷进行金融创新，把金融衍生品作为新的利润增长点。这种情况下创造的金融衍生品已完全脱离了避险需求的本意，而沦为了投资银行赚钱的工具。具体表现在：第一，衍生品设计得过于复杂化。第二，衍生品交易的信息不对称。进一步地，这种欺诈风险或道德风险存在的根源在于投资银行的多重身份特征。在衍生品市场上，投资银行的金融工程师是产品的设计者和开发者。同时投资银行又通过承销业务获取佣金收入，通过参与套期保值或非套期保值交易获得投资收益，在竞争压力趋势下，通过人为地复杂化产品设计甚至欺诈来换得自身的高额回报。金融危机前后相当多针对投资银行（或者前投资银行）的司法诉讼就昭示了这种道德风险的存在。

2010年4月16日，美国证券交易委员会向纽约曼哈顿联邦法院提起民事诉讼，指控高盛集团在涉及次级抵押贷款业务金融产品问题上涉嫌欺诈投资者，造成投资者损失超过10亿美元。高盛被指控销售了一种基于次贷业务的抵押债务债权，但未向投资者披露美大型对冲基金保尔森对冲基金公司对该产品做空的"关键性信息"。保尔森对冲基金公司于2007年向高盛支付了约1 500万美元的设计和营销费用，但投资者因此蒙受的损失超过10亿美元。高盛的错误就是一方面允许一客户做空该金融产品，另一方面却向其他投资者承诺该产品是由独立客观的第三方推出的。该诉讼的最终结果是高盛集团支付5.5亿美元的和解费用，与SEC就民事欺诈指控达成和解。

其他的投资银行同样遭遇了类似的道德困境。摩根士丹利遭遇了联邦住房金融管理局（FHFA）就抵押贷款担保证券销售问题发起的诉讼，并于2013年2月以12.5亿美元的和解付款了结。同月，摩根士丹利被SEC指控在销售抵押债券时误导投资者，导致投资者在金融危机期间因这些抵押债券大幅下跌而受损。摩根士丹利为这项指控支付了2.75亿美元的和解费用。

这些司法诉讼所揭示出来的海外投资银行道德困境表明了风控结构在投资银行风险管理中的重要性。

五、对我国投资银行的启示

随着我国经济的进一步发展，国内企业更多参与到了全球经济活动中，大量的经济活动直接暴露在了全球汇率、利率、信用等风险之中。同时，我国利率、资本账户等管制逐渐放松，各类信用产品的违约风险逐渐暴露（例如地方政府债务等）。作为资本市场最终的产品提供者和衍生产品的主要做市商，投资银行风险对冲要求进一步增强。

2010年，我国证券市场先后推出了股指期货和融资融券。基础金融衍生品的推出为金融创新提供了可能，大大激发了我国证券公司的创新热情。随着我国金融衍生品等创新业务的不断深化，我国证券公司的创新能力、盈利模式和风险管理能力将不断增强，有望彻底告别证券公司靠天吃饭的局面。

仅就目前来说，我国资本市场发展尚不健全，期货、期权等金融衍生品市场尚处在萌芽状态，金融工具品种少。目前国内交易所公开交易的衍生品只有股指期货、商品期货、国债期货等少数几个品种。场外市场受到了严格的限制，比较活跃的交易品种也只有人民币利率互换等寥寥几种，几乎没有汇率（货币）和信用衍生品。现有的衍生产品其市场深度和活跃程度也有所不足，除股指期货以外，其他交易所衍生品的交易活跃程度与市场容量都很难承载大体量风险对冲的需求。

尽管目前我国市场发育程度尚有欠缺，但近几年我国金融市场发展速度惊人，各种衍生市场品种和深度已经逐步在向美国市场靠拢。美国投资银行的市场对冲风险管理能够给我们提供很好的借鉴。

首先，美国投资银行的经验表明投资银行可以利用衍生品对自身所面临的各种风险（包括系统性风险）进行合理对冲，但必须对所参与的交易有严格的控制。衍生品交易必须用于正确的目的，在交易中必须控制自己的风险暴露程度，而且必须有良好的内控制度以确保事先制定的风险策略和交易额度等规定。

其次，监管者应加强对投资银行的投机性衍生品交易风险监管，建立投资银行作为衍生品交易者和其他业务（如资产管理业务）参与者的利益隔离机制。对于市场监管部门，要在信息披露上尽可能揭示投资银行参与股指期货等衍生品交易的风险，增强对资产流动性和现金流量表的监控，并在净资本计算方面，对于用于套期保值的股指期货头寸（即期货空头头寸）可以折算成对应的现货头寸，并与股票现货头寸进行抵扣，但在资产负债表和利润表中应当将股指期货有关的资产和净盈利（亏损）单列。对于投资银行而言，要增强风险意识和加强内部风险管理制度建设，正确认识股指期货的作用，严格控制股指期货的持仓量。要根据市场的实时变化和所持有的股票现货组合的风险特征，通过定量模型计算得到适当的套期保值比率，并根据这一套期保值比率适当持有期货头寸。同时，要建立严格的结算准备金或保证金监管制度，实时监控衍生品头寸价值，并保证资产的流动性。

再次，投资银行的风险管理必须考虑到模型风险。通常，市场状况变得糟糕的时候，各种风险的相关性增强，以常规市场条件得到的风险管理模型往往会低估投资银行所面对的真正风险。2007 年次贷危机发生以后，大部分按揭贷款不但违约率上升，其回收率同样也大幅下降，以正常市场条件估算出来的模型极大低估了各类按揭贷款以及以此为基础的信用衍生品的风险，给雷曼、AIG 等带来了巨大的损失。

最后，投资银行应该给予风险管理人员正确的激励，避免短期高强度激励，以保证他们做出与公司长期利益一致的决策。事实上，危机以后，大量的金融机构已经修改了它们的薪酬办法，一些企业将分红分摊到了数个年度来发放，而不是在一年内全部付清。

第二节 我国投资银行市场对冲分析

一、我国投资银行市场对冲的必要性

近年来，我国证券市场迅速发展，投资银行的竞争越来越激烈，以前依赖买卖佣金和发行费用的盈利模式难以为继。券商买卖佣金费率随着竞争加剧不断下降，一些券商甚至将佣金降低到了成本附近（例如华泰证券2013年将交易佣金降到了万分之三，几乎等于其营运成本）。发行佣金也受到了极大的冲击，一方面发行政策（从2012年以后我国在长达一年半的时间内暂停了A股新股发行）极大限制了发行佣金收入，另一方面商业银行表外业务和信托的发展也扩展了企业融资的渠道，削弱了券商融资发行的市场容量。

传统业务结构的颓势加速了投资银行向自营和资产管理转型，从图8.1可以看出，投资银行的业务结构发生了明显的转变。2009年买卖佣金收入还占到了投资银行主营业务收入的82.9%，到2013年这一比例已经降到了53.0%；发行佣金占主营业务收入比例在2013年也从前两年的接近20%降低到了8.7%。与此同时，资管业务和自营业务在收入结构中的比重逐年上升，2009年这两项收入占主营业务收入比例不过9.76%，到2013年已经上升到了38.30%，上升势头非常明显。

图8.1 上市券商主营业务收入结构（2009—2013年）
数据来源：国泰安上市企业数据库。

国内投资银行收入结构的转变加剧了其市场对冲的必要性，自营业务使得投资银行直接面对了市场风险，资管业务虽然相对间接①但同样也使券商暴露在了市场风险之中。这两项业务在投资银行收入结构中的重要性增加也就意味着券商面临了更大的风险，需要利用市场工具进行对冲。

随着近年来固定收益产品的发展，投资银行自营资产和资管资产不再局限于传统权益类资产，固定收益产品占比逐渐增加。我国目前的市场评级制度并不完善，市场参与者往往认为例如城投债、信托计划等固定收益产品存在刚性兑付。但随着基础建设的逐渐冷却和地方政府债务问题的发酵，这种刚性兑付难以为继。2014年年初，中诚信托30亿矿产信托的重组已经昭示了信托产品的信用风险，2014年3月底公开交易的公司债超日债则成为中国债券市场的首个"实质性违约"债券。固定收益产品刚性兑付的破产将使得持有这些产品的投资银行需要直接面对利率风险和汇率风险。

投资银行资产结构风险暴露程度的增加和所面临的风险多样性昭示了投资银行市场对冲的必要性，投资银行有必要通过市场工具（更多是市场衍生品）来管理自己的风险，减少自己的风险暴露。

二、我国现有市场的对冲工具和对应策略

目前我国投资银行资产中，在不统计基金类资产本身包括股票资产的情形下，权益类（股票类）资产仍然是最大的自营资产。但随着近年公司债、企业债等固定收益产品市场的发展，债权类资产占券商自营和资管资产比重也正在上升。随着近年来金融市场的持续发展，我国已经具有了股指期货、国债期货、商品期货、利率、货币互换和远期等衍生品，为投资银行市场对冲提供了有效手段。

我国现有的衍生品对冲工具包括两类，第一类是场内交易的标准化衍生工具，主要包括现货卖空、股指期货、国债期货、商品期货等，这一类工具可以直接在交易所交易；第二类产品是场外非标准化的衍生品，包括利率、汇率互换、股票和商品远期等，这类产品通常在交易所之外的交易对手之间协商交易。

（一）我国现有场内衍生工具

1. 股指期货

中国证监会有关部门负责人2010年2月20日宣布，证监会已正式批复中国金融期货交易所沪深300股指期货合约和业务规则，至此股指期货市场的主要制度已全部发布。2010年4月16日，沪深300股指期货合约正式上市交易，该产品是以沪深300股指为交易标的物的期货交易。

沪深300股指期货一经推出就迅速成了市场关注的重点，包括投资银行在内的大量投资者使用这一工具来对冲资产组合的系统性风险，其成交规模甚至

---

① 券商资管业务往往需要产品发起人——券商跟投部分资金，而且资管业务收入也取决于其市场表现。

已经远远超过了上证 A 股和深证 A 股市场交易量之和。具体情况见表 8.5 至
表 8.7。

表 8.5　　　　　　股指期货成交概况（2010—2014 年）

年度	本期成交量 （手）	本期成交金额 （单边计算，亿元）	本期末持仓量 （手）
2013	193 220 516	1 407 002.32	119 534.0
2012	105 061 825	758 406.78	110 386.0
2011	50 411 860	437 658.55	48 443.0
2010	45 873 295	410 698.77	29 805.0

说明：①资料来源于上海金融期货交易所；②成交量、持仓量、成交额均单边计算。

表 8.6　　　　　2014 年第一季度股指期货成交概况

时间	持仓量 （手）	持仓变化 （手）	成交量 （手）	成交金额 （亿元）
2014 年 3 月	120 732.0	1 205.0	17 011 928	108 504.64
2014 年 2 月	119 527.0	3 647.0	10 597 177	71 183.57
2014 年 1 月	115 880.0	−3 654.0	13 898 835	93133.15

说明：①资料来源于上海金融期货交易所；②成交量、持仓量、成交额均单边计算。

表 8.7　　　　股指期货与上证、深证 A 股年度成交规模对比

年度	股指期货（亿元）	上证 A 股（亿元）	深证 A 股（亿元）
2010	410 698.77	302 739.73	224 155.96
2011	437 658.55	236 137.15	164 102.20
2012	758 406.78	163 481.59	125 805.01
2013	1 407 002.32	228 008.85	185 373.65

2. 商品期货

商品期货是指标的物为实物商品的期货合约，是关于买卖双方在未来某个
约定的日期以签约时约定的价格买卖某一数量的实物商品的标准化协议。商品
期货交易，是在期货交易所内买卖特定商品的标准化合同的交易方式。

从 1990 年 11 月 26 日上海期货交易所成立开始，我国目前已经有了 5 家
商品期货交易所（上海、大连、郑州、渤海、泛亚），交易品种也比较丰富，
涵盖了黄金、铁矿石、橡胶、燃料油等大宗生产资料商品和鸡蛋、苹果等生活
资料。但是，我国目前的商品期货市场厚度和交易活跃程度（除股指期货等
少数品种以外）仍然不够，难以承载较大体量的风险对冲。

3. 国债期货

国债期货（Treasury Future）是指通过有组织的交易场所预先确定买卖价格并于未来特定时间内进行钱券交割的国债派生交易方式。我国曾于20世纪90年代推出过国债期货，在"3.27"国债期货事件以后我国暂停了国债期货交易。到2013年9月6日国债期货重新启动，正式在中国金融期货交易所上市交易。

目前在中国金融期货交易所交易的品种为五年期国债期货，品种比较单一，而且从交易状况来看（见表8.8），市场活跃程度也不够。从2013年10月开始到2014年3月，五年期国债期货月平均成交额只有450.67亿元。

表8.8　　　　　中国金融期货交易所五年期国债期货交易状况

	品种名称	本期成交量 （手）	本期成交额 （万元）	本期持仓量 （手）
2014年3月	TF	34 166	3 167 659.68	4 885
2014年2月	TF	35 359	3 272 408.17	4 653
2014年1月	TF	47 915	4 399 442.01	4 676
2013年12月	TF	63 085	5 786 569.31	3 632
2013年11月	TF	75 584	6 957 277.83	3 208
2013年10月	TF	36 806	3 456 679.88	4 024

说明：①成交量、持仓量按单边计算；②成交额按单边计算。

从2013年开始，我国银行间市场利率（绝大部分固定收益类产品以此作为定价基础）波动剧烈（见图8.2），使得固定收益类产品的持有者遭受了很大的利率风险。当前国债期货市场品种单一、深度不够尚不足以对冲越来越剧烈的利率风险。

4. 现货卖空

从2010年3月31日起上交所和深交所正式开通了融资融券交易系统，开始接受试点会员融资融券交易申报。这标志着我国股票市场正式启动了融资融券业务，使得通过现货卖空进行风险管理成为可能。到2014年3月31日，沪深两市融券标的资产（包括股票和指数基金）已经达到了712种，占所有可交易证券（含股票与指数基金）的比例超过了28%。

作为融资融券交易的做市商，投资银行受到了两方面的影响：一方面，融资融券业务使得投资银行可以通过卖空的方式对冲自己的市场风险；另一方面，投资银行作为融资融券业务的提供者，必须持有标的资产头寸，这也将投资银行暴露在了市场风险之中。

融资融券因为给投资者提供了对冲单只股票风险的工具，受到了包括投资银行在内的各种投资者的青睐，成交规模也逐渐高升。到2014年4月，融资融券日均余额已经高达2 655.4亿元。融资融券每日余额如图8.3所示。

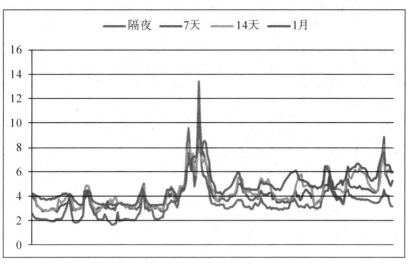

图 8.2　2013 年银行同业拆借市场利率变化（单位：百分之一）

来源：中国货币网。

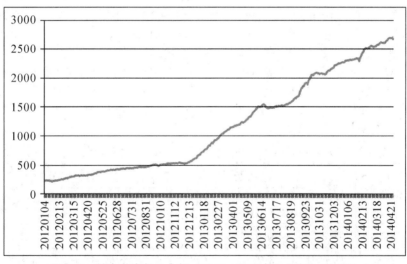

图 8.3　融资融券每日余额（2012—2014 年）（单位：亿元）

（二）场外衍生工具

1. 利率互换

利率互换（Interest Rate Swap）是互换交易最常见的一种。交易合约首先确定一个名义本金（Notional Principal），然后需要交易两方在合约时间段中，其中一方同意定期付给另一方以固定利率计算的现金流，另一方则同意定期回付以现时浮动利率计算的现金流，浮动利率经常以同业拆放利率为浮动利率的标准。利用利率互换，投资银行可以对自己持有资产的利率风险进行对冲。随着近年来固定收益产品市场的发展，这种利率风险对冲的需求越来越强劲。

2008 年 1 月 28 日，中国人民银行发布《中国人民银行关于开展人民币利率互换业务有关事宜的通知》，在银行间市场正式启动了利率互换交易。根据中国货币网的最新统计，我国银行间市场利率互换品种比较丰富，成交也非常活跃（见表 8.9）。

表 8.9　　　　　　　　　　2014 年第一季度利率互换成交状况

时间	成交本金金额（亿元）	成交笔数
2014 年 1 月	2 852	3 144
2014 年 2 月	1 957.95	2 257
2014 年 3 月	3 234.55	3 459

来源：中国货币网利率互换月报。

2. 货币互换

货币互换（又称货币掉期）是指两笔金额相同、期限相同、计算利率方法相同，但货币不同的债务资金之间的调换，同时也进行不同利息额的货币调换。简单来说，利率互换是相同货币债务间的调换，而货币互换则是不同货币债务间的调换。货币互换双方互换的是货币，它们之间各自的债权债务关系并没有改变。投资银行可以利用货币互换来防止汇率变动风险造成的损失。

2007 年 8 月 17 日，中国人民银行发布了《中国人民银行关于在银行间外汇市场开办人民币外汇货币掉期业务有关问题的通知》，决定在银行间外汇市场推出人民币—外汇互换业务。到目前为止，人民币外汇互换协议已经成了交易非常活跃的市场（见表 8.10）。

表 8.10　　　 2014 年第一季度银行间市场人民币外汇互换交易状况

时期	期限品种	合计折美元		USD.CNY	
		成交金额（亿美元）	成交笔数	基准货币成交金额（亿美元）	成交笔数
2014 年 1 月	隔夜	1 604.7	4 114	1 603.74	4 112
	即/远	1 568.72	6 918	1 557.54	6 888
	远/远	412.62	1 261	410.33	1 252
	合计	3 586.04	12 293	3 571.62	12 252

表8.10(续)

时期	期限品种	合计折美元		USD. CNY	
		成交金额（亿美元）	成交笔数	基准货币成交金额（亿美元）	成交笔数
2014 年 2 月	隔夜	1 215.75	2 957	1 215.75	2 957
	即/远	1 249.39	5 397	1 247.28	5 387
	远/远	245.34	751	239.41	740
	合计	2 710.47	9 105	2 702.44	9 084
2014 年 3 月	隔夜	1 778.77	4 183	1 776.83	4 181
	即/远	1 618.88	7 851	1 614.08	7 826
	远/远	325.34	1 108	322.35	1 097
	合计	3 723	13 142	3 713.27	13 104

来源：根据中国货币网人民币外汇掉期月报整理。

从外汇互换的交易状况可以看出，这一市场的容量甚至超过了利率互换和国债期货。涉足不同货币的投资银行（例如在香港筹资的投行中信证券等）完全可以利用利率互换来对自己所面对的汇率风险进行对冲。

3. 利率、债券和外汇远期合约

远期合约是合约双方约定在未来某个确定的日期按照事先约定的价格（或者价格决定方式）交割约定数量资产的买卖合约。与期货合约一样，远期合约也是必须履行的协议，不像可选择不行使权利（即放弃交割）的期权。但是远期合约并不是标准化合约，合同的订立比期货更加灵活，通常不会在场内交易，而是通过场外交易（OTC）达成。远期合约主要有远期利率协议、远期外汇合约、远期股票合约。现在我国已有的远期合约品种包括利率、债券和外汇远期合约，这些合约通常在银行间市场交易和结算。

其中，自中国人民银行 2005 年 5 月 11 日发布《全国银行间债券市场债券远期交易管理规定》以后，银行间市场于 2005 年 6 月 15 日正式推出债券远期交易。2007 年 9 月 29 日，中国人民银行发布了《远期利率协议业务管理规定》，此后全国银行间同业拆借中心发布了相应操作规程，开启了金融机构的利率远期交易。尽管债券远期交易和利率远期交易已经推出较长的时间，目前这两类远期合约的市场交易依然十分清淡。中国货币网的月报显示，这两类互换往往数月才能成交一笔，市场完全没有深度。

2005 年 8 月 8 日，中国人民银行发布了《中国人民银行关于加快发展外汇市场有关问题的通知》，提出开办银行间远期外汇交易。人民币外汇远期交易指交易双方以约定的外汇币种、金额、汇率，在约定的未来某一日期（成交日后两个营业日以上）交割的人民币外汇交易。比较而言，我国的外汇远期市场从市场容量到交易活跃程度都远远高于利率和国债远期（见表8.11）。

表8.11 　　　　2014 年第一季度我国外汇远期交易状况

期限品种		合计折美元		USD. CNY	
		成交金额（百万美元）	成交笔数	基准货币成交金额（百万美元）	成交笔数
2014 年 1 月	1D	286.50	18	238.58	16
	1W	142.90	10	142.90	10
	1M	713.97	23	713.89	22
	3M	63.83	16	59.54	14
	6M	53.17	11	53.00	9
	9M	2.10	3	2.10	3
	1Y	497.60	59	497.60	59
	其他	1 958.79	366	1 885.59	337
	合计	3 718.86	506	3 593.21	470
2014 年 2 月	1D	556.79	33	556.79	33
	1W	281.27	11	281.27	11
	1M	308.61	20	308.61	20
	3M	427.20	21	426.99	20
	6M	181.40	10	181.40	10
	9M	10.30	2	10.30	2
	1Y	200.08	24	198.16	21
	其他	1 606.58	309	1 574.69	260
	合计	3 572.23	430	3 538.20	377
2014 年 3 月	1D	2 375.15	75	2 375.15	75
	1W	553.24	19	445.53	13
	1M	221.82	28	221.79	27
	3M	229.42	18	229.11	16
	6M	37.00	11	37.00	11
	9M	24.77	10	23.80	9
	1Y	567.59	48	565.65	46
	其他	2 286.18	404	2 232.70	364
	合计	6 295.16	613	6 130.74	561

来源：中国货币网。

4. 外汇期权[①]

2011 年 2 月 16 日，国家外汇管理局发布了《国家外汇管理局关于人民币

---

① 由于缺少数据，我们不能列出当前我国银行间市场外汇期权交易的参与度与市场活跃程度。

对外汇期权交易有关问题的通知》，于该年 4 月 1 日正式在银行间市场退出了人民币对外汇期权（欧式期权）的交易。人民币对外汇期权交易是指在未来某一交易日以约定汇率买卖一定数量外汇资产的权利。期权买方以支付期权费的方式拥有权利；期权卖方收取期权费，并在买方选择行权时履行义务（普通欧式期权）。期权交易币种、金额、期限、定价参数（波动率、执行价格、即期价格/远期汇率、本外币利率等）、成交价格（期权费）和结算安排等由交易双方协商议定。

总体来说，我国目前市场环境中能够用于风险对冲的衍生品已经逐渐丰富。投资银行进行风险对冲的时候可以有较多的选择，但是同样还存在一些不足。首先，期权类衍生品相对不足，还不存在场内期权品种，场外的期权交易也并不活跃。其次，信用衍生品还相对缺乏，几乎没有可以对冲信用风险的衍生金融工具。随着固定收益类产品违约风险的逐步增加，投资银行信用风险对冲的需求会逐渐增加。但我国目前债券持有者除了抛售以外没有任何办法对冲自己的信用风险，这将是制约我国投资银行进行风险对冲的一个重大问题。

三、我国投资银行参与市场对冲的现状

随着自营、资管业务的发展和可用金融工具的丰富，我国的投资银行已经逐步开始使用市场工具来进行风险管理和风险对冲。它们的市场对冲行为表现出了如下几个方面的特点：

第一，上市投资银行衍生品对冲占比相对较小，投资银行更多利用分散持有的形式来对冲风险。来自财务报表的数据（表 8.12）显示，上市投资银行金融衍生品持仓量相对于其交易性金融资产持有量非常小，其比例可谓微不足道。所有 19 家上市投资银行中，在 2010 年只有中信证券在年末持有了超过500 万元的金融衍生品，其他银行衍生品持仓量都为零（或者接近于零）。而且即使中信证券持有的衍生品价值也只有 7.3 亿元，同时期中信证券交易性金融资产持有量超过 142 亿，金融衍生品价值只占到了其交易性金融资产价值的1/20。随着金融市场的发展，投资银行使用衍生品对冲的比例也在上升。到2012 年年底，已经有 3 家投资银行期末金融衍生品持有量超过 500 万，尽管参与度仍然比较低，但相较 2010 年已经有所增加。在目前已经公布的 2013 年度财务报表的 7 家上市投资银行中，已经有 3 家金融衍生品当期余额高于 500万，尽管市场价值相比交易性金融资产仍然很低，但参与衍生品交易的投资银行比例有了明显上升。

表 8.12　　　上市证券公司交易性金融资产与金融衍生品持有量

单位：千万元

代码	公司名称	2010 年		2011 年		2012 年		2013 年	
000562	宏源证券	320.6	0.0	346.4	0.0	860.9	0.0		
000686	东北证券	155.6	0.0	91.9	0.0	327.6	0.0	372.5	0.0

表8.12(续)

代码	公司名称	2010 年		2011 年		2012 年		2013 年	
000728	国元证券	121.9	0.0	71.8	0.0	35.3	0.0	87.6	0.0
000750	国海证券			348.9	0.0	227.6	0.0	107.3	0.0
000776	广发证券	1 131.7	0.0	1 287.0	0.0	2 178.8	0.0		
000783	长江证券	372.0	0.0	386.6	0.0	826.6	0.0		
002500	山西证券	37.7	0.0	43.3	0.0	193.1	0.0		
002673	西部证券					90.6	0.0		
600030	中信证券	1 425.6	73.3	1 904.9	107.8	3 880.8	42.3	6 989.8	649.1
600109	国金证券	46.0	0.0	172.9	0.0	241.5	0.0	262.2	0.0
600369	西南证券	383.7	0.0	510.1	0.0	550.4	0.0	1 327.4	3.9
600837	海通证券	1 501.8	0.0	2 050.5	0.0	3 216.4	3.2		
600999	招商证券	1 637.5	0.0	1 470.1	0.0	2 384.0	0.0		
601099	太平洋	56.8	0.0	108.2	0.0	152.1	0.0		
601377	兴业证券	527.5	0.0	662.0	0.0	785.6	0.0		
601555	东吴证券	114.7	0.0	243.3	0.0	340.1	0.0		
601688	华泰证券	1 391.6	0.0	1 941.1	0.0	1 333.4	0.0		
601788	光大证券	611.9	0.0	432.5	0.0	1 364.9	1.7	672.6	0.7
601901	方正证券			83.5	0.0	157.0	0.0		

注：数据来自国泰安上市企业数据库，每年前列为交易性金融资产当期期末持有量，后列为金融衍生品当期期末持有量。

第二，股指期货是上市投资银行主要的市场对冲工具，但股指期货交易亏损普遍。

投资银行目前的自营业务主要资产依然是权益类资产，股指期货满足了投资银行规避系统性风险的需要。根据 19 家上市投资银行 2012 年年报，我们查找到共 15 家上市公司参与衍生品交易，其中 13 家投行披露了股指期货的期末合约价值，1 家投行（国金证券）没有明确衍生品的种类，1 家投行（海通证券）通过利率互换和外汇远期来对冲风险。可见，我国上市投资银行已经开始较大程度地通过金融衍生工具进行风险管理，而股指期货是主要的对冲品种。从股指期货投资规模来看，13 家上市投行 2012 年年末持有的合约价值平均为 9.3 亿元，其中光大证券高达 40.07 亿元，见表 8.13。

表 8.13　　　　2012 年年末上市投资银行金融衍生品对冲规模

序号	名称	品种	2012 年年末合约价值（千万元）
1	宏源证券	股指期货	42.67

表8.13(续)

序号	名称	品种	2012 年年末合约价值（千万元）
2	东北证券	股指期货	1.14
3	广发证券	股指期货	324.22
4	长江证券	股指期货	59.82
5	西部证券	股指期货	0.99
6	中信证券	股指期货	−85.19
7	国金证券	衍生金融资产	−0.07
8	西南证券	股指期货	6.55
9	海通证券	利率互换和外汇远期	3.19
10	招商证券	股指期货	234.56
11	兴业证券	股指期货	5.60
12	东吴证券	股指期货	2.21
13	华泰证券	股指期货	215.58
14	光大证券	股指期货	400.74
15	方正证券	股指期货	−0.39

我们对 19 家上市投资银行在 2012 年年报披露的金融衍生品投资收益进行整理，共 17 家披露了衍生品投资收益，结果见表 8.14。东北证券、国元证券和西部证券公布了股指期货的投资收益明细（均为亏损），分别为−3 381 458元、−4 239 844 元和−989 153 元，投资平均损失为 2 870 151 元，其中东北证券、西部证券的股指期货投资损失分别占其年末合约价值的 29.6%、10%。可见，当年上市投行的股指期货投资并未获得直接的投资回报。但困于数据因素，股指期货与其权益类自营资产的套期保值效应是否实现，尚无法直接得出结论。

表 8.14　　　　　　　　　2012 年投资衍生品投资收益

序号	名称	衍生产品明细	投资收益（千万元）
1	宏源证券	衍生金融工具	1.56
2	东北证券	股指期货	−0.34
3	国元证券	股指期货	−0.42
4	广发证券	衍生金融工具	36.64
5	长江证券	衍生金融工具	2.81

表8.14(续)

序号	名称	衍生产品明细	投资收益（千万元）
6	山西证券	衍生金融工具	0.63
7	西部证券	股指期货	−0.10
8	中信证券	衍生金融工具	−100.78
9	国金证券	衍生金融工具	−0.44
10	西南证券	衍生金融工具	7.66
11	海通证券	衍生金融工具	80.89
12	招商证券	衍生金融工具	32.74
13	兴业证券	衍生金融工具	14.38
14	东吴证券	衍生金融工具	0.65
15	华泰证券	衍生金融工具	27.88
16	光大证券	衍生金融工具	5.49
17	方正证券	衍生金融工具	−7.29

第三节　市场对冲的净资本监管

　　我国监管部门将投资银行衍生品交易与净资本指标挂钩，但未就套期保值与非套期保值交易比重有相关监管规定。

　　2013年8月21日，中国证监会公布《证券公司参与股指期货、国债期货交易指引》，就投资银行参与衍生品交易，通过与净资本挂钩的形式，在风险控制指标和规模上进行限定。具体比如：第一，要求投资银行对已被股指期货、国债期货合约占用的交易保证金按100%比例扣减净资本。第二，投资银行应当对已进行风险对冲的股指期货、国债期货分别按投资规模的5%计算风险资本准备（5%为基准标准，不同类别公司按规定实施不同的风险资本准备计算比例）；对未进行风险对冲的股指期货、国债期货分别按投资规模的20%计算风险资本准备。第三，证券公司自营权益类证券及证券衍生品（包括股指期货、国债期货等）的合计额不得超过净资本的100%，其中股指期货以股指期货合约价值总额的15%计算，国债期货以国债期货合约价值总额的5%计算。

第九章 投资银行内部控制研究

第一节 投资银行内部控制的理论框架

内部控制作为投资银行经济资本管理和对冲实施的重要基础，是其风险管理体系的重要内容。本章在回顾投资银行内部控制制度发展历程的基础上，对投资银行内部控制的概念、其与风险管理的关系进行了系统分析。然后，本章提出投资银行内部控制目标、原则和总体框架。

一、投资银行内部控制制度的发展历程

（一）内部控制制度的发展

大致说来，内部控制制度的发展经历了"内部牵制""内部控制制度""内部控制结构""整体框架""全面内部风险管理整体框架"五个阶段。

1. 内部牵制阶段

在 20 世纪 40 年代前，内部控制制度均为内部牵制阶段。古罗马帝国宫廷库房专门有"双人记账"。朱熹在评述《周礼·理其财之所出》一文中指出："虑夫掌财用财之吏，渗漏乾后，或者容奸而势欺……于是一毫财物之出入，数人之耳目通焉。"意思是每笔财物出入要经几个人办理，达到相互牵制的作用。现代意义上的内部牵制产生于 15 世纪复式记账法出现后，以账目的核对为主要内容、职能分离的内部牵制得到广泛应用。

内部牵制有两个假设前提，即两个或两个以上的人或部门无意识地犯同样的错误的可能性很小，同时，他们有意识地串通舞弊的可能性较一个人或部门舞弊的可能性大大降低。内部牵制由职责分工、会计记账和人员轮换三要素构成。其在操作上主要表现为：实物牵制，保险柜钥匙由两个以上的人员掌握；物理牵制，保险柜须由两个以上的人员同时在场并分别开启；体制牵制，将业务按不同的人或部门进行分类，并按分类去处理，以预防失误和舞弊；簿记牵制，如复式记账中，总账与明细账、总账与日记账、账户记录与实物之间的核对等。

内部牵制是现代内部控制的雏形，其主要的作用和目的是查错防弊，通过职务分离和交互核对，针对的是钱、账、物等事项。这可以说是现代内部控制中有关不相容职务分离、财产保护控制的初始表现。

2. 内部控制制度化发展阶段

1949 年，美国审计程序委员会下属的内部控制专门委员会第一次正式提出了内部控制的概念。在名为《内部控制———一种协调制度下的要素及其对管理阶层与独立公共会计师的重要性》的报告中，内部控制被定义为：内部控制包括为保护资产安全、检查会计资料的精确性及可靠性、提高经营效率，以及鼓励员工遵守既定管理政策的组织计划及企业内部采用的所有协调判决书衡量工具。

1958 年美国审计程序委员会发布的第 29 号审计公告《独立审计人员检查内部控制的范围》，将内部控制分为内部会计控制和内部管理控制两类。这一划分称"制度二分法"。上述的内部控制的定义均以内部控制欲达成的目标来定义内部控制。因此，这一时期的内部控制已归入制度体系中，并且管理控制已成为内部控制的一个重要组成部分。

3. 内部控制结构阶段

20 世纪 80 年代以后，人们对内部控制的研究更加深化。这一时期内部控制由研究具体的控制程序和方法，向多方位发展，将内部控制作为整体，同时，开始重视控制环境。

1988 年，美国审计准则委员会发布第 55 号公告《财务报表审计中内部控制结构的考虑》，内部控制的定义有了较大幅度的改变，不再用内部控制的目标来定义内部控制。这份公告提出内部控制结构的概念，不再区分内部会计控制和内部管理控制。这份公告站在财务报表审计的立场来定义内部控制，认为内部控制是组织为提供取得企业特定目标的合理保证而建立的各种政策和程序。内部控制结构包括三要素：控制环境、会计系统、控制程序。这一时期的内部控制从两个种类，即内部会计控制和内部管理控制，发展到会计控制和管理控制的融合，内部控制的范围加大，内容更加广泛。

4. 内部控制整体框架阶段

1992 年，反欺诈财务报告委员会发起组织委员会（Committee of Sponsoring Organizations of the Treadway Commission，COSO）发布《内部控制——整合框架》（以下简称 COSO 报告），1994 年 9 月又提出了补充报告。在 COSO 报告中美国 COSO 委员会提出了新的内部控制定义，这个定义是："内部控制是由企业董事会、经理层及员工实施的，为营运的效果、财务报告的可靠性、法律法规的遵循性等目标的实现提供合理保证的过程。"从定义可看出，三个目标是经营目标、财务报告目标、合规目标。该报告认为内部控制有五个要素，即控制环境、风险评估、控制活动、信息与沟通、监督。

COSO 报告在内部控制的发展史上有着十分重要的位置，是美国证券交易委员会唯一推荐使用的内部控制框架。在纽约证券交易所上市的公司，需要引进 COCO 内部控制框架，整合现有内部控制。纽约证券交易所上市公司众多，且多为世界经济巨头，促使 COSO 框架成为世界上广为接受且使用范围最广的内部控制框架。

5. 全面风险管理框架阶段

美国 COSO 委员会进一步研究制定更优的满足管理当局和外部审计师以及其他各方利益相关者需求的内部控制标准，并于 2004 年发布了《企业风险管理——整合框架》（简称 ERM 框架）。该报告拓展了内部控制，更有力、更广泛地关注于企业风险管理这一更加宽泛的领域。该报告给出了风险管理的定义：企业风险管理是一个过程，它受一个主体的董事会、管理当局和其他人员的影响，应用于战略制定并贯穿于企业之中，旨在识别可能会影响主体的潜在事项，管理风险以使其在该主体的风险容量之内，并为主体目标的实现提供合理保证。

从 ERM 报告可以看出，企业风险管理框架不仅包括内部控制整体框架中的三个目标，还增加了一个战略目标，这一目标更具管理意义。同时，报告认为，企业风险管理包括战略目标的制定、执行过程，为战略目标的实现提供保证。这将企业的目标提高了层次，企业要站在更高的高度来制定企业的长远目标，关注企业的可持续发展。报告中指出，企业风险管理不仅包括内部控制的五个要素，还增加了目标设定、事项识别、风险应对三个要素，这八个要素将风险管理全过程全部覆盖，是风险管理的一个完整的过程。报告将控制环境改为内部环境，认为内部控制是企业的一种自主行为。报告还提出了风险偏好和风险容忍度，即企业在制定目标时，应体现企业管理者的风险偏好，在体现企业风险偏好的基础上，对实施进程中的可能产生的偏差设定可接受程度。这也说明，不同的企业由于有不同的风险偏好、不同的内部环境，其内部控制应该是有差异的，风险容忍度也是不一样的。除此之外，报告提出了风险组合观，要求企业管理者以风险组合的观念对待风险，对风险要进行识别，进行应对，将风险控制在可承受的范围内。

（二）对内部控制的评析

1. 内部控制：从静态到动态

1992 年美国 COSO 委员会划时代地将内部控制定义为一种动态的"过程"。内部控制从"方法观"到"过程观"的变化，是从简单到复杂、从静态到动态、从以制度为本到以人为本的一种逻辑演绎。内部控制不是一个事件或一种状态，也不只是制度性的规范条款，而是分散在企业经营过程中的一连串行动。它是与管理过程相融合、不断发现问题和解决问题的动态过程。把内部控制理解为"过程观"，凸显了人在内部控制中的作用。内部控制的主体和客体本质上都是人，"以人为本"是内部控制发挥作用的关键。

风险管理整体框架则把内部控制的定义从"过程观"扩展到了"风险观"，突出了内部控制的关键——风险管理。内部控制被纳入企业的风险管理，将大大提高内部控制在企业经营管理中的地位。因为良好的内部控制依赖于对企业风险的性质与范围的正确评价。内部控制是企业面临风险的一种反应，是在风险状态下为企业目标的实现提供的一种合理的保证，它的目的是适当地管理与控制风险。同时风险管理也是一种过程，所以风险观涵盖了过程观。

内部控制制度在实践中不断发展与规范。"水门事件"后，美国政府、立法机构和规章制定部门开始密切关注内部控制。1977年美国政府颁布《反国外行贿法案》（简称 FCPA）。FCPA 要求公司对外报告的披露者设计一个内部会计控制系统，并维持其有效性。FCPA 引发了不少组织，包括职业团体和监管机构（如：美国证券交易委员会），从各个不同的角度对内部控制进行研究，并发布了许多内部控制建议和指南。

另一个典型范例是安然事件。美国政府颁发了《萨班斯—奥克斯利法案》（简称 SOX 法案）。该法案要求所有依照美国 1934 年证券交易法向证券交易委员会提交财务报告的上市公司，都要在年报中提供"内部控制报告"，评价公司内部控制设计及其执行的有效性，注册会计师要对企业的"内部控制报告"进行审核和报告。随后，2004 年 10 月份，COSO 委员会发布了企业风险管理框架。

2. 内部控制的目标在拓展

《内部控制——整合框架》中，内部控制有三个目标：经营的效果和效率、财务报告的可靠性和法律法规的遵循性。2004 年 ERM 框架中除了经营目标和合法性目标与内部控制整体框架相似以外，还将"财务报告的可靠性"发展为"报告的可靠性"。原 COSO 报告把财务报告的可靠性界定为"编制可靠的公开财务报表，包括中期和简要财务报表，以及从这些财务报表中摘出的数据，如利润分配数据"。ERM 框架则将报告拓展到"内部的和外部的""财务的和非财务的"报告。该目标涵盖了企业的所有报告。除此之外，ERM 框架提出了一类新的目标——战略目标。该目标的层次比其他三个目标更高。企业的风险管理在应用于实现企业其他三类目标的过程中，也应用于企业的战略制定阶段。

3. 内部控制突出了风险要素

1992 年 COSO 报告《内部控制——整合框架》中，提出了五个要素：控制环境、风险评估、控制活动、信息和沟通、监督。2004 年 ERM 框架对这五个要素进行深化和拓展，将其演变为八个要素。例如，ERM 框架引入风险偏好和风险文化，将原有的"控制环境"，扩展为"内部环境"。又如，虽然 COSO 报告和 ERM 框架都强调对风险的评估，但风险管理框架建议更加透彻地看待风险管理，即从固有风险和残存风险的角度来看待风险，对风险影响的分析则采用简单算术平均数、最差情形下的估计值或者事项分布等技术来分析。再如，由于 COSO 报告仅提出三个目标，因此"信息与沟通"中的信息仅仅指与这三个目标相关的信息。而新的报告包括了与组织的各个阶层、各类目标相关的信息，这就对管理层将巨量的信息处理和精炼成可控的信息提出了挑战。COSO 报告仅提出风险识别，但是并没有区分风险和机会。ERM 框架则将风险定义为"可能有负面影响的事项"，并且引入了风险偏好、风险容忍度等概念，将原有的风险评估这一要素，发展为目标设定、事项识别、风险评估和风险反应四个要素，使得原有的内控五要素发展为风险管理八要素。

4. 内部控制角色和任务的变化

COSO 报告和 ERM 框架都将组织的董事会、管理层和内部审计和其他职员看成是相关责任人。在 COSO 报告和 ERM 框架中，董事会都提供管理、指引和核查。虽然董事会主要提供监督，但是也提供指导以及批准战略、一些特殊交易和政策。董事会既是内部控制的重要因素，也是企业风险管理的重要因素。

ERM 框架使董事会在企业风险管理方面扮演更加重要的角色——负总体责任，并且要变得更加警惕。企业的首席执行官必需识别目标和战略方案，并且将其分类为战略目标、经营目标、报告目标和遵循性目标四类。每一个业务单元、分部、子公司的领导也需要识别各自的目标，并与企业的总体目标相联系。一旦设定了目标，管理层就需要识别风险和影响风险的事项，评估风险并采取控制措施。

在 ERM 框架中，内部审计人员在监督和评价成果方面承担着重要任务。他们必需协助管理层和董事会监督、评价、检查、报告和改革 ERM。对于内审人员来说，最大的挑战是在 ERM 中扮演何种角色，很多内审人员可能被要求提供 ERM 的教育和训练，甚至"处理企业风险管理过程"。但是，ERM 框架认为内审人员并不对建立 ERM 体系承担主要责任。内审人员职责的另一个变化是原来对首席财务官和内审委员会负责，现在可能要对首席财务官、内审委员会和风险主管负责。ERM 框架中，新增加了一个角色——风险主管或风险经理。风险主管除了需要和其他管理人员一样，在自己的职责范围内建立起风险管理外，还要帮助其他经理人报告企业风险信息，并可能是风险管理委员会的成员之一。

（三）我国投资银行内部控制制度的发展

就我国的内部控制制度的发展来说，对内部控制的规定最早始于 1978 年国务院颁布的《会计人员职权条例》。该条例规定"企业的生产、技改、基建等计划和重要经济合同，应由总会计师会签"。1985 年出台的《中华人民共和国会计法》（以下简称《会计法》）要求："会计机构内部应当建立稽核制度。"《会计法》关于会计稽核的条文是我国第一次以法律形式对内部控制做出的明确规定。2008 年，财政部等五部委发布《企业内部控制基本规范》，要求上市公司执行，非上市公司也可参照执行。这一文件使我国的内部控制制度建设迈上新台阶。2010 年，财政部等五部委发布《企业内部控制应用指引》（包含组织架构等 18 项应用指引）、《企业内部控制评价指引》《企业内部控制审计指引》。这标志着我国内部控制规范框架体系的基本建成。

国际上有关投资银行的内部控制制度有证券委员会国际组织（International Organization of Securities Commission，IOSCO）于 1998 年发布的《证券公司及其监管者的风险管理和控制指南》（以下简称《指南》）。《指南》从证券公司及其监管的视角，提出了控制的分类以及风险管理和控制系统的功能、要素和组成部分等内容。《指南》认为内部控制是公司管理人员可监控和查核其经营活动并提供支持，由控制环境、控制的性质和范围、实施、查验和报告构成的框架结构。《指南》将内控分为内部会计控制以及风险管控。证券公司的风险包括市场风险、信用风险、法律风险、营运风险和流动性风险。《指南》已成为各国投资银行制定内部控制的指南。

我国投资银行的内部控制制度建设与我国证券市场、投资银行的发展基本同步。中国证监会在 2001 年发布《证券公司内部控制指引》（2003 年进行了修订），要求所有的证券公司建立和完善内控制度。这是证监会第一次专门针对证券公司提出的内部控制要求，在我国投资银行内控发展史上有非常重要的意义。随后，我国证券公司内部控制进行了系列变化。2003 年，证监会发布《关于加强证券公司营业部内部控制若干措施的意见》，对我国证券公司内部控制制度进行了进一步规范，并修订《证券公司内部控制指引》。2006 年，证监会出台《证券公司融资融券业务试点内部控制指引》。2012 年，证监会出台《证券公司合规管理有效性评估指引》及《证券公司治理准则》。2014 年 2 月，中国证券业协会发布《证券公司全面风险管理规范》及《证券公司流动性风险管理指引》，并于 3 月起实施。

（四）对我国投资银行内部控制的界定

1. 内部控制与风险管理

风险是不确定性对预期目标的影响。风险管理的对象就是这种不确定性，与内部控制比较而言，两者的区别非常明显。内部控制仅是管理的一项职能，主要是通过事中和事后的控制来实现其自身的目标。而全面风险管理则贯穿于管理过程的各个方面，控制的手段不仅体现在事中和事后的控制，更重要的是在事前制定目标时就充分考虑了风险的存在。

在两者所要达到的目标上，风险管理多于内部控制。全面风险管理的一系列具体活动并不都是内部控制要做的。目前我们所提倡的全面风险管理包含了风险管理目标和战略的设定、风险评估方法的选择、管理人员的聘用、有关的预算和行政管理以及报告程序等活动。而内部控制所负责的是风险管理过程中间及其以后的重要活动，如对风险的评估和由此实施的控制活动、信息与交流活动和监督评审与缺陷的纠正等工作。两者最明显的差异在于内部控制不负责企业经营目标的具体设立，而只是对目标的制定过程进行评价，特别是对目标和战略计划制订当中的风险进行评估。

两者的联系也很明显。巴塞尔委员会在《银行业组织内部控制系统框架》中指出："董事会负责批准并定期检查银行整体战略及重要制度，了解银行的主要风险，为这些风险设定可接受的水平，确保管理层采取必要的步骤去识别、计量、监督以及控制这些风险。"其把风险管理的内容纳入到内部控制框架中。ERM 报告明确提出风险管理包含内部控制。风险管理的基础是内部控制，两者有五个要素是重合的，即控制环境、风险评估、控制活动、信息与沟通、监控，但风险管理增加了三个要素，即目标设定、事项识别、风险应对。所以企业风险管理比内部控制在内容上和管理层次上更深化。

2. 我国投资银行风险管理的基石：内部控制

我国证监会于 2003 年在修订的《证券公司内部控制指引》中给出的定义是："内部控制是证券公司为实现经营目标，根据经营环境变化，对证券公司经营和管理过程中的风险进行识别、评价和管理的制度安排、组织体系和控制措施。证券公司内部控制的目标是：经营的合法合规及规章制度的贯彻执行、防范经营风险和道德风险、保障客户及公司资产安全完整、保证公司信息的可靠完整及及时、提高公司的经营效果。"

从证监会给出的定义及控制目标可以看出，将内部控制的核心确立为对风险的管理，体现了投资银行作为金融机构具有的高风险特征。投资银行风险是多层次的，第一层次的风险是行业和制度风险，第二层次的风险是经营风险，第三层次的风险是流动性风险和利润风险。对风险的管理与控制可以说是投资银行经营管理的核心内容。

由于证券业的影响渗透经济社会的各个方面，有广泛的大众性、社会性，对证券业风险的防范和化解已经成为一个社会性的问题。投资银行在证券业中处于核心和枢纽地位，成为整个证券市场风险管理、监督的杠杆和传导器。投资银行的风险管理工作能否有效发挥作用，在很大程度上依赖于证券公司是否建立了完善的内部控制机制。如果证券公司的内部控制不够完善，无论在哪个环节存在欠缺和失误而出了问题，都势必会导致投资银行的信用下降，破坏其稳健可靠的社会形象，进而危及投资银行的生存基础。投资银行只有建立了完善有效的内部控制，对风险的防范和化解成为投资银行的自觉自律行为，投资银行才能步入规范、稳健的成长。

因此，我国投资银行内部控制的核心是风险。内部控制是投资银行全面风险管理的基础，为全面风险管理提供基础性保障。本书将以风险管理的视角来探讨我国投资银行的内部控制建设。

二、我国投资银行内部控制的目标、原则及基本框架

（一）我国投资银行内部控制的目标

投资银行作为资本市场的服务中介，应根据自身特色建立其长远战略目标，选择战略，并在公司内部自上而下设定相应的目标。有效的内部控制体系应力求实现以下目标：①保证证券经营的合法合规，对公司各项内部规章制度贯彻执行；②防范在证券经营过程中的各种风险，并要着重预防道德风险的发生；③保障各类客户的资产及公司的财产安全、完整，不歧视小客户；④保证各类经营业务信息、财务信息、会计信息、其他信息的可靠、全面、及时、充分；⑤努力提高公司的经营效率和效果，促进企业长期发展。投资银行要使自身的战略与内控的目标相协调，努力达到统一而深化。

（二）我国投资银行内部控制的原则

（1）健全性原则。投资银行的内控体系要做到事前预防、事中执行、事后反馈相统一；要覆盖投资银行的所有经营项目、层级和员工，渗透到公司各个级别的决策、实施、监控、反馈等各个内部环节，确保不存在管理体系的空白或漏洞。

（2）合理性原则。投资银行的内控体系要符合相关法规，这个体系要与公司实际的业务规模、市场范围、风险限度及公司所处的内部和外部的氛围相协调，以适合的成本实现内控的目标。

（3）制衡性原则。内部控制应当在治理结构、机构设置及权责分配、业务流程等方面相互制约、相互监督，同时兼顾运营效率。投资银行部门和岗位的设置应当权责分明、相互牵制；前台业务运作与后台管理支持应适当分离。

（4）独立性原则。建立内控体系的部门、监控和防范风险的部门要以独立的身份来执行其职责和权利，从人员上和部门上要独立于其他部门。这些部门只对股东大会尽职尽责。

（5）重点性原则。各个投资银行的内控体系要在全面覆盖业务的基础上，特别注意关于公司发展成败的重要交易和风险较高的业务，对这些事项进行着重监控和预报。

（6）协调性原则。内控体系要将与该公司所从事的经营业务种类、各个业务的规模、内部和外部的竞争状况、客户的范围及所在环境的风险水平等相协调，并能够根据业务的变化及时进行调整。

（7）投入产出原则。各个投资银行的内控体系应当权衡执行制度的投入与预期效益，努力达到低投入高回报的控制意义。

（三）我国投资银行内部控制的总体框架

投资银行的内控体系框架既包括内部环境、风险评估和应对、内部会计控制、投资银行业务控制、投资银行重点控制活动、信息与交流、监控等这些共性因素，也应该有与各家投资银行自身业务和风险特征相联系的个性制度安排，如绩效评估体系、文化建设、内控评价制度等。共性和个性两个方面之间存在着密切的联系，共同构成了投资银行内部控制的整体框架，见图9.1。后文我们将从这两个方面就投资银行内部控制建设展开讨论。

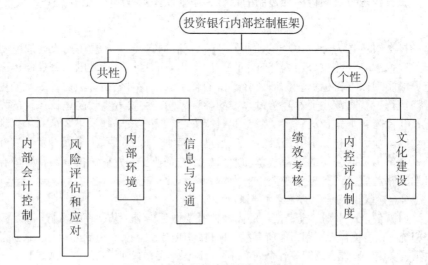

图9.1　投资银行内部控制总体框架

第二节　投资银行内部控制制度的共性建设

2008 年 6 月 28 日，财政部、证监会、银监会等五部委正式发布《企业内部控制基本规范》，受到社会各界广泛关注，该规范被称为"中国的萨班斯法案"。而在证券业，现行的《证券公司内部控制指引》是 2003 年发布的，因此为了与《企业内部控制基本规范》更好地衔接，2010 年证监会制定了《证券公司内部控制指引》（征求意见稿）。《证券公司内部控制指引》（征求意见稿）相较于《证券公司内部控制指引》只规定了证券公司各项业务的一般性控制要求。也就是说，投资银行内部控制具有共性的一面，本章主要探讨投资银行内部控制的共性建设。

一、投资银行内部会计控制

（一）投资银行内部会计控制的基本内涵

对投资银行的会计的控制，是为了增强其会计内容的质量，保证主体拥有的各种资源和资金的安全，使各种会计处理符合国家的相应的法规和制度的要求以及公司管理层内部制定和执行的各种会计的控制方法、措施和程序。在一个健全的内控体系中，公司董事会通过对收到的财务信息进行分析，从数字的变化了解公司的各种业务的经营情况，并以此来对各个层级的负责人进行监控。对于内控的整体框架内的目标设定、不定事情识别、风险评价、风险应对、控制制度、信息与交流、各个要素和内容的监控，我们要对其进行详细的评价时，必须使用相关的数据，这时的财务和会计信息成为企业内最关键的信息流。通过这些信息分析，公司的管理层可为其各种经营业务的选择、各级部门对任务的执行和尽职状况有清晰的了解，在对各种活动分析风险时，通过数据可以得到量化的指标，对风险进行应对，对直接责任人进行奖励和惩罚。在公司内部的信息交流时，整个公司内的所有人员均享有按照职责的向下、向上、平行交流的权利；每个人能够明确各自岗位的职责所在和风险的可能，了解自己在组织整体环节中的位置，以及对其他岗位的影响。

从以上分析可以确定，对公司的会计系统的治理是公司内控系统的核心，建立和完善内部会计控制体系框架是保证公司内控系统发挥能力的关键。内部会计控制的内涵丰富，所包含的范围精确而全面。面对各种业务内容，各种内部会计制度非常多。其中主要有：在会计管理中要把不相容职务分开，由不同的人担任，预防一人出错或舞弊的现象；要对各个职责分别授权，根据授权书才能进行批准和审核；对于公司的财务系统，要由专人管理，各个用户拥有各自的权利，密码保护和系统备份缺一不可；在预算控制方面要求公司各级部门提前对资金的消费和各类投资活动进行计划，并要求编制详细的预算，使公司能够提前掌握企业资金的流动，并进行前期梳理，在预算时要求对计划进行审批，使公司在有限的资源下更快地发展。财务保全控制是指为了保护公司的财产完整无缺，通过各种方法将公司的资产保存下来，从而避免损失。其中对高价值的资产要严格控制资产被接触的可能性，强化接触标准和条件，对于现金、有价证券等易变现资产要严格限制，另外要对资产进行盘点和比较，通过对账，保持信息的全面性。对于会计人员的能力和诚信的要求也要非常重视，其道德素养和职业素养及胜任能力都对内部会计控制起到至关重要的作用。对于财务类别的公司通常要进行以下的职责设计：部门主管有授权批准的权责，业务人员有事务处理的职责、对于会计账目的登记的职责、对于公司内部各类资产的保管职责、对于企业财会信息和报告的稽核监督的职责等。这样系统的权责分配，可以帮助公司内控体系内的各层级的人员达到相互监督、核对和制约的作用，杜绝个人掌握企业经营活动的各个环节。这样的制度不但能预防基层人员的错误和舞弊事件，而且可以有效地削减虚假财务报告的出现。公司管理层对公司各项经营活动要强化对会计系统的控制，将经营和财会相关联，避免错误的出现。如果有风险发生，也要通过系统自身进行检查和纠正，以保护公司各种会计记录的安全。

（二）投资银行内部会计控制的主要内容

投资银行根据其基本经营业务，提取财务活动的弱点和内控体系的目标，按照内控原理将内部会计控制要点提取出来并进行细化，会使会计控制实施和执行顺畅。通常公司的内部会计控制要点包括以下方面：

（1）建立严密的财务控制制度。①授权核准控制制度。公司要制定详细的有关财务工作的授权批准职责，各个部门的各层级员工都要在其授权范围内行使职权和承担责任，保证公司的资产安全和完整。②职责分离控制制度。对公司的各项经营业务，要求执行将职务与关联的业务相隔离的制度，通过规范对公司各级部门尤其是财务会计部门的岗位设计，要达到相互监督、互相制约的标准，要明确权利和责任的范围，形成有效安全的部门和岗位设置。③会计系统控制制度。会计系统控制制度要求公司设立一系列适合本公司的职责核算制度、会计岗位要求、会计信息管理等一揽子解决方案，使其成为公司财会控制的各项规范的整合，帮助公司的会计信息符合法规的要求。④核对清算控制制度。各家投资银行要建立核对清算和检查制度。该制度是为了保证企业资金的安全、完整所采取的保护措施，包括定期对账、每日盘点、组织盘点库存现金等。

（2）应收账款和实物资产控制制度。投资银行要完善应收账款审核制度，要按时对各类应收账款进行摸底，对账务出现的时间进行分析。投资银行对于公司的实物资产，要细致和严格地控制，这是为使各类实物财产安全和保全的必要会计控制措施；对实物资产要及时入账，分类管理，仔细做好档案保管工作。

（3）强化资金集中管理，严格执行资金调拨审批程序。各家投资银行在进行资产管理和经纪业务时，要将客户的资产和公司的资产严格分开。客户的财产与客户的现金要由各自专门的部门进行控制，以获得客户资金与自有资金的实物分离。各个分公司和营业部的自有资金除计划外的应全部上缴总部。各个分公司和营业部应按时进行资金压力测试，防范各种金融风险，杜绝对客户资产的非法占用。

（4）加强各项业务财务处理合规性的监督。投资银行要严格按照会计准则和财务制度进行收支核算和计提各项减值准备，保证会计信息的事实性、完整性、独立性。公司管理层应加强对企业信息化系统的建设，可以通过引进财务集中管理系统，建立内外一致、上下统一的账务核算体制，以达到对全公司会计信息的集中管理，通过信息系统可以实现包括对各地分公司和营业部账务处理的实时穿透查询、检查，有效地防范营业部财务风险。

由于会计对象、职能、方法的特殊性，内部会计控制的内涵和外延非常丰富。无论把它作为控制活动的核心来对待，或是把它作为内部控制的目标即保证财务报告和会计信息的可靠性，都是内部控制框架所要求的。因此内部会计控制成为内部控制的核心之一，需要管理层不断完善。

（三）投资银行的动态财务分析及其应用

1. 动态财务分析的基本思想

动态财务分析（Dynamic Financial Analysis，DFA）是利用随机规划或随机控制方法，模拟在不同情景设置下金融机构的未来现金流，以分析金融机构的资产价值、负债价值、损失概率及整体盈亏情况（Casualty Actuarial Society，1999；Blum，Dacorogna，2004）。该方法是解决偿付能力分析与预测、资本充足测试、净资本测试等重大问题的有效手段。

投资银行可以借助于动态财务分析方法，强化内部会计控制建设。比如：利用动态财务分析，对包括极端情况下的流动性危机进行刻画，并将投资银行的各项主要活动整合在一起进行综合的模拟；利用 DFA 预测可能发生偿付能力不足的时点，进而研究在流动性约束下的投资银行资本配置问题。

2. 投资银行动态财务分析的步骤

DFA 一般被用于保险公司偿付能力管理。与之类似，投资银行无论基于何种目的进行动态财务分析，其基本流程也包括如下环节：

（1）确定投资银行动态财务分析的目标。DFA 分析过程，第一步是由公司董事会明确公司的目的、经营目标、约束条件和风险承受程度。从而公司据此确定评价各种战略方案优劣的标准。它使管理层集中关注影响公司的重大事项，以及对这些事项进行相互沟通。可以量化的经营目标通常是期望的股东盈余（Shareholder's Surplus）及其标准方差、公司的期望经济价值（Economic Value）及其标准方差。

（2）收集相关数据。DFA 需要大量有关公司主要风险的可靠数据，因此 DFA 分析的质量依赖于所使用数据的质量。确定分析目标以后，投资银行必须收集相应的外部环境变量和内部风险的历史数据，以便后面的模型刻画、模型初始化和分析预测。

（3）DFA 模型刻画。将投资银行简化成若干关键变量及其随机影响因素，如资产、负债、资本和流动性等；外部环境因素包括竞争、监管资本与货币市场。另外，建模阶段还有一个十分重要的工作，即"校准"（Calibration），即利用可靠的历史数据，确定模型中主要参数的"基准值"，作为后面情景模拟（Scenarios Simulation）的基础。

（4）模型结果及其分析。该环节的关键是设计建模阶段确立的随机影响因素的发生器，包括利率发生器、汇率发生器、通货膨胀发生器、投资发生器、流动性冲击发生器。即设计这些随机变量变化的不同路径，而后计算不同路径下我们关心的关键指标（如收益率、风险头寸、EVA、流动性危机等），并生成财务报表。

（5）验证阶段。根据模拟结果对模型的相关参数进行校准，验证模型结论的有效性和稳健性，这往往可以借助于灵敏度分析方法。灵敏度分析是为了验证模型的结论并非是某一随意的假设，或随意取出的某一组情景。其做法是固定其他变量，每次只变动一个变量的数值，测试该变量对目标值的影响程度。投资银行可以对前述的利率发生器、汇率发生器等随机影响因素发生器进行灵敏性分析。当然，理想的情况是，如果明确了这些变量之间的相关关系，可以进行更为复杂的情景分析。

（6）确定 DFA 报告。DFA 经常要做上千次模拟，所以 DFA 的结果必须以简洁明快、易于理解的方式呈报给公司最高管理层。报告应满足以下要求：一是明确每一步的重点；二是明确各模型的前后逻辑关系，以便增进管理层对模型的理解；三是结果要简洁。

3. 投资银行 DFA 应用：修正资本配置方案

资本配置原则指一个函数 $\Pi: A \rightarrow \mathbb{R}^n$，将每种配置问题 (N, ρ) 映射到唯一的配置方式，其中 A 表示所有配置问题 (N, ρ) 的集合，$X = \{X_i, i \in N\}$ 表示一项投资组合的净值，ρ 表示体现公司整体投资组合风险的经济资本。

$$\Pi: (N, \rho) \rightarrow \begin{bmatrix} \Pi_1(N, \rho) \\ \Pi_2(N, \rho) \\ \cdots \\ \Pi_n(N, \rho) \end{bmatrix} = \begin{bmatrix} K_1 \\ K_2 \\ \cdots \\ K_n \end{bmatrix} \quad st. \quad \sum_{i \in N} K_i = \rho(X)$$

从前面的研究可知，资本配置方法较多，最具有代表性的方法有三种：

第一，Merton 和 Perold（1993）提出的增量资本配置，即为某一业务单位配置资本，将其视为新加入单位，资本增量便是其所需配置资本量。

第二，Denault（2001）提出的公平资本配置，即引入合作博弈理论分析业务单元之间合作的情形，定义了 Sharpe Value 原则和 Aumann–sharpe Value 原则。

第三，Myers 和 Read（2001）提出按照各业务单元的违约价值（Default Value）边际贡献相等原则配置资本，能够解决公司内部隐形风险补贴现象。

通过比较研究，投资银行可以在 Myers 和 Read（2001）的研究基础之上，融入流动性的约束条件，考虑在发生流动性危机时资产价值发生的突变。Myers 和 Read（2001）提出的经典资本配置模型按照对公司违约期权价值的边际贡献相等的原则分配资本，并解决公司内部隐形风险补贴问题。假设负债和资产都服从对数正态分布，运用 Margrabe（1978）的互换期权方程，可推导出公司的违约期权价值决定于债务的现值、资产的市场价值和资产负债比的波动率，即 $D = f(V, L, \sigma)$。因此，每单位初始负债的违约期权价值为：

$$d = f(s, \sigma) = N\{z\} - (1 + s) N\{z - \sigma\}$$

其中，$z = \dfrac{1}{2}\sigma + \dfrac{-\ln(1 + s)}{\sigma}$，$x_i = \dfrac{L_i}{L}$，$\sigma_L^2 = \sum\limits_{i, j \in M} x_i x_j \rho_{ij} \sigma_i \sigma_j$，$\sigma_{LV} = \sum\limits_{i \in M} x_i \rho_{iV} \sigma_i \sigma_V$。

在联合对数正态分布的假设之下，可定义每个业务单元的边际违约期权价值为：

$$d_i = \frac{\partial D}{\partial L_i} = d + \left(\frac{\partial d}{\partial s}\right)(s_i - s) + \left(\frac{\partial d}{\partial s}\right)\left\{\frac{1}{\sigma}\left[(\sigma_{iL} - \sigma_L^2)\right] - (\sigma_{iV} - \sigma_{LV})\right\}$$

又因为公司的一个业务部门发生违约就等于整个公司发生了违约，所以，当业务部门 i 考虑扩张业务时，公司只能按照边际违约期权价值给每个业务配置资本，即：$d_i = \dfrac{\partial D}{\partial L_i} = d$。故，对业务部门 i 的资本配置为：

$$s_i = s - \left(\frac{\partial d}{\partial s}\right)^{-1}\left(\frac{\partial d}{\partial \sigma}\right)\left\{\frac{1}{\sigma}\left[(\sigma_{iL} - \sigma_L^2)\right] - (\sigma_{iV} - \sigma_{LV})\right\}$$

Black 和 Scholes（1973），Merton（1974），以及 Leland（1994）等都假定资产服从简单的几何布朗运动，Myers 和 Read（2001）也不例外。Merton（1976）和 Duffie（1995）认为实现世界中很多经济过程会实现偶然的跳跃，考虑跳跃的期权定价会更理想地为期权定价。Kou（2002）提出了简单的跳跃扩散模型，假定跳跃经常服从一个概率法则，例如 Poisson 分布。一般要求资产服从一个带有左极限的右连续的齐次 Markov 过程，而令跳跃的大小服从一个双指数分布，即：

$$\frac{dP_t}{P_t} = \mu dt + \sigma dw_t + d\left[\sum_{i=1}^{n_t}(J_i - 1)\right]$$

其中，w_t 是一个 Winner 过程，n_t 是强度为 λ 的 Poisson 过程，$\{J_i\}$ 是独立同分布的非负随机变量，满足 $X = \ln(J)$ 服从双指数分布，概率密度为：

$$f_X(x) = \frac{1}{2\eta}e^{-|x - \kappa|/\eta}, \quad 0 < \eta < 1$$

其中，$x - \kappa = \begin{cases} \varepsilon & p = 0.5 \\ -\varepsilon & p = 0.5 \end{cases}$，$\varepsilon$ 均值为 η、方差为 η^2 的指数随机变量。

Kou（2002）证明了能够得到这类期权的价格的解析解。受含跳跃扩散期权定价方法的启发，我们可以假定资产价格服从 Kou（2002）中所给出的含跳跃的几何布朗运动反映流动性危机所带来的资产价值突变，并设置资产价格跳跃的分布参数，构建一个含跳跃扩散的互换期权，对资本配置模型进行修正。

二、投资银行其他共性内部控制制度建设概述

（一）投资银行内部环境建设

在我国投资银行中，内部环境应当包含整个公司组织的基调，它影响公司内所有员工的风险意识，是公司内控体系架构中其他关键要素的基础，为其他要素提供约束和结构。

1. 投资银行组织架构和职责

投资银行应当按照《中华人民共和国公司法》《中华人民共和国证券法》和有关部门规定及《公司章程》的条件，设立以股东大会为中心，以董事会、监事会及经理层为主体的组织形式和法人治理结构，并按照公司法制定组织相关的产生、议事和决策规则，在公司内部建立与业务性质和规模相适应的管理结构，使各部门有明确的职能分工，部门之间能够相互牵制监督。公司管理机构与控股股东要进行分离，并在员工、各种资产、财会上绝对分离开，以此来保证公司组织的独立性、资产完整以及财务和会计的独立，保证公司资产不出现被大股东或多个股东或其关联人占用和挪用的情况，保证公司不存在内部人控制或大股东直接干预公司日常经营的现象。

2. 业务授权管理

这是实施管理控制的重要步骤。其目的是在有效地预防风险发生的前提下，实现运营决策的高效和高速，使授权管理成为促进公司快速健康发展、快速合理进行资源分配的有力手段。业务授权需要遵循以下原则：①各个证券公司、分公司及营业部要根据业务内容对各部门和分支机构实行逐级、按照业务职能的授权控制；②授权要采用文书的方法，使各种公文在各级审核人员确认后才能生效，不能有例外事项；③据业务部门、分公司及营业部的管理控制能力、风险意识、资产质量信息、主要负责人的能力与道德和所在区域的经济发展水平、各方的风险情况，执行有区别的授权方式，以此有效地制约组织活动；④依据部门、分公司和营业部的业绩、问题、授权管理情况，不断对授权控制进行调整。

3. 经营理念与合规性

各个证券公司应确立稳健且积极向上的经营理念，并建立主动合规、人人合规、合规创造效益的合规文化，牢固树立合规与风险控制是公司生命线的风险管理理念，经营管理实行合规优先、风险控制优先。应积极加强合规管理，对主要负责人任职期间的合规管理责任执行问责制，并将其纳入绩效考核体系。

4. 培养风险管理的理念

投资银行的风险管理理念是一整套共同的信念和态度，它决定着投资银行在做任何事情时如何考虑风险。风险管理理念反映了公司的价值观，影响公司的文化和经营风格，并决定公司如何识别风险，能够承担哪些风险，以及如何

管理这些风险。当公司风险管理理念被很好地确立和理解、并且为员工所信奉时，主体就能有效地识别和管理风险。否则，企业风险管理在各个业务单元、职能机构或部门中的应用就可能会出现不可接受的不平衡状态。

（二）投资银行风险评估和应对

投资银行应当构建风险管理组织平台。风险管理的组织平台决定了投资银行经营风险管理的行为方式和管理流程，因而也就决定了经营风险管理的决策和执行效率。美国投资银行的风险管理结构一般是由审计委员会、公司最高决策执行委员会、风险监视委员会、风险政策小组、业务单位、公司风险管理委员会及公司各种管制委员会等组成。由于我国政策环境和市场环境与美国不同，所以我国投资银行风险管理的组织平台也应表现出特色。我国投资银行可以借鉴美国投行的风险管制的结构，由审计委员会、执行管理委员会、风险监视委员会、风险政策小组、业务单位、公司风险管理委员会及公司各种管制委员会等组成风险管治结构。这些委员会或部门的职能如下：

审计委员会一般全部由外部董事组成，由其授权风险监视委员会制定公司风险管理政策。风险监视委员会一般由高级业务人员及风险控制经理组成，一般由公司风险管理委员会的负责人兼任该委员会的负责人。该委员会负责监视公司的风险并确保各业务部门严格执行识别、度量和监控与其业务相关的风险。该委员会还要协助公司最高决策执行委员会决定公司对各项业务风险的容忍度，并不定期及时向公司最高决策执行委员会和审计委员会报告重要的风险管理事项。风险政策小组则是风险监视委员会的一个工作小组，一般由风险控制经理组成并由公司风险管理委员会的负责人兼任负责人。该小组审查和检讨各种风险相关的事项并向风险监视委员会汇报。

公司最高决策执行委员会为公司各项业务制定风险容忍度并批准公司重大风险管理决定，包括由风险监视委员会提交的有关重要风险政策的改变。公司最高决策执行委员会特别关注风险集中度和流动性问题。公司风险管理委员会是一个专门负责公司风险管理流程的部门。该委员会的负责人一般直接向财务总监报告，并兼任风险监视委员会和风险政策小组的负责人，同时一般也是公司最高决策执行委员会的成员。风险管理委员会管理公司的市场风险和信用风险。市场风险是指公司交易投资由于利率、汇率、权益证券价格和商品价格、信用差等波动而引起的价值变化。信用风险是指由于信用违约造成的可能损失。风险管理委员会还要掌握公司各种投资组合资产的风险概况，并要开发出有关系统和风险工具来执行所有风险管理功能。风险管理委员会一般由市场风险组、信用风险组、投资组合风险组和风险基础结构组四个小组组成。

（三）投资银行的信息与沟通

投资银行要制定有效的信息与沟通制度，理清内控体系中与管理制度相关信息的采集、分析和传送的流程，保证各种有效的信息能够及时得到传递和反馈，促进内控体系的有效执行。投资银行在将各种内部和外部信息收集后，要对信息进行合理过滤、检查、整合，以强化信息的有用性、实效性。专门部门可以使用公开的公报、财务信息、行业报告、会计资料、历史资料、研究报告、内刊、互联网等渠道，获取公司内各个部门的信息。投资银行也应通过证券业协会组织、关系单位、实际调查、客户反馈以及监管部门公开信息等方式获取公司外的信息。管理层要将内控体系相关的信息在企业各部门层级、分公司、营业部、业务点之间，以及公司与其投资者、公司的债权人、证券交易的客户和监管部门等相关部分之间进行交流和回馈。信息沟通过程中如果发现问题或新的风险，应当迅速报告并提出处理办法。在发现影响公司发展走向的重要信息时应当第一时间将信息传递给董事会、监事会和经理层。管理层应利用信息技术提高信息的远程传递和跨级别传递的优势，建立以信息集成为主、以信息共享为辅的信息一体化解决方案，充分加强信息系统处理和交流信息的优势。要持续地强化对信息系统的开发与维护力度，确保系统的安全、准确和稳定运行。

第三节　投资银行内部控制制度的个性建设

相比于内部环境、内部会计控制等投资银行内部控制制度的共性建设而言，如何建立与各家投资银行的业务和风险特征相适应的绩效考核体系、内部控制评价制度和投行文化，既是投资银行风险管理的重要内容之一，也是体现其差异化经营、提升其竞争力的重要保障。本章延续了前文对投资银行经济资本管理的研究，首先建立基于经济资本的投资银行绩效考核体系，然后对内控评价制度和投行文化建设进行了初步探讨。

一、基于经济资本的投资银行绩效考核体系

（一）次贷危机背景下对投资银行绩效考核的反思

美国总统奥巴马在 2010 年 7 月 21 日签署了金融监管改革法案，使之成为法律，标志着自次贷危机后华尔街正式掀开新金融时代序幕。这部法律也被认为是美国有史以来最大规模、最为严厉的金融改革法案。新法案的一大亮点是持续奥巴马执政以来的一直坚持的对企业高管薪酬进行监督限制的政策，即由美联储对企业高管薪酬进行监督，确保高管薪酬制度不会导致企业对风险的过度追求。一旦发现薪酬制度导致企业过度追求高风险业务，美联储有权加以干预和阻止。

事实上，华尔街高管的薪酬制度改革，一直是奥巴马和美国国民关注的焦点。众所周知，在此次次贷危机中，美国五大独立投资银行全军覆没，投资银行过度的员工薪酬激励、扭曲的考核制度是一个重要诱因，它助长了金融企业非理性地追逐高利润的疯狂行为。次贷危机发生前，美国金融机构绩效考核制度的一个重要特征，是以短期利益和规模扩张为导向的，很多投行过度追求短期利益，而忽略了风险，扭曲了投资银行的考核制度。高盛 2007 年的年终奖

金是历年来最高的，总额达 180 亿美元。而 2008 年，华尔街高管仍共拿到 184 亿美元分红，2009 年华尔街银行业分红额也高达 203 亿美元。这无异极大地刺激了仍在经历失业、破产痛苦的美国人。美国总统奥巴马甚至指责金融企业高管在经济衰退时仍收取丰厚分红为"可耻且不负责任"的行为，并提出了华尔街高管限薪令，为今后接受政府救援的困难金融企业高管设立 50 万美元的年薪上限。

但薪酬制度的管理和改革并不仅仅是由谁来决定企业高管拿多拿少的问题，而是关于建立合理的投资银行绩效考核制度的问题。因此，次贷危机后，投资银行绩效考核制度面临挑战。

（二）常用的绩效评价方法

投资银行的绩效考核是对投资银行经营活动绩效和风险管理水平进行度量和评价。作为投资银行内部控制制度的重要组成部分，其绩效考核应体现投资银行的特点才能实现投资银行的管理目标。投资银行的特点决定了投资银行的管理核心是在追求收益最大化的同时努力使风险最小化。次贷危机中金融机构追求高收益忽视高风险的行为却与这一理念相违。在按照年度业绩制定奖金的短期导向的激励制度驱使下，投行的经理们自己享受高收益，却最终由投资者来承担高风险。因此，投资银行绩效考核制度在评价价值创造的同时，在考核过程中要实现收益与风险、规模与成本并重，要使短期盈利水平与长期盈利能力结合起来，从制度上引导和规范基于长期稳定的盈利增长的经营行为，即体现价值与风险管理。

1. 传统的收益评价方法

（1）资产收益率

资产收益率（Return of Asset，ROA），又称资产回报率，等于净收益除以总资产，可以用来反映金融机构总资产生成利润时的使用效率。

（2）资本收益率

资本收益率（Return of Capital，ROC），运用账面资本评价金融机构的业绩，等于净收益除以账面资本。

2. 常用的风险调整业绩测度方法

（1）风险调整后的资本回报率（RAROC）

RAROC 最早由美国信孚银行（Trust Bank）在 1978 年提出，等于扣除预期损失后的净收益与经济资本（非预期损失）占用的比值，用以反映收益、风险和资本占用的匹配程度。其中，预期损失作为一种成本在收益中进行扣减，而经济资本则反映金融机构为了获得该收益所承担的"真实风险"即非预期损失。RAROC 的计算公式如下①：

$$RAROC =经风险调整的收益/经济资本$$
$$=（净收益-预期损失）/经济资本$$

（2）经济增加值

经济增加值（Economic Value Added，EVA）是由美国斯滕斯特公司提出的、用以衡量企业价值的一种绝对量指标。作为衡量企业经营业绩的财务指标，其一般的计算方法是：

经济增加值=经风险调整后的税后净利润-经济资本×资本期望回报率

因此，EVA 和 RAROC 分别是基于经济资本的绝对和相对收益评价指标。如果考虑不同资本规模投入情况，常常需要用 RAROC 这一相对指标，后文也主要采用该指标作为投资银行基于经济资本的绩效评估指标。

（三）投资银行绩效评估方法的选择

1. 投资银行传统绩效考核方法的局限性

投资银行要有效地进行资本配置，有必要建立与资本相联系的科学绩效考核体系。我国投资银行的绩效考核逐步引入了许多西方财务分析中的传统收益指标，其大都基于资产规模或者会计利润。比如：资产收益率只能静态反映账面总资产的盈利能力，不能反映投资银行所承担风险的变动及其业绩变化情况；资本收益率同样只是反映单位账面资本的收益，不能揭示股东为此承担的风险大小。大部分投资银行大都以利润额和业务量作为绩效考核和薪酬奖励的标准，如对证券经纪人的考核从以开户数为考核指标到逐步重视客户交易佣金量、新增资产数与产品销售任务完成程度等多项指标，营业部的考核主要以交易量、净利润等为基准。②

在上述资产收益率、资本收益率等考核指标的导向下，利润额和业务量成了绩效考核的评价标准，驱使各部门和员工以扩大自己业务规模来增加当年利润和获取更高的薪酬激励。但该资产或业务本身在日后是否存在或有多大风险，往往在当期年度被忽略了。同时，账面利润没有考虑权益资金的使用成本或机会成本，高估了利润。另外，由于投资银行除了能直接通过资本占用获得收益的自营、承销（包销）业务外，尚有不需要或者很少需要资金来支撑的表外业务。显然依赖传统方法建立包括表内、表外业务相联系的风险—收益对应的绩效考核体系不具有现实性。

---

① 最早在信孚银行的 RAROC 模型中，分母——经济资本既包括非预期损失，也包括预期损失。但随着风险管理理论的发展，到 1993 年，美国银行（Bank of America）的研究团队认为，预期损失是成本的一部分，可以通过定价来补偿这部分损失。因此，此后计算的经济资本，通常只包括非预期损失，而不包括预期损失（张守川，等，2012）。

② 见证券日报 2013 年 1 月 9 日《营业部年末冲业绩"不择手段"，券商绩效考核机制如何突围？》一文。

2. 现代投资银行绩效考核的核心：经济资本

如前文所述，经济资本反映了市场及公司内部风险管理的需求，它是为承担风险真正需要的资本，完全反映了公司自身的风险特征，是基于公司全部风险之上的、与公司风险的非预期损失相当的资本，且不在资产负债表上直接反映出来。而投资银行是经营风险的企业，承担风险是投资银行获取收益的前提，资本则覆盖风险产生的损失，是抵御危机的最终保障。投资银行必须遵循风险、资本之间的平衡关系才能获得收益长期稳定的增长，也才能实现价值创造。资本是稀缺的，存在机会成本，因此投资银行必须将有限的资本进行有效的配置。并且，资本的使用也是有成本的，覆盖非预期损失的经济资本也是有成本的，因此投资银行必须强调对资本的回报，并充分考虑资本所承担的风险，实现收益、风险、成本的统一。风险、资本与收益是投资银行价值创造评估的三个要素，共同构成了投资银行价值创造模式。因此，经济资本管理不但能够有效协调股东、管理者、员工的利益关系，使他们的要求得到满足，而且较好地平衡了风险、资本与收益之间的关系，能够同时作为控制风险和衡量业绩的基础，因而是一种以价值创造为目标的管理制度。

就基于经济资本的绩效考核而言，它可以改变投资银行利用传统的只注重规模扩张和会计利润反映的经营成果的考核模式。传统的考核模式注重账面利润，年利润、净资产、收入增长率、净收入等被列为考核指标。这种和收益挂钩而和风险无关的制度刺激投资银行的管理层忽视公司的长期利益。以经济资本管理为核心的绩效评价系统通过引入风险成本和资本成本对收益进行调整，分析投资银行各部门各业务的风险因素，统筹考虑收益与成本、市场与风险的关系，从而能够更加科学合理地评判业务单位和业务人员的经营业绩，并将考核结果运用于激励和改进管理。如果投资银行实施经济资本管理，通过以经济增加值（EVA）和风险调整后资本收益率（RAROC）作为业绩评价和考核激励的核心指标，可解决追求利润与控制风险之间的矛盾，将风险与收益结合起来，使绩效考评实现从数量到质量的转变，有利于在内部建立良好的激励机制。

（四）基于经济资本的投资银行绩效考核体系构建

1. 投资银行绩效考核所需经济资本计量应遵循"先业务部门，后风险形态"的思路

从第二章的研究来看，一方面，投资银行经济资本的计算需要按市场风险、操作风险等不同风险形态来展开，且同一风险形态（如操作风险）可能跨越不同的业务部门（如经纪业务和自营业务均存在操作风险）；另一方面，绩效考核需要对应于相应的业务部门和人员，因此投资银行绩效评估所需的经济资本度量需要按照"先业务部门，后风险形态"的思路展开。

2. 转变思想，逐步树立以经济资本为核心的绩效考核理念

绩效考核在很大程度上决定着一个企业的经营理念、管理模式和发展道路。经济资本管理要求体现价值和风险管理。而我国多数投资银行的绩效考核

仍以短期盈利指标为主，还有大量的非量化指标，并且风险管理理念不足，有些投资银行甚至将合规管理视为风险管理。因此，我国投资银行建立以经济资本为核心的绩效考核制度有较长的一段路要走，我们需要建立有利于实施经济资本管理的一系列内部、外部环境，确保经济资本的计量、配置和考核制度的建立和完善。

3. 设置绩效考评指标，建立和完善绩效考核制度

我国投资银行以经济资本为核心的绩效考核制度应包含三个层次：股东对高级管理层的绩效考评；高级管理层对投资银行内部的分支机构、部门的绩效考评；分支机构、部门管理人员对员工的绩效考评。这样才能反映投资银行不同机构部门、不同业务、不同产品、不同员工的价值创造能力，真实反映各项业务所创造的价值，有利于在内部建立良好的激励机制。在考核指标上，投资银行以经济增加值和基于风险调整的资本收益率作为核心指标，同时将财务指标和非财务指标相结合，努力提高绩效考核的有效性，解决好追求利润与控制风险之间的矛盾。

4. 绩效考核制度应与投资银行长期发展战略有机结合

次贷危机反映出金融机构在面对巨额的短期利润的诱惑时，往往选择与风险为伍，忽视企业长期发展的安全性和持续性。因此，新形势下，以经济资本为核心的绩效考核制度必须是在合理的公司治理结构基础上构建的，这样绩效考核制度才能与投资银行的长期发展战略有机结合。同时还应加强外部监管，监管部门应促进投资银行的信息披露制度完善，对投资银行实行实时的动态监管，进一步严格市场准入、业务审批、高管人员任职资格审核、现场检查等措施，使投资银行实行以价值为主线、以效益为中心的考核制度。

5. 设计多样化、长期化的激励机制

投资银行无论对经理层还是对员工，一方面要避免短期导向的激励机制，另一方面，风险和收益要挂钩和匹配起来，建立长期的损失责任追究制度，如设立限薪和索回条款。索回条款是指当高管所在投资银行出现问题时，政府或公司有权将高管的薪酬和分红收回。这对于避免国有及国有控股的投资银行的主管拿过高薪酬也有积极意义。

二、投资银行其他个性内部控制制度建设概述

（一）投资银行内部控制评价制度的建设

1. 内部控制评价的意义

投资银行不仅要建立内部控制制度，其业务部门和分支机构的负责人必须对其业务范围内的具体作业程序和风险控制措施进行自我检查和评价，有义务向投资银行报告内部控制的缺陷并及时加以纠正，对违反职责范围内的内部控制导致的风险和损失承担首要责任，接受投资银行上级管理部门和监督检查部门的业务检查和指导。

首先，投资银行自身可以通过建立内部控制评价制度，评价本公司的内部

控制实施状况，评价本公司内部控制的实施水准，找出问题所在，进而提升公司预测风险、应对风险的能力，最终让公司能合理保证各种预期目标的实现。其次，建立投资银行内部控制评价制度，也有助于监管部门通过各项指标更好地了解投资银行内部控制实施状况，进而能更好地实施监管。再次，投资者可以根据投资银行内部控制评价制度得出的一些信息，了解投资银行运营情况，进行更好的投资决策，最终实现资源的优化配置。最后，投资银行是证券市场得到更健康更稳定发展的关键所在。投资银行运营水平得到提高的同时，我国证券市场必然会更加有效的发展，资本市场的发展前景也会更广阔。

2. 内部控制评价的原则

为了能够对内部控制做出较全面的评价，投资银行有必要在建立评价制度之前给出一些指导性原则，从而使得在建立评价制度过程中时刻保持警惕，以免有损评价的全面性，也使得评价制度能够在较短的时间有效地建立起来。

（1）定性和定量相结合原则。投资银行首先用定性分析对指标进行深入的分析，对事物进行概念上的界定，然后运用定量分析对指标进行数量界定。这避免了定性分析的随意性和盲目性，也避免了定量分析只注重对经济指标的简单计算。

（2）可行性原则。可行性原则要求指标和评价方法的选取都必须是客观环境所允许的，所选取的指标既要能概括内部控制的真实状况，又要便于操作，并要对测评方案进行可行性分析和论证。

（3）系统性原则。系统性原则就是指指标的设计要涉及企业经营活动的各个方面、各个层次，必须完整全面，各个方面、各个层次的指标制度共同构成一个完整体。

（4）重要性原则。随着实践的发展，反映和影响内部控制成效的因素将不断增多。投资银行只有找出关键因素，对所选指标有所侧重，通过选取重要的指标，才能对内部控制进行高效准确的评价。

（5）成本效益原则。构建内部控制评价制度必然会花费相应的成本，而实现经营目标减少损失发生的可能性，正是内部控制的目的所在，构建内部控制评价制度也必须如此。所以投资银行在设计以及实施内部控制评价制度时要尽量保证所花费的代价不能超过由此而获得的效益，否则应降低内部控制的成本。

3. 内部控制评价的指标

评价指标是评价的载体，因此如何构建评价指标是对投资银行内部控制进行全面客观综合评价的关键。主要有如下指标：

第一，定性评价指标。新框架的八个要素，即内部环境、事件识别、目标设定、风险反应、风险评估、信息与沟通、控制活动、监控，结合相关文献提供的衡量指标共同构成了定性评价指标制度的基本内容。由于构成每个要素的具体项目很多，不同行业需要的指标不同，为了偏重于投资银行，可选取对投资银行而言具有代表性的指标。如内部环境指标可做如下设计：影响以及制约企业内部控制建立以及执行的各种因素的总和便是内部环境，它是实施内部控制的基础，主要包括治理结构、组织机构设置与权责分配、企业文化、人力资源政策、内部审计机构设置等。好的环境能够自然而然地激发员工的工作积极性，影响公司员工的风险意识，是企业所有其他要素的基石。这许多因素在进行指标衡量时，可具体归纳为：①企业文化。可设计为员工对企业文化的认同度、员工的忠诚度、员工的工作积极性、员工的凝聚力等指标。②治理机构。可设计为股权的结构情况、股东和股东大会的情况、董事会的评价指标、监事会的评价指标、管理层的评价指标。

第二，内控效果评价指标制度。投资银行实施内部控制的根本目的就是为了给公司带来业绩。好的内部控制必然会给公司带来好的业绩。内控效果定性评价指标主要是内部控制满意度，包括债权人、职工、管理人员、客户四个方面。

（二）投资银行的企业文化建设

1. 投资银行企业文化的目标确定

企业文化的管理是针对精神层面的，主要包括以下目标：形成健康向上的道德行为标准、稳健审慎的经营风格、强烈的责任意识，和以身作则、上行下效的示范效应。其中，健康向上的道德行为标准是指公司建立的道德行为标准应提倡守法、诚信、公正、协作，正确定位公司与社会、客户、同业之间以及各岗位职员之间的关系；稳健审慎的经营风格是指公司管理人员所秉承的经营理念要稳重、成熟，正确定位业务开拓与风险防范之间的关系；强烈的责任意识是指公司各级职员与公司之间要形成患难与共、休戚相关的紧密联系，使职员能自然迸发出拼搏精神、敬业精神、团队精神、从业自豪感以及创新意识、风险意识、忧患意识，正确定位公司与职员之间的关系；以身作则、上行下效的示范效应是指公司上级职员要严于律己，做好表率和榜样，而下级职员要勤勉尽责、遵规守纪，正确定位上下级职员之间的关系。

2. 公司文化的风险识别

投资银行在实现其文化目标的过程中，必然会面临不良控制文化风险。这里的不良控制文化风险是指公司内部可能缺少正确的控制观念和意识，没能正确处理好公司与社会、客户、同业、职员之间的关系，各岗位职员之间、上下级职员之间的关系，以及业务开拓与风险防范之间的关系，不能为公司业务经营提供正面支持和必要制衡的风险。由于文化本身具有软约束性、相对稳定性和连续性，而作为公司文化重要方面的控制文化对公司文化的形成和发展起着促进作用，因而对不良控制文化风险的防范和化解是首要的一环。

3. 公司文化的风险控制

投资银行为了防范和化解不良控制文化风险，应采取的控制措施包括：

第一，实行专家决策制度。在经营管理的重大问题上，投资银行实行专家决策制度，以提高决策的专业化水平，确保决策科学、合理，避免出现重大失误。

第二，实行民主化建议制度。管理人员应通过民主化合理建议制度，广开言路，激发职员的创新和参与意识，与职员沟通信息。管理人员对职员的建议应及时整理、筛选，将一些具体的合理建议及时反馈并应用到实际工作中去。

第三，建立科学合理的用人制度。由于人力资源政策对职员的行为表现有着直接影响，科学合理的用人制度对职员的文化激励是显而易见的。公司内部应形成重视人才、重用人才、任人唯贤的用人制度，将能力和品行作为用人的首要标准。

第四，健全培训教育机制。公司通过教育，使职员现有的能力得以提高和潜在的能力得以开发，使其了解自己的责任和义务，形成进取、健康的价值观和道德观。

第五，建立高级管理人员的自律机制和责问监督机制。高级管理人员须意识到自己不应逾越内部控制甚至凌驾于内部控制之上，而应加强自律，以身作则，做好表率。同时，高级管理人员还应自觉地接受监督，促进民主、平等工作氛围的形成。

第十章 我国投资银行风险管理体系重构

前面在理论层面系统地构建了包括经济资本管理、对冲和内部控制的现代投资银行风险管理体系。但这是否符合目前我国投资银行的风险管理实践需要，不仅取决于理论本身的科学性、合理性，还与我国投资银行重构风险管理体系的外部环境、内部条件有密切关系。

从我国投资银行风险管理现状来看，对冲和内部控制这两种基本的风险控制手段只存在是否充分运用、有效运用而非有无的问题，而经济资本管理则主要被运用在几家大型商业银行的风险管理实践中。因此，本章延续前面理论研究的结论，探讨重构我国投资银行风险管理体系，重点在于对如何引入经济资本管理、提高对冲和内部控制有效性的分析，包括重构的环境分析、基本原则和主要内容。

第一节 我国投资银行风险管理体系重构的环境分析

一、宏观经济环境

宏观经济结构调整、产业转型升级和多层次资本市场建设为我国投资银行发展带来巨大空间，但也使投资银行面临更多的挑战和压力，包括创新能力不足风险、互联网金融竞争风险、提升全面风险管理能力的挑战。

首先，近年来经济发展方式由粗放型向集约型转变、金融服务实体经济程度不断提高，这些都给证券公司等资本市场中介机构带来发展机遇；其次，伴随经济持续较快发展，更多社会财富寻求投资渠道，为证券公司财富管理职能提供了发展空间；最后，在利率市场化进程不断深化、金融脱媒趋势逐步确立的背景下，证券公司作为直接融资市场的关键角色，具有较大发展潜力。

宏观经营环境的变化，要求证券公司不断创新业务。但在缺乏现成模式的基础上，如何确保创新业务风险的可测可控，很大程度上取决于公司对业务内涵是否真正理解，能否对产品的风险点进行专业的识别，以及能否迅速地掌握对新型风险进行科学计量和控制的技术。同时，创新业务的不断扩张对证券公司的资本充足率和流动性带来新的挑战。尽管有些创新业务表面看起来占用资金不多，但隐含的杠杆或资本承诺犹如水下的冰山，一旦出现失控或遇到系统性风险，就会使证券公司遭受重创，甚至"突然死亡"。

二、监管环境

目前，我国投资银行经营业务逐步从以经纪、投行、自营等传统业务为主过渡到创新发展阶段，新业务发展较快，尤其突出的是负债类、融资类业务，以及存在杠杆率的业务。根据中国证券业协会公布的 2013 年度证券公司经营数据，中国证券行业全年实现营业收入 1 592.41 亿元，同比上涨 22.99%。其中，融资融券业务利息净收入 184.62 亿元，同比上涨 250.99%。当前证券公司业务创新活动一方面促进了其业务转型发展，提高了金融服务实体经济的能力，另一方面也增加了在合规性、杠杆化等方面的风险管理难度，部分影子银行业务和交叉性金融产品可能导致风险跨行业跨市场的传染和监管套利现象（季军，2014）。

同时，面临投资银行创新业务的加速发展，"一行三会"的分业监管模式容易形成监管盲点，为包括投资银行在内的金融机构留下风险隐患，制约投资银行业务创新和风险管理活动。特别是银行、信托的一些理财产品涉足的领域跨越银行、信托、保险、证券甚至期货市场，给监管增加了相当难度。因此，监管者在大力引导投资银行提高创业能力和风险控制能力的同时，也需要改变监管思路，创新监管模式，探索"负面清单"管理模式，逐步实现"法无禁止即可为"。

三、行业竞争环境

为获得规模经济和范围经济，银行、证券、保险等金融机构以金融创新方式促使金融服务产品的属性逐步趋同，如资产证券化类业务、股权质押业务、银证保理财类产品等，这加剧了证券公司的竞争环境。

同时，大数据与互联网的结合，使得金融边界不断延伸，金融机构不再单纯被锁定为金融牌照公司，部分具有互联网大数据功能的公司也逐渐向金融行业渗透。因此，证券公司的行业竞争不仅表现为传统金融行业内的竞争，还包括与大数据渗透公司的竞争，以及行业内公司在数据平台搭建及使用上的竞争。

第二节　我国投资银行风险管理体系重构的基本原则

一、渐进性原则

首先，按照"强化内部控制建设—灵活运用对冲工具—引入经济资本管理"的优先序，重构我国投资银行风险管理体系。第一，有效的内部控制制度是风险管理实施的基础和保障，投资银行要按照合规性监管要求、竞争环境变化等不断强化内部控制制度；第二，结合业务创新和衍生品市场环境，充分考虑对冲成本—收益，积极开展业务对冲和衍生品对冲；第三，在风险数据库逐步健全的基础上，引入经济资本管理优化资本结构和资产结构。

其次，在经济资本管理的引入上，投资银行可以遵循"业绩评估—资产配置—资本结构优化"的先后顺序，逐步扩大经济资本管理的应用领域。相对来说，如果投资银行一开始就要将经济资本配置用于所有风险管理领域，既容易造成其在经营策略上的前后断裂形成巨大的制度、业务、人员等调整成本，也没有考虑到上述战略在调整时间上有先后的时间关系。一般来说，投资银行的资本结构调整，尤其是股权资本的增加，需要考虑融资环境、监管政策、市场时机等诸多外部因素，需要较长时间，而基于经济资本的业绩评估则具有时间短、执行成本低等特征。因此，我国投资银行可以先从业绩评估领域引入经济资本理念，在 ECM 系统建设进入成熟期后，再逐步拓展到资产配置领域，最后扩展到资本结构的优化上。

二、与净资本监管的逐步融合

在净资本监管数据库基础上，投资银行应该逐次建立经济资本数据库。按照现有的净资本计算方法，我国净资本监管在投资银行层面主要涉及相关财务数据，而其风险扣减系数则由监管部门来统一制定。但是，经济资本度量和配置则不仅需要财务数据库，还需要相关的风险数据库。因此投资银行可以在整合现有的净资本数据库基础上，逐次引入风险数据库，整合为经济资本数据库。同时，需要注意的是，风险数据涉及较多环节和不同的形态风险，风险数据库的建立不一定全方位同时展开。投资银行可以根据自身的情况，先就某一主要业务或主要的风险形态开始收集数据、建立数据库，待 IT 技术、配套制度、相关经验积累等到一定程度后，再逐次扩大到大部分业务部门或风险形态。到时，理想的状态是，监管当局对各家投资银行的经济资本数据库中的风险数据进行分析，这又反过来促进监管当局完善净资本的计算方法、净资本监管指标体系设计、监管标准设置等。

三、与其他风险管理方法的结合

对于超过非预期损失的极端损失，经济资本配置无能为力。因此，投资银行需要逐步将压力测试作为常规化、制度化手段的风险管理手段。相对而言，商业银行对极端损失管理有国家救助安排和存款保险制度等外部力量，投资银行在极端损失管理上往往容易忽视。但其面临双重价格强敏感性的风险特征，要求压力测试更应成为日常风险管理的重要补充。我国投资银行业，可以考虑以财务数据库和风险数据库为基础，建立匹配的压力测试指标体系和情景分析数据库，完善压力测试的宏微观制度，优化测试、分析、预防的理论和技术。

第三节　我国投资银行风险管理体系重构内容

一、建立全面风险管理理念

全面风险管理需要对投资银行内各个业务部门、各类风险进行通盘考虑，从公司价值最大化出发，将市场风险、信用风险、操作风险等不同风险类型，自营业务、经纪业务、资产管理业务等不同性质业务风险，按照统一的标准进行经济资本度量，以此促进各个部门的协同管理。具体表现在以下几个层次：

（一）战略性

相较于传统的风险管理方法，投资银行不仅仅是将风险管理局限在日常运营层面就风险而管理风险，还需要从整个公司战略的角度入手，从经济资本覆盖公司整体风险出发，识别与管理非预期损失的风险。这最终不但能将风险管理好，更着力于使得公司的战略得到落实。

（二）整体性

一个全面风险管理的框架，是围绕风险和收益的比较来展开的，不局限于单个风险或业务层次，而是一个整体性的框架，需要系统的各个方面相互支持，比如投资银行文化、自身的组织架构、风险管理所需要的财务数据和风险指标、风险管理信息支持系统等。

（三）全员性

全面风险管理框架是一个全投资银行上下参与的框架，上到董事会、管理层、风险管理部门，下到各业务部门的员工，都要深刻理解这个框架。尤其是对于资金占用不大的经纪业务等部门，要有风险资本和成本概念，并在绩效评估中落实这个框架。

从前面的分析看出，基于经济资本配置的全面风险管理框架在投资银行的应用是一个符合净资本监管规定、财务会计要求、自身价值增值的风险管理理念和技术手段，集合了公司风险、数据、管理决策、文化、模型等诸多要素。

二、重点实施经济资本管理

（一）树立基于经济资本的风险文化

投资银行风险管理理念和文化塑造是一个长期并根据经济社会环境进行不断修正的过程。美国五大投资银行破产或转型，充分说明即使资本充足性较高、流动性较为充足的金融机构，如果风险管理文化、经营模式出现偏差，也同样面临破产的危险。2009 年以来，我国监管部门逐步将合规管理全面纳入投资银行的常规监管，并要求投资银行业不断深化对合规管理重要性的认识，精心培育证券行业先进的合规文化，切实强化重点领域和环节的合规管理（尚福林，2009）。所谓合规文化，是指在监管部门要求下，投资银行在日常经营过程中，要倡导合规价值、合规原则等理念，并促成员工的实际行动。《证券公司合规管理试行规定》（2008）第四条规定："证券公司应当树立合规经营、全员合规、合规从高层做起的理念，倡导和推进合规文化建设，培育全体工作人员的合规意识。"应该说，从外部监管者角度来看，合规监管是防范系统性风险的重要手段。

但是，从风险管理的本质来说，外部监管无法代替内部风险控制，要么出现管住了风险也管住了创新精神，要么出现制度性套利风险。而且，企业文化属于投资银行相互区别、相互竞争形成的个体属性，属于企业软实力和无形资产范畴，而外部统一化、标准化的合规监管文化不能也无法代替投资银行的风险文化。投资银行需要牢固树立风险—收益相对应的经营理念，而经济资本作为风险收益对应的可操作化、具体的载体，有助于投资银行从战略到业务层面、从高管到公司员工树立良好的风险文化。

建立基于经济资本的风险文化，关键在人。投资银行经济资本配置需要多个方面的人才，包括IT、数理分析、会计学、战略管理等专业的人才。投资银行可以通过以下几个方面加快建立经济资本文化：①积极引进外部专家人才队伍，通过建立良好的工作环境，吸引在商业银行等金融机构有经验的经济资本专家到投资银行来；②建立与国内外科研机构、监管部门等的合作、沟通，加快攻克经济资本计量的关键技术，同时得到净资本监管部门的认可，并逐步促进监管部门的净资本指标的合理化；③在培养不同层级的内部职工方面，可以通过送出去或在投资银行内部开展工作交流等形式，促进员工深刻理解、执行经济资本配置相关规定，真正将经济资本非预期损失文化和预期损失成本化的基本原则融入其工作中，重塑员工的风险文化。

（二）推进基础数据库建设，奠定经济资本配置基础

实际上，通过国内外商业银行的实践来看，相对来说，经济资本配置的技术和方法已经相对成熟，但由于基础数据的缺失，包括我国商业银行在内的金融机构利用经济资本管理的效果还不太理想。准确地度量非预期损失，是经济资本配置的重要基础。如果经济资本的计量结果不够准确反应非预期损失，势必影响经济资本的风险防御效果。因此，投资银行要逐步进行经济资本管理的基础数据库建设，着眼于长远，并建立适当的前期成本分摊机制。

在度量经济资本方法的选择上，投资银行可以将前面章节的"自上而下"和"自下而上"两条路线有效地结合起来，相互验证、互通有无，使得自上而下法计量的经济资本总量与自下而上法测度出来的经济资本加总值，保持相对平衡，同时保持两种方法在风险偏好、资产配置目标选择以及股东价值最大化要求的一致性。

（三）完善资本金补充机制，优化资本结构

如前面章节所述，投资银行将经济资本用于资本结构优化，还依赖于其是否有相应的综合运用各种资本补充方式的能力，并尽可能以最低的成本获取经济资本配置所需要的资本。这关系到公司整体风险是否可控这一重大问题。显

然，仅仅依靠自身的盈余积累是无法实现资本结构的动态优化与管理的，投资银行需要建立多元化的资本动态补充机制。这又包括两个主要方面的内容：①通过建立多元化的融资渠道，扩大自由的资本渠道；②优化权益资本结构，降低股权资本的成本。具体包括：①持续进行资本的适时补充，增强资本实力；②建立资本组合的机制，降低融资成本，实现资本结构合理化；③在业务优化、资产配置过程中，积极改善与投资者的关系，降低资本成本需求空间；④优化资产的配置结构，减轻业务尤其是资金占用型业务对资本的压力。

（四）加强与权益资本的综合应用，优化资产配置

经济资本是一种"虚拟"资本。但在利用经济资本进行资产配置时，经济资本却实实在在地引起资金在业务部门之间的流动，而这势必与权益资本等财务会计相互协调。两者的结果可以互相引用，经济资本度量值可以成为财务评价分析的依据，而财务会计的准确计量也为经济资本度量提供了基础数据保障，经济资本的应用水平也将会越高。比如：投资银行通过与经济资本的结合，可以加强内部资金转移计价，即建立一个公平的内部资金转移价格计算（FTP）系统，实现投资银行内部业务部门和总公司司库之间的资金交换（如经济资本占用较大但实际上不占用资本金的经纪业务），资金转移定价的应用将正确衡量这些业务活动的真正成本、利润，使各业务部门认识到其承担风险是有"隐性"成本的。

（五）建立基于经济资本的绩效考核机制

经济资本配置只有真正深入到投资银行全体员工的日常业务活动中，引导各个业务部门自觉地按照经济资本配置方案调整资产结构，才可能达到预期的目标。显然，这就需要建立一套与经济资本配置相适应的绩效考核制度。RAROC 提供了这样的激励与约束机制，将承担非预期损失作为成本进入对部门、员工的绩效考核中，减少内部代理问题，减少道德风险。基于经济资本的绩效考核方式，有利于全体员工统一风险理念，为经济资本配置的实施提供保障，同时也提高了投资银行经济资本配置效率。

三、提高对冲模型的有效性

投资银行在进行业务对冲和市场对冲时，关键是在现有约束条件下选择对冲模型。投资银行需要从可操作、科学性、数据可获得性等多方面考虑，降低模型风险。

（一）避免模型太复杂，对应用环境要求过高，影响对风险管理的反应速度

在对冲模型中，相关模型主要解决三个问题：理解风险（知道需要管理什么问题）、发现问题（风险到底有多大）、解决问题（各个业务、资产之间如何对冲风险）。对冲模型有效的前提是发现问题，太过谨慎会贻误时间。我国投资银行在建模时，可以先构建一个简单的对冲模型，看看结果是否合理，再对业务和资产结构进行微调，测试解决方案的有效性。

（二）需要考虑宏观风险因素

对冲尤其是业务对冲是需要从公司总体层面考虑的，而不是某一产品的水平。因此，对冲模型，尤其是业务对冲所采用的模型，需要从整体、全局出发。过分追求模型对各种因素的完美考虑，可能会导致模型过于复杂而难以维护，或者度量、配置的调整成本过高，模型开发周期长等。因此，在实际应用中，投资银行可能需要根据宏观环境，由风险高管或业务部门经理，根据历史经验、对业务的理解，动态筛选、调整关键变量。

（三）客观对待不合理的假设

复杂模型和简单模型，有时在于前提假设的不同。追求复杂模型，可能往往假设会比简单模型更加接近现实，但因而也带上前述的不及时、成本高等问题。因此，经济资本管理者必须在这之间做出权衡。一般来说，对于不太重要的假设条件可以放宽进入，而且只要假设条件在不同时期、同一时期不同业务或资产上保持了一致性，这种结论仍可有可比性，同样也具有一定决策参考价值。

（四）避免对模型的过度依赖

模型往往包含了置信水平（管理者偏好影响）、前提假设等主观因素，不可避免其中可能存在错误。因此，投资银行要经常进行业务结构和资产结构的返回检测，以此不断优化模型。同时，定量分析固然重要，但是在进行定量建模之前，投资银行仍有必要做一些定性的调查与分析，使得定量模型与经验性的判断相辅相成。

四、逐步建立基于大数据的内部控制机制

前面关于投资银行内部控制的理论研究中，我们认为内部会计控制是投资银行内部控制的重要内容，并建议投资银行借助于动态财务分析方法强化内部会计控制建设，而大数据时代的到来则为之提供了可能。

大数据与信息技术的融合，促使互联网金融的兴起，正改变包括证券公司在内的传统金融机构的运营模式。对证券公司来说，如何借助于大数据技术进行更加科学的经营管理，从而促进自身健康发展就变得尤为重要。显然，基于大数据的动态财务分析法需要投资银行在以下几个方面提前谋划：①重视大数据对行业和自身风控的影响，布局新的内控架构；②建立大数据数据库及其应用平台，包括动态财务信息数据库和财务预警系统；③注重既懂大数据技术、又懂经营和管理的金融人才队伍建设。最终，投资银行通过借助于大数据技术，建立起高效的内部控制机制并不断创新业务，以应对公司内外、行业内外的激烈竞争。

参考文献

1. AKHIGBE A, MADURA J. Bank acquisitions of security firms: the early evidence [J]. Applied Financial Economics, 2004, 14 (7).

2. ALEXANDER C. Bayesian methods for measuring operational risk [J]. Discussion Papers in Finance, 2000 (2).

3. ALEXANDER C. Operational risk: regulation, analysis and management [M]. Pearson Education, 2003.

4. ARTZNER P, DELBAEN F, EBER J M. Da vid Heath [J]. Thinking coherently, 1999 (11).

5. AUE F, KALKBRENER M. LDA at work: Deutsche Bank's approach to quantifying operational risk [J]. Journal of Operational Risk, 2006, 1 (4).

6. BALKEMA A A, DE HAAN L. Residual life time at great age [J]. The Annals of probability, 1974.

7. Basel Committee On Banking Supervision. Framework for the Evaluation of Internal Control Systems [S]. 1998.

8. Basel Committee On Banking Supervision. International Convergence of Capital Measurement and Capital Standards: A Revised Framework [S]. 2004.

9. Basel Committee On Banking Supervision. Basel II: International convergence of capital measurement and capital standards: A revised framework [S]. 2006.

10. Basel Committee On Banking Supervision. Basel III: A global regulatory framework for more resilient banks and banking systems [S]. 2011.

11. Basel Committee On Banking Supervision. Consultative document: operational risk – supervisory guidelines for the advanced measurement approaches [S]. 2010.

12. BEKIROS S D, GEORGOUTSOS D A. Estimation of Value-at-Risk by extreme value and conventional methods: a comparative evaluation of their predictive performance [J]. Journal of International Financial Markets, Institutions and Money, 2005, 15 (3).

13. BELMONT D P. Value Added Risk Management in Financial Institutions: Leveraging Basel II & Risk Adjusted Performance Measurement [M]. Wiley, 2004.

14. BLACK F, SCHOLES M. The pricing of options and corporate liabilities

[J]. The journal of political economy, 1973.

15. BOHN J, CROSBIE P. Modeling default risk [J]. KMV Corporation, 2003.

16. BRAZAUSKAS V, SERFLING R. Robust and efficient estimation of the tail index of a single-parameter Pareto distribution [J]. North American Actuarial Journal, 2000, 4 (4).

17. BROOKS C, CLARE A D, DALLE MOLLE J W, et al. A comparison of extreme value theory approaches for determining value at risk [J]. Journal of Empirical Finance, 2005, 12 (2).

18. BRUNNERMEIER M K. Deciphering the liquidity and credit crunch 2007-08 [R]. National Bureau of Economic Research, 2008.

19. BUCH A, DORFLEITNER G. Coherent risk measures, coherent capital allocations and the gradient allocation principle [J]. Insurance: Mathematics and Economics, 2008, 42 (1).

20. Bühlmann H. Experience rating and probability [J]. Astin Bulletin, 1967 (37).

21. BYSTRöM H N E. Managing extreme risks in tranquil and volatile markets using conditional extreme value theory [J]. International Review of Financial Analysis, 2004, 13 (2).

22. Cagen P. External Data: Reaching for the Truth [J]. Algorithmics Incorporated, 2005 (11).

23. CARRILLO-MENéNDEZ S, SUáREZ A. Robust quantification of the exposure to operational risk: Bringing economic sense to economic capital [J]. Computers & Operations Research, 2012, 39 (4).

24. Casualty Actuarial Society Enterprise Risk Management Committee. Overview of enterprise risk management [J]. Fairfax, VA: Casualty Actuarial Society, 2003.

25. CHAPELLE A, CRAMA Y, HUBNER G, et al. Measuring and managing operational risk in the financial sector: an integrated framework [J]. Available at SSRN 675186, 2005.

26. CHAVEZ-DEMOULIN V, EMBRECHTS P, NEšLEHOVá J. Quantitative models for operational risk: extremes, dependence and aggregation [J]. Journal of Banking & Finance, 2006, 30 (10).

27. CHIB S, NARDARI F, SHEPHARD N. Markov chain Monte Carlo methods for stochastic volatility models [J]. Journal of Econometrics, 2002, 108 (2).

28. CROUHY M, TURNBULL S M, WAKEMAN L M. Measuring risk-adjusted performance [J]. Journal of Risk, 1999.

29. CRUZ M, COLEMAN R, SALKIN G. Modeling and measuring operational risk [J]. Journal of Risk, 1998, 1 (1).

30. Denault M. Coherent allocation of risk capital [J]. Journal of risk, 2001 (4).

31. DEFONTNOUVELLE P, DEJESUS-RUEFF V, JORDAN J S, et al. Capital and risk: new evidence on implications of large operational losses [J]. Journal of Money, Credit and Banking, 2006.

32. DEFONTNOUVELLE P, ROSENGREN E, JORDAN J. Implications of alternative operational risk modeling techniques [M] //The Risks of Financial Institutions. University of Chicago Press, 2007.

33. DEFONTNOUVELLE P, JESUS-RUEFF D, JORDAN J S, et al. Using loss data to quantify operational risk [J]. Available at SSRN 395083, 2003.

34. DEGEN M, EMBRECHTS P, LAMBRIGGER D D. The quantitative modeling of operational risk: between g-and-h and EVT [J]. Astin Bulletin, 2007, 37 (2).

35. DHAENE J, HENRARD L, LANDSMAN Z, et al. Some results on the CTE -based capital allocation rule [J]. Insurance: Mathematics and Economics, 2008, 42 (2).

36. DI CLEMENTE A, ROMANO C. A copula-extreme value theory approach for modeling operational risk [J]. Operational RiskModelling and Analysis, 2004.

37. DIMSON E, MARSH P. Capital requirements for securities firms [J]. The Journal of Finance, 1995, 50 (3).

38. DODD E L. The greatest and the leastvariate under general laws of error [J]. Transactions of the American Mathematical Society, 1923, 25 (4).

39. DUNCAN WILSON. VaR in operation [J]. Risk, 1995 (12).

40. ELIZALDE A, REPULLO R. Economic and regulatory capital in banking: what is the difference? [J]. International Journal of Central Banking, 2007, 3 (3).

41. EMBRECHTS P, FURRER H, KAUFMANN R. Quantifying regulatory capital for operational risk [J]. Derivatives Use, Trading & Regulation, 2003, 9 (3).

42. ENRIQUE JOSE. Economic capital for operational risk applying the loss distribution approach [J]. Financial Services Authority, 2002 (7).

43. FRACHOT A, GEORGES P, RONCALLI T. Loss distribution approach for operational risk [J]. Available at SSRN 1032523, 2001.

44. FRACHOT A, RONCALLI T. Mixing internal and external data for managing operational risk [J]. Available at SSRN 1032525, 2002.

45. FROOT K A, STEIN J C. Risk management, capital budgeting, and capital structure policy for financial institutions: an integrated approach [J]. Journal of Financial Economics, 1998, 47 (1).

46. GEISST C R. Investment banking in the financial system [M]. Prentice Hall, 1995.

47. MATTEN C. Managing bank capital: capital allocation and performance measurement [M]. Wiley, 1996.

48. HARRIS R. Emerging practices in operational risk management [J]. Federal ReserveBank of Chicago, Haziran, 2002.

49. HAUBENSTOCK M, HARDIN L. The loss distribution approach [J]. Operational risk: regulation, analysis and management, Prentice Hall-Financial Times, 2003.

50. HENDRICKS D. Evaluation of value-at-risk models using historical data (digest summary) [J]. Economic Policy Review Federal Reserve Bank of New York, 1996, 2 (1).

51. HERRING R J, SCHUERMANN T. Capital regulation for position risk in banks, securities firms and insurance companies [J]. 2003.

52. HJORT N L. Minimum L2 and robust Kullback-Leibler estimation [C] // Proceedings of the 12th Prague Conference, 1994.

53. HUBNER G, PETERS J P, PLUNUS S. Measuring operational risk in financial institutions: Contribution of credit risk modeling [J]. Available at SSRN 687683, 2005.

54. HULL J. Risk Management and FinancialInstitutions [M]. John Wiley & Sons, 2012.

55. ILLARIONOV A. The Roots of the Economic Crisis [J]. Journal of Democracy, 1999, 10 (2).

56. IOSCOTeehnical Committee. Capital Requirements for Multinational Securities firms [S]. 1990.

57. IOSCO. Capital Adequacy Standards for Securities Firms [S]. 1989.

58. J JACKSON P, MAUDE D, PERRAUDIN W. Bank capital and value at risk [J]. Journal of Derivatives, 1998 (3).

59. JAMES C M. RAROC based capital budgeting and performance evaluation: a case study of bank capital allocation [J]. 1996.

60. JORION P. Value at risk: the new benchmark for managing financial risk [M]. New York: McGraw-Hill, 2007.

61. JORION P. Risk2: Measuring the risk in value at risk [J]. Financial Analysts Journal, 1996, 52 (6).

62. KALKBRENER M. An axiomatic approach to capital allocation [J]. Mathematical Finance, 2005, 15 (3).

63. KAREKEN J H, WALLACE N. Deposit insurance and bank regulation: A partial-equilibrium exposition [J]. Journal of Business, 1978.

64. KAAS R, GOOVAERTS M, DHAENE J, et al. Modern actuarial risk theory: using R [M]. Springer Science & Business Media, 2008.

65. KüHN R, NEU P. Functional correlation approach to operational risk in banking organizations [J]. Physica A: Statistical Mechanics and its Applications, 2003 (322).

66. LAEVEN R J A, GOOVAERTS M J. An optimization approach to the dynamic allocation of economic capital [J]. Insurance: Mathematics and Economics, 2004, 35 (2).

67. LAMBRIGGER D D, SHEVCHENKO P V, WUTHRICH M V. The quantification of operational risk using internal data, relevant external data and expert opinion [J]. The Journal of Operational Risk, 2007, 2 (3).

68. LANDSMAN Z M, VALDEZ E A. Tail conditional expectations for elliptical distributions [J]. North American Actuarial Journal, 2003, 7 (4).

69. LOEBNITZ K, ROORDA B. Liquidity Risk Meets Economic Capital and RAROC [J]. Available at SSRN 1853233, 2011.

70. MCNEIL A J. Extreme value theory for risk managers [J]. Departement Mathematik ETH Zentrum, 1999.

71. MANGANELLI S, ENGLE R F. Value at risk models in finance [M]. Frankfurt am Main: European Central Bank, 2001.

72. MARVIN S G. Capital allocation: a study of current and evolving practices in selected banks [M]. Office of the Comptroller of the Currency, 1996.

73. MERTON R C. On the pricing of corporate debt: The risk structure of interest rates [J]. The Journal of finance, 1974, 29 (2).

74. MEDOVA E A, KYRIACOU M N. Extremes in operational risk management [M]. Cambridge University Press, 2001.

75. MEDOVA E. Measuring risk by extreme values [J]. Risk, 2000, 13 (11).

76. MERTON R, PEROLD A. Theory ofrisk capital in financial firms [J]. Journal of Applied Corporate Finance, 1993, 6 (3).

77. METROPOLIS N, ROSENBLUTH A W, ROSENBLUTH M N, et al. Equation of state calculations by fast computing machines [J]. The journal of chemical physics, 1953, 21 (6).

78. MIGNOLA G, UGOCCIONI R. Tests of extreme value theory [J]. Operational Risk, 2005, 6 (10).

79. MOSCADELLI M. The modelling of operational risk: experience with the analysis of the data collected by the Basel Committee [J]. Available at SSRN 557214, 2004.

80. MYERS S C, READJR J A. Capital allocation for insurance companies [J]. Journal of Risk and Insurance, 2001.

81. NEIL M, FENTON N, TAILOR M. Using Bayesian networks to model ex-

pected and unexpected operational losses [J]. Risk Analysis, 2005, 25 (4).

82. NETTER J M, POULSEN A. Operational risk in financial service providers and the proposed Basel capital accord: an overview [J]. Advances in Financial Economics, 2003, 8 (8).

83. ONG, MICHAEL K. Internal credit risk models: Capital allocation and performance measurement [M]. Risk publications, 1999.

84. PECCIA A. Using operational risk models to manage operational risk [J]. Operational Risk: Regulation, Analysis and Management, 2003.

85. PETERS G W, SISSON S A. Bayesian inference, Monte Carlo sampling and operational risk [J]. Journal of Operational Risk, 2006, 1 (3).

86. PEZIER J. A constructive review of Basel's proposals on operational risk [R]. Henley Business School, Reading University, 2002.

87. PICKANDS III J. Statistical inference using extreme order statistics [J]. the Annals of Statistics, 1975.

88. RACHEV S T, KHINDANOVA I N, ATHANASOPOULOS B D. Regulation and Risk Management in the Greek Financial Markets [J]. Modeling and Control of Economic Systems 2001, 2003.

89. RESNICK S, STǎRICǎ C. Smoothing the Hill estimator [J]. Advances in Applied Probability, 1997.

90. SCHLAIFER R, RAIFFA H. Applied statistical decision theory [J]. 1961.

91. SCHROECK G. Risk management and value creation in financial institutions [M]. John Wiley & Sons, 2002.

92. SHRIEVES R E, DAHL D. The relationship between risk and capital in commercial banks [J]. Journal of Banking & Finance, 1992, 16 (2).

93. SHEVCHENKO P V, WUTHRICH M V. The structural modelling of operational risk via Bayesian inference: Combining loss data with expert opinions [J]. The Journal of Operational Risk, 2006, 1 (3).

94. SHIH J, SAMAD-KHAN A, MEDAPA P. Is the size of an operational loss related to firm size [J]. Operational Risk, 2000, 2 (1).

95. TANG A, VALDEZ E A. Economic capital and the aggregation of risks using copulas [J]. Available at SSRN 1347675, 2009.

96. TERRELL G R. Linear density estimates [M]. Department of Statistics, Virginia Polytechnic Institute and State University, 1990.

97. The Technical Committee Of The International Organization Of Securities Commissions. Risk Management and Control Guidance for Securities Firms and Their Supervisors [S]. 1998.

98. VANINI P, LEIPPOLD M, DOEBELI B. From operational risk to operational excellence [J]. Available at SSRN 413720, 2003.

99. WHIDBEE D A, WOHAR M. Derivative activities and managerial incentives in the banking industry [J]. Journal of Corporate Finance, 1999, 5 (3).

100. YASUDA Y. Application of Bayesian inference to operational risk management [D]. University of Tsukuba, 2003.

101. ZAIK E, WALTER J, RETTING G, et al. RAROC at Bank of America: from theory to practice [J]. Journal of applied corporate finance, 1996, 9 (2).

102. 安起雷, 李秦鲁, 张大进. 从我国证券公司风险处置看金融监管的制度选择 [J]. 南方金融, 2009 (10).

103. 巴曙松, 王劲松, 刘家鹏, 等. 金融机构风险处置的理论模型研究 [J]. 宏观经济研究, 2012 (6).

104. 白文娟. 基于内部控制的我国商业银行操作风险管理研究 [D]. 兰州: 兰州理工大学, 2009.

105. 财政部. 金融企业准备金计提管理办法 [J]. 2012.

106. 蔡真, 袁增霆. 投资银行与全能型银行在金融危机中的殊途命运 [J]. 中国金融, 2009 (1).

107. 陈迪红, 林晓亮. 我国财险公司产品业务线经济资本配置的实证分析 [J]. 财经理论与实践, 2008, 29 (6).

108. 陈迪红, 张霞. 财产保险公司经济资本配置中奖惩系统的构建 [J]. 保险研究, 2010 (11).

109. 陈戈. 寿险公司经济资本问题研究 [M]. 北京: 中国商业出版社, 2009.

110. 陈林奋, 王德全. 基于 GARCH 模型及 VaR 方法的证券市场风险度量研究 [J]. 工业技术经济, 2009 (11).

111. 陈燕玲. 金融风险管理的演进: 动因、影响及启示 [J]. 中央财经大学学报, 2006 (7).

112. 陈云贤, 孙维成, 王烜. 证券业资本监管研究 [M]. 北京: 中国金融出版社, 2011.

113. 陈兆松. 我国证券公司股权结构与公司治理效率研究 [D]. 成都: 西南财经大学, 2008.

114. 陈峥嵘. 证券公司经营模式和监管政策的"顺周期效应"分析 [J]. 中国科技投资, 2011 (2).

115. 陈杰国. 传统风险管理理论与现代风险管理理论之比较研究 [J]. 保险职业学院学报, 2007, 21 (6).

116. 陈忠阳. 内部控制、对冲和经济资本配置——金融机构风险管理现代机制的整体框架 [J]. 国际金融研究, 2007 (6).

117. 陈忠阳. 金融机构现代风险管理基本框架 [M]. 北京: 中国金融出版社, 2006.

118. 贝尔蒙特, 洪凯, 李华垦, 等. 金融机构的增值风险管理: 充分利用

《巴塞尔协议 II》以及风险调整绩效测评方法 [M]. 北京：中国人民大学出版社，2009.

119. 邓淑斌. 中美证券公司的资本配置效率比较及启示 [J]. 证券市场导报，2005 (1).

120. 段国圣. 资本约束下的保险公司最优资产配置：模型及路径 [J]. 财贸经济，2012 (8).

121. 樊欣，杨晓光. 我国商业银行业操作风险状况 [J]. 管理评论，2003，15 (11).

122. 樊欣，杨晓光. 操作风险度量：国内两家股份制商业银行的实证分析 [J]. 系统工程，2004，22 (5).

123. 樊欣，杨晓光. 我国银行业操作风险的蒙特卡罗模拟估计 [J]. 系统工程理论与实践，2005，5 (5).

124. 方秀丽. 投资银行国际比较研究 [D]. 厦门：厦门大学，2003.

125. 冯丽萍. 期权的定价方法概述及利用 matlab 计算期权价格 [J]. 科技与生活，2010 (17).

126. 盖晓伟，张国明，李仲聘. 金融控股公司经济资本配置及其绩效考核初探 [J]. 海南金融，2012 (5).

127. 高丽君，李建平，徐伟宣，等. 基于 HKKP 估计的商业银行操作风险估计 [J]. 系统工程，2006，24 (6).

128. 高丽君，李建平，徐伟宣，等. 基于 POT 方法的商业银行操作风险极端值估计 [J]. 运筹与管理，2007，16 (1).

129. 高顺芝，杨志鹏. 基于 RAROC 的商业银行经济资本配置方法 [J]. 长春工业大学学报：自然科学版，2010，31 (5).

130. 葛兆强. 资本约束、风险管理与商业银行成长 [J]. 金融论坛，2006，11 (2).

131. 龚澄. 中国商业银行全面资本管理研究 [D]. 西安：西北大学，2008.

132. 谷秀娟. 金融风险管理：理论与技术的变迁和发展 [J]. 经济经纬，2007 (1).

133. 郭思培. 金融风险测度分析 [D]. 武汉：华中师范大学，2003.

134. 郭祥. 基于监管视角的金融机构经济资本管理研究 [J]. 农村金融研究，2011 (11).

135. 韩世君. 美国投资银行业危机的深层原因剖析与借鉴 [J]. 财贸经济，2010 (5).

136. 韩镇. 经济资本配置的一致性方法——τ 值法 [J]. 北京理工大学学报：社会科学版，2009 (4).

137. 黄世平. 商业银行资本结构动态优化模型研究 [D]. 大连：大连理工大学，2010.

138. 黄素，林晓亮. 财险公司经济资本配置模型的构建与实证分析 [J].

浙江金融，2008（4）.

139. 黄晓坤. 证券公司风险预警系统研究［D］. 广州：华南理工大学，2009.

140. 蒋海，王丽琴. 金融危机对资本充足率监管与银行风险承担激励的影响：基于我国上市银行的实证比较［J］. 产经评论，2011（4）.

141. 交通银行管理培训生南京课题组. 商业银行经济资本计量与分配研究［J］. 新金融，2008（3）.

142. 雷兆春，雷宁，关虹. 我国证券公司收入结构特点与发展策略［J］. 中南民族大学学报：自然科学版，2008（3）.

143. 李博，徐枞巍. 基于 TailVaR 的中国商业银行经济资本度量研究［J］. 合肥工业大学学报：社会科学版，2009，23（6）.

144. 李进安. 证券公司风险管理研究［D］. 南京：南京农业大学，2005.

145. 李明亮，倪玉娟，陈久红. 强化投资银行资源配置功能［N］. 中国证券报，2013-01-11（A04）.

146. 陆静，唐小我. 基于贝叶斯网络的操作风险预警机制研究［J］. 管理工程学报，2008（4）.

147. 陆静，王捷. 基于贝叶斯网络的商业银行全面风险预警系统［J］. 系统工程理论与实践，2012，32（2）.

148. 陆静. 基于分块极大值模型的商业银行操作风险计量研究［J］. 管理工程学报，2012，26（3）.

149. 陆静，郭蕾. 商业银行操作风险计量研究——基于极值理论和信度因子模型［J］. 山西财经大学学报，2012（9）.

150. 李红艳. 上市银行操作风险研究［D］. 成都：西南财经大学，2008.

151. 李廷昆. 我国商业银行操作风险管理研究［D］. 天津：天津财经大学，2008.

152. 李治宇. 商业银行操作风险监控系统的研究及应用［D］. 北京：北京邮电大学，2009.

153. 李兴波，聂元飞，沈巍伟. 商业银行操作风险评估——基于极值（EVT）理论［J］. 经济研究导刊，2009（34）.

154. 李秀芳，王丽珍. 基于多目标规划的保险公司资本管理［J］. 南开经济研究，2011（6）.

155. 李宇嘉，陆军. 贷款损失准备金与资本充足率监管——来自日本银行业的实证分析［J］. 国际金融研究，2008（5）.

156. 梁雷. 基于内部控制评价的商业银行经济资本管理研究［D］. 青岛：中国海洋大学，2012.

157. 廖继全. 银行经济资本管理［M］. 北京：企业管理出版社，2008.

158. 刘超，孟涛. 证券监管的策略因应：自顺周期与逆周期生发［J］. 改革，2010（7）.

159. 刘春. 商业银行经济资本: 理论解释与中国实践 [M]. 北京: 中国社会科学出版社, 2011.

160. 柳淑丽. 我国证券公司资本充足性问题研究 [D]. 上海: 华东师范大学, 2005.

161. 卢青. 美国投资银行诚信义务研究 [D]. 武汉: 武汉大学, 2012.

162. 罗正英, 陈莉. 证券监管者双引擎激励与监管效率 [J]. 财贸经济, 2008 (2).

163. 马世兵. 我国证券公司经纪业务创新及其风险管理研究 [D]. 长春: 吉林大学, 2005.

164. 潘峰. 美国投资银行买方业务转型失败案例教训与启示 [J]. 中国证券, 2012 (11).

165. 潘永, 曾宪友, 宁莉. 基于业务视角的美国投资银行危机形成机制研究 [J]. 区域金融研究, 2009 (9).

166. 彭建刚, 吴思, 张丽寒. 国外两种商业银行经济资本计量方法的比较分析 [J]. 上海金融, 2008 (7).

167. 彭建刚, 周行健. 经济资本研究新进展 [J]. 经济学动态, 2008 (9).

168. 彭建刚, 等. 商业银行经济资本管理研究 [M]. 北京: 中国金融出版社, 2011.

169. 彭兴韵, 吴洁. 从次贷危机到全球金融危机的演变与扩散 [J]. 经济学动态, 2009, 2 (2).

170. 齐靠民. 证券公司风险控制与价值创造 [D]. 大连: 东北财经大学, 2009.

171. 钱晓涵, 屈红燕, 浦泓毅, 等. 券商"杠杆化"经营直面三大挑战 [N]. 证券市场报, 2012-04-20 (A08).

172. 任浩, 祝玉斌. 中国券商收入结构逆向演化: 动因及调整——从中外证券公司财务报表统计比较看我国券商发展 [J]. 统计研究, 2006 (8).

173. 任允文. 证券公司风险管理趋势研究 [J]. 中国证券, 2011 (12).

174. 邵雪焱, 祁明亮, 徐飞. 多风险控制目标下的资产配置模型 [J]. 系统工程, 2012 (3).

175. 石治平. 硬化资本约束——对我国逆周期资本监管的几点思考 [J]. 中国农村金融, 2011 (9).

176. 时辰宙. 次贷危机成因的深层次剖析——基于投资银行公司治理的视角 [J]. 华北金融, 2009 (2).

177. 史明坤. 分类监管下我国证券公司风险监控研究 [D]. 广州: 暨南大学, 2009.

178. 史水齐. EVA 和 EC 在证券公司应用的启示 [J]. 财务与会计, 2008 (11).

179. 史水齐. 证券公司经济资本配置浅析 [J]. 中国科技财富, 2008

（10）．

180. 史永齐.证券公司最优资本配置的探析［J］.上海企业，2008（10）．

181. 宋坤，陈野华.基于变点理论的 POT 模型阈值确定方法——对操作风险经济资本的度量［J］.统计与信息论坛，2011，26（7）．

182. 宋坤，刘天伦.小样本下贝叶斯参数估计法对操作风险的度量［J］.统计与信息论坛，2012，27（8）．

183. 宋清华，余雪飞.巴塞尔协议 Ⅲ：现实与初衷的距离［J］.武汉金融，2013（2）．

184. 宋伟杰.开放经济条件下我国证券公司规范发展三大核心问题研究［D］.长沙：湖南大学，2006．

185. 宋雅楠，赵雪燕，沈文君.投资银行发展模式的国际比较及我国的选择［J］.浙江金融，2009（12）．

186. 宋永明.监管资本套利和国际金融危机——对 2007—2009 年国际金融危机成因的分析［J］.金融研究，2009（12）．

187. 孙杰.资本结构、治理结构和代理成本：理论、经验和启示［M］.北京：社会科学文献出版社，2006．

188. 孙立娟.风险定量分析［M］.北京：北京大学出版社，2011．

189. 孙明明.我国证券公司风险处置模式选择的理论分析［J］.世界经济情况，2008（1）．

190. 孙清.基于风险调整的资本配置理论评述［J］.经济学动态，2009（10）．

191. 孙婷，何宗炎.寻找中国证券行业的本源［J］.金融博览：财富，2012（6）．

192. 索彦峰，刘晓辉，于波.资本约束、宏观调控与商业银行战略转型［J］.广东金融学院学报，2008（5）．

193. 谭元戎，赵自强.我国证券公司资本结构与绩效关系的实证研究［J］.经济问题探索，2005（10）．

194. 唐国正，刘力.公司资本结构理论——回顾与展望［J］.管理世界，2006（5）．

195. 田玲，张岳.基于 GARCH 模型的我国保险公司经济资本度量［J］.保险研究，2010（3）．

196. 王家华，孙清.资产风险结构，经济资本动态配置与银行价值最大化［J］.经济学动态，2011（7）．

197. 王炯.商业银行经济资本配置：思路与模型构建［J］.经济经纬，2009（2）．

198. 王丽珍，李秀芳.基于多目标规划的产险公司资本管理与资产配置［J］.中央财经大学学报，2012（1）．

199. 王胜邦.商业银行资本结构：存在一个具体的比例吗［J］.财经科学，

2006（3）.

200. 王淑华. 基于风险理论的资本结构决策模型研究 ［J］. 东北财经大学学报，2008（5）.

201. 王稳，郭祥. 基于 TailVaR 的我国保险公司经济资本度量研究 ［J］. 中国软科学，2012（5）.

202. 王秀国，谢幽篁. 基于 CVaR 和 GARCH（1，1）的扩展 KMV 模型 ［J］. 系统工程，2012（12）.

203. 王叙华. 中国证券公司生存危机研究 ［D］. 上海：复旦大学，2006.

204. 魏灿秋. 资本配置：商业银行风险管理的核心 ［J］. 财经科学，2004（3）.

205. 魏迎宁，陈戈. 论保险公司经济资本 ［J］. 保险研究，2008（5）.

206. 巫和懋. 全球金融风暴对金融监管体制之冲击 ［D］. 北京：北京大学国家发展研究院工作论文，2009.

207. 吴栋，周建平. 资本要求和商业银行行为：中国大中型商业银行的实证分析 ［J］. 金融研究，2006（8）.

208. 吴清，张洪水，周小全，等. 美国投资银行经营失败案例研究 ［M］. 北京：中国财政经济出版社，2010.

209. 吴世农，陈斌. 风险度量方法与金融资产配置模型的理论和实证研究 ［J］. 经济研究. 1999（9）.

210. 吴晓求. 经济成长，金融结构变革与证券公司的未来发展 ［J］. 财贸经济，2012（3）.

211. 吴正光. 金融风险顺周期效应的实证研究 ［J］. 金融理论与实践，2009（9）.

212. 武剑. 论商业银行经济资本的配置与管理 ［J］. 新金融，2004（4）.

213. 武剑. 经济资本配置与操作风险管理 ［J］. 海南金融，2007（3）.

214. 武剑. 经济资本管理：理论分析及我国实践 ［J］. 南方金融，2008（5）.

215. 武剑. 商业银行经济资本配置——理论模型与案例研究 ［J］. 国际金融研究，2009（5）.

216. 武剑. 商业银行经济资本配置与管理：全面风险管理之核心工具 ［M］. 北京：中国金融出版社，2009.

217. 武亦文. KMV 模型中资产收益波动率的确定 ［J］. 西南科技大学学报：哲学社会科学版，2008，25（3）.

218. 奚胜田. 风险预算在证券公司资本充足性管理中的应用 ［D］. 天津：天津大学，2007.

219. 奚胜田，詹原瑞. 基于风险预算的证券公司资本充足性管理 ［J］. 经济导刊，2008（1）.

220. 项歌德，罗翔. 国内券商买方业务战略性资产配置策略研究 ［J］. 海南金融，2013（12）.

221. 肖崎.商业银行监管资本套利与资本有效配置［J］.新金融，2006（4）.

222. 肖新华.证券公司自营业务风险管理研究［D］.长沙：中南大学，2010.

223. 谢建林.VaR约束下的银行经济资本配置优化研究［J］.金融经济：上半月，2007（8）.

224. 谢乐斌.制度变迁中的中国证券公司风险行为研究［D］.上海：华东师范大学，2010.

225. 熊兆实.金融危机中投资银行风险管理问题研究［J］.中国证券期货，2012（11）.

226. 徐济东，叶春明，夏梦雨.含风险价值约束资产配置模型的分析与应用［J］.上海理工大学学报，2007，29（3）.

227. 徐菁.论证券公司资本衡量的监管［J］.证券市场导报，2001（10）.

228. 徐炜，黄炎龙.GARCH模型与VaR的度量研究［J］.数量经济技术经济研究，2008，25（1）.

229. 许悦.经济资本的应用［D］.青岛：中国海洋大学，2012.

230. 晏宗新.基于资本管理的银行监管高度化分析［J］.上海金融，2007（8）.

231. 杨宝臣，刘铮.基于Black-Scholes模型的公司资本结构模型［J］.管理科学学报，1999，2（2）.

232. 杨继光.商业银行经济资本测度方法及其应用研究［D］.上海：上海交通大学，2009.

233. 杨继光，刘海龙.基于期权的商业银行总体经济资本测度研究［J］.中国管理科学，2008（S1）.

234. 杨继光，刘海龙.商业银行总体经济资本测度方法比较研究［J］.上海管理科学，2009（5）.

235. 杨柳.基于逆周期监管RAROC在我国保险公司经济资本配置中的运用［J］.保险职业学院学报，2013，26（2）.

236. 杨明亮.经济资本、风险测度与保险公司的价值管理［J］.广东金融学院学报，2009（6）.

237. 杨青，薛宇宁，蒋科.极端金融风险度量模型述评——基于一致性原理的VaR改进方法［J］.复旦学报：自然科学版，2009，48（6）.

238. 杨旭.保险企业集团经济资本总合与分配的实证分析［J］.保险研究，2008（6）.

239. 叶青.我国证券公司最低资本金要求的确定［J］.统计研究，2002（5）.

240. 应展宇.功能视角下投资银行组织模式变迁的回顾与前瞻［J］.国际

金融研究，2009（7）.

241. 于君，高建华.商业银行经济资本管理研究进展：国外文献综述及启示［J］.生产力研究，2011（11）.

242. 余为丽.金融风险管理理论的演进［J］.管理观察，2008（19）.

243. 约翰·赫尔.风险管理与金融机构［M］.北京：机械工业出版社，2008.

244. 张国俊.商业银行经济资本管理的进展与效应［J］.金融与经济，2008（5）.

245. 张琴.基于价值创造的保险公司全面风险管理研究［D］.天津：南开大学，2009.

246. 孙天琦，张观华.银行资本、经济周期和货币政策文献综述［J］.金融研究，2008（1）.

247. 曾忠生.试论我国信托机构风险的协同管理［J］.南方金融，2006（3）.

248. 张怡.证券公司自营绩效评价与分类监管规则的有效性［J］.证券市场导报，2008（1）.

249. 张忠永，陈亮.对我国商业银行资本管理问题的分析及建议——兼论新巴塞尔协议实施中的准备问题［J］.生产力研究，2009（14）.

250. 张同健，张成虎.国有商业银行内部控制与操作风险控制研究［J］.山西财经大学学报，2008，30（6）.

251. 张燕.巴塞尔新资本协议框架下我国银行业操作风险度量研究［D］.长沙：湖南大学，2005.

252. 张文，张屹山.应用极值理论度量商业银行操作风险的实证研究［J］.南方金融，2007（2）.

253. 张宏毅，陆静.用信度理论解决操作风险频度数据不足问题［J］.中南财经政法大学学报，2006（6）.

254. 张宏毅，陆静.运用损失分布法的计量商业银行操作风险［J］.系统工程学报，2008，23（4）.

255. 张旭.我国商业银行操作风险量化与资本金分配研究［D］.长春：吉林财经大学，2010.

256. 赵蕾，张庆洪.操作风险整体评估方法：基于拓扑数据模型的影响图［J］.系统工程理论与实践，2010（9）.

257. 赵平.我国商业银行操作风险的影响因素及度量方法研究［D］.南昌：江西财经大学，2009.

258. 赵文厦.商业银行操作风险评价研究［D］.哈尔滨：哈尔滨工业大学，2010.

259. 赵宏宇.风险框架下的证券投资基金资产配置研究［D］.成都：四川大学，2006.

260. 镇荣理. 谁是"原罪"？——公允价值之争 [J]. 财政监督, 2008 (22).

261. 周玲玲. 20 世纪 70 年代以来美国投资银行变迁研究 [D]. 长春：吉林大学, 2011.

262. 周小敏. 基于 GARCH 模型的 CVaR 金融风险测度研究 [D]. 长沙：湖南大学, 2007.

263. 周小全. 美国金融监管改革和投资银行发展趋势分析 [J]. 金融理论与实践, 2010 (11).

264. 朱建平. 中国保险业经济资本管理的实证研究 [J]. 南京审计学院学报, 2009 (2).

265. 朱民. 改变未来的金融危机 [J]. 卓越理财, 2009 (6).

266. 祝瑞敏, 李长强. 我国证券公司净资本监管效益实证分析 [J]. 商业时代, 2011 (32).

267. 祝玉斌. 中国综合类证券公司业务结构动态形成研究 [M]. 北京：经济科学出版社, 2007.

268. 兹维·博迪, 罗伯特 C 默顿, 戴维 L 克利顿, 等. 金融学 [M]. 2版. 刘澄, 译. 北京：中国人民大学出版社, 2010.

269. 邹薇, 陈云. 总分行制度下基于 Delta-EVT 模型的操作风险度量研究 [J]. 金融论坛, 2007, 12 (6).

270. 邹音. 商业银行信用风险经济资本配置研究 [D]. 长沙：长沙理工大学, 2012.

271. 左和平, 朱怀镇. 资本监管和证券公司自营行为研究：基于面板数据的实证检验 [J]. 管理工程学报, 2010 (2).

附录一 上市投资银行净资本监管指标

附录一表 1   上市投资银行净资本监管指标

	净资本/各项风险资本准备之和	净资本/净资产	净资本/负债	自营权益类证券及证券衍生品/净资本	自营固定收益类证券/净资本
宏源证券					
2008.12	5.076 3	0.757 5	3.728 8	0.267 5	0.518
2009.06	5.117	0.777 5	1.939 2	0.264 4	0.511 1
2009.12	3.172 3	0.722 5	1.172 1	0.307	0.891 9
2010.06	2.871 1	0.695 7	2.457 3	0.292 9	0.803 1
2010.12	3.314 1	0.698	1.666 7	0.282 5	0.769 8
2011.06	2.699 8	0.673 4	1.341 2	0.453 8	0.945 6
2011.12	3.150 7	0.665 7	1.409 6	0.336 2	0.967 8
国元证券					
2 008.12	6.021 1	0.709 3	4.910 4	0.008 3	0.394 6
2009.06	7.207 3	0.727 1	14.060 1	0.037 6	0.088 5
2009.12	13.190 3	0.849 9	26.649 8	0.078 5	0.055 6
2010.06	14.262 3	0.825 7	51.882 3	0.042 8	0.167 9
2010.12	11.624 1	0.791 7	22.913 1	0.130 9	0.248 8
2011.06	8.784 4	0.732	41.327 1	0.126 1	0.233 8
2011.12	10.252 5	0.706 9	30.906	0.126 1	0.274 3
长江证券					
2 008.12	3.277 4	0.770 9	1.449 1	0.126 7	1.069 5
2009.06	3.303 8	0.771 6	1.870 9	0.316 4	0.847 4
2009.12	4.612 2	0.818 8	2.394 5	0.302 9	0.828 4

	净资本/各项风险资本准备之和	净资本/净资产	净资本/负债	自营权益类证券及证券衍生品/净资本	自营固定收益类证券/净资本
2010.06	4.189 7	0.757 3	2.408 6	0.208 9	0.942 3
2010.12	3.951 3	0.780 8	2.283 7	0.256	0.848 8
2011.06	4.293 3	0.795 3	1.842 1	0.292 9	0.804 3
2011.12	4.722 2	0.758	2.131 2	0.108 4	1.078 4
中信证券					
2 008.12	7.097 1	0.786 1	3.389 2	0.081	0.868 7
2009.06	9.259 7	0.714 8	2.983 9	0.243 2	0.445 5
2009.12	4.917 5	0.665 4	1.704 8	0.403 9	0.915 6
2010.06	4.561 9	0.652 8	3.647 3	0.510 6	0.794 4
2010.12	5.245 6	0.667 2	2.417 5	0.618 6	0.550 6
2011.06	4.014 6	0.660 3	1.964 2	0.640 4	0.541 6
2011.12	6.189 3	0.678 2	2.136 9	0.568 6	0.527 4
国金证券					
2 008.12	3.609 3	0.893	2.581 6	0.060 6	0.723 5
2009.06	9.109 4	0.918 2	6.483 8	0.005 2	0.111 6
2009.12	4.752	0.919 6	7.109	0.109 7	0.200 3
2010.06	3.525 7	0.922	8.711	0.051 7	0.155 2
2010.12	6.006 5	0.920 9	6.178 8	0.026 7	0.149 2
2011.06	6.611 8	0.912 9	5.200 8	0.027 9	0.253 1
2011.12	5.832 2	0.877 9	3.619 7	0.057 5	0.575
海通证券					
2 008.12	12.213 2	0.893 3	16.003 4	0.032	0 314 9
2009.06	11.738 2	0.888 7	7.486 3	0.134 5	0.194 7
2009.12	7.792 4	0.798 4	4.409 3	0.252 8	0.295 3
2010.06	7.153 7	0.778 4	6.902 4	0.243	0.288 1
2010.12	5.716 7	0.740 2	12.324 5	0.268 7	0.363 1

	净资本/各项风险资本准备之和	净资本/净资产	净资本/负债	自营权益类证券及证券衍生品/净资本	自营固定收益类证券/净资本
2011.06	4.979 5	0.743 2	3.497 8	0.369 7	0.423 5
2011.12	5.276 6	0.701 4	2.828 2	0.380 9	0.603 5
太平洋					
2 008.12	4.744 1	0.869 8	2.791 5	0.513 2	0.041 6
2009.06	6.118 6	0.894 1	19.883 5	0.137 7	0.037 5
2009.12	4.203 1	0.854 1	2.572 4	0.397	0.355 9
2010.06	4.043	0.883 8	10.638 2	0.320 6	0.058 2
2010.12	5.082 6	0.906 8	1.965 1	0.104 6	0.221 2
2011.06	4.127 6	0.901 5	5.023 7	0.215	0.171
2011.12	4.241 9	0.903 4	1.708 5	0.060 2	0.517 8
光大证券					
2 008.12	5.771 1	0.796	6.655	0.168 3	0.014 5
2009.06	5.796 9	0.794 2	3.689 6	0.348 5	0.193
2009.12	7.23	0.822 5	4.973 5	0.075 2	0.364 6
2010.06	8.870 1	0.802 4	3.765 6	0.080 1	0.145 9
2010.12	5.392 6	0.789 8	14.088 7	0.182 5	0.359 6
2011.06	3.999 6	0.713 7	3.810 5	0.438 4	0.471
2011.12	3.795 1	0.679	15.861 9	0.528 6	0.461 7

附录二　基于经济资本的资产配置数据

附录二表 1　　　　　基于经济资本的资产配置数据

序号	券商名称	交易性/可供出售债券金融资产	ABC类型	年报记账科目	2009 年年末公允价值	2009 年年末的减值准备余额
1	宏源证券	I	B	债券	2 176 346 126. 00	—
			A	股票	130 900 870. 00	—
			C	基金	1 051 230 605. 30	—
			A	集合理财产品	11 157 102. 97	—
			B	短期融资券	890 891 480. 00	—
		II	A	权益工具	1 114 573 559. 57	109 768 273. 93
			C	基金	143 986 535. 59	0
			—	其他	159 550 298. 9	0
2	东北证券	I	A	股票	1 083 468 542. 93	—
		II	A	股票	169 793 447. 56	0
			C	基金	1 050 545 234. 44	
			A	集合理财自有部分	18 919 349. 07	
3	国元证券	I	A	股票	599 900 880. 39	—
			C	基金	407 373 574. 79	—
			衍生品	权证	15 130. 00	—
			B	短期融资券	308 871 000. 00	—
		II	A	股票	97 523 549. 98	0
			C	基金	306 547 680. 40	
			B	债券	101 090 000. 00	
			A	黄山 1 号集合理财计划	107 995 303. 24	
			A	黄山 2 号集合理财计划	48 428 637. 75	

序号	券商名称	交易性/可供出售债券金融资产	ABC类型	年报记账科目	2009年年末公允价值	2009年年末的减值准备余额
4	长江证券	I	B	债券	4 258 437 146.56	—
			A	股票	1 905 834 772.60	—
			C	基金	1 353 848 982.41	—
			B	资产支持证券	20 095 108.60	—
		II	B	债券	642 035 834.50	—
			A	股票	133 186 625.35	26 600 451.72
			C	基金	10 575 000.00	—
			A	集合理财产品	96 205 674.09	—
5	中信证券	I	B	交易性债券投资	10 000 503 208.20	—
			A	交易性权益工具投资	948 902 270.14	—
			—	其他	937 751 699.19	—
		II	B	可供出售债券	26 140 669 559.53	415 319 514.67
			A	可供出售权益工具	16 470 154 307.64	
			—	其他	727 754 241.02	
6	国金证券	I	B	债券	0.00	—
			A	股票	88 180.00	—
			C	基金	557 242 350.00	—
		II	B	可供出售债券	52 203 380.15	0
			A	可供出售权益工具	129 049 554.79	
7	西南证券	I	B	交易性债券投资	212 993 681.27	—
			A	交易权益工具投资	225 978 967.97	—
			C	基金	1 299 435 890.93	—
		II	B	可供出售债券	0	0
			A	可供出售权益工具	1 162 449 796.54	
			—	其他	1 164 993 051.72	

序号	券商名称	交易性/可供出售债券金融资产	ABC类型	年报记账科目	2009年年末公允价值	2009年年末的减值准备余额
8	海通证券	Ⅰ	A	股票	2 087 884 929.56	—
			C	基金	4 280 728 316.91	—
			B	债券	6 297 506 398.98	—
			衍生品	现金选择权	230 632 139.61	—
		Ⅱ	A	股票	5 655 312 134.12	200 000.00
			C	基金	325 521 476.65	0
			B	债券	110 938 173.14	0
			A	集合理财产品	179 091 654.90	0
9	招商证券	Ⅰ	B	交易性债券投资	13 241 113 450.50	—
			A	交易性权益工具投资	1 802 265 275.05	—
			衍生品	衍生金融资产	0.00	—
			A	集合理财产品	2 791 877.62	—
		Ⅱ	B	可供出售债权投资	2 639 314 600.00	—
			A	可供出售权益工具	1 312 431 461.08	0
10	太平洋	Ⅰ	A	股票	506 664 194.41	—
			B	债券	542 620 278.70	—
			C	基金	96 582 794.94	—
		Ⅱ	A	集合理财产品	2 000 000.00	0
11	光大证券	Ⅰ	A	股票	346 737 092.37	
			C	基金	5 113 182 888.86	
			B	债券	1 919 006 305.13	
		Ⅱ	A	股票	209 346 121.83	
			C	基金	171 283 602.80	100 430.00
			A	集合理财管理计划	291 159 675.91	

注：①数据来自各家投资银行2009年年报；②按金融企业财务规则，交易性金融资产和可供出售金融资产均采用公允价值计量，而交易性金融资产的公允价值变动直接计入当期损益，不计提损失准备，故为0；③Ⅰ代表交易性金融资产，Ⅱ代表可供出售金融资产；④ABC类型中，A代表权益类证券，B代表固定收益类证券，C代表基金类证券；⑤中信证券年报中"交易性金融资产""可供出售金融资产"科目下的子科目"其他"未明细，实证时就未考虑；同时，国元证券的"权证"、招商证券的"衍生金融资产"在实证时也未考虑。